HEREDITAS

Studien zur Alten Kirchengeschichte

herausgegeben von

Ernst Dassmann · Hermann-Josef Vogt

13

Borengässer · Bonn

Christiana Reemts OSB

Vernunftgemäßer Glaube

Die Begründung des Christentums
in der Schrift des Origenes gegen Celsus

Borengässer · Bonn

D 5

© 1998, by Verlag Norbert M. Borengässer Bonn, Alfter

ISBN 3-923946-38-4

Satz: Autorin

Umschlaggestaltung: Springlane

Gesamtherstellung: Druckerei R. Roth GmbH, Solingen

Printed in Germany 1998

VORWORT

Die vorliegende Arbeit wurde im Sommersemester 1997 von der Katholisch-Theologischen Fakultät der Rheinischen Friedrich-Wilhelms-Universität Bonn als Dissertation angenommen. Das Manuskript der Arbeit wurde im Herbst 1996 abgeschlossen, so daß später erschienene Literatur nicht mehr berücksichtigt werden konnte.

Ganz herzlich möchte ich mich an dieser Stelle bei allen bedanken, die am Zustandekommen dieser Arbeit beteiligt waren und mich durch ihren Rat, durch Gespräche und Ermutigung unterstützt haben.

Ich danke meinen Eltern, die mir durch die geistige Atmosphäre, die in unserer Familie herrschte und die vielen Gespräche, die wir führten, beibrachten, zu fragen und mich nicht mit vorschnellen Antworten zufrieden zu geben. Ich danke unserem verstorbenen Spiritual Pater Dr. Bonifatius Fischer, der mein erster Lehrer in Alter Kirchengeschichte und Patristik war. Ich danke meiner Äbtissin Luitgardis Hecker und allen meinen Mitschwestern, die mir die Promotion ermöglicht haben und es geduldig ertrugen, wenn ich zwischendurch den Mut verlor. Ich danke ganz besonders meiner Mitschwester Dr. Theresia Heither, die mir nicht nur den christlichen Glauben vermittelt hat, sondern mir auch die Weite des göttlichen Logos gezeigt und mich mit ihrer Begeisterung für die Theologie des Origenes angesteckt hat.

Zu großem Dank verpflichtet bin ich Prof. Dr. E.Dassmann und Prof. Dr. L. Honnefelder, die diese Arbeit begleitet und sie mit ihrer Kritik sehr gefördert haben. Ebenso danke ich Prof. H.Waldenfels, der das Zweitgutachten erstellte und Frau Dr. M.Dreyer, die zahlreiche wertvolle Hinweise gab.

Bei der Literaturbeschaffung fand ich in den Mitarbeiterinnen und Mitarbeitern der Diözesanbibliothek Aachen unermüdliche Helfer.

Abtei Mariendonk, 24.10.1997   Christiana Reemts OSB

INHALTSVERZEICHNIS

ABKÜRZUNGEN

1. Antike Quellen

Griechische und lateinische Autoren werden abgekürzt nach: Lexikon für Theologie und Kirche. Abkürzungsverzeichnis (Freiburg 1993). Die Ausgaben der im Text wörtlich zitierten Quellen sind im Quellenverzeichnis angegeben.

Das Werk *Cels.* wird zitiert nach der Ausgabe von Borret (Origène, Contre Celse. Tome I-V. Introduction, texte critique, traduction et notes par M.Borret = SC 132. 136.147.150.227 (Paris 1967-1976). Angegeben wird jeweils Buch und Kapitel von *Cels.* (ohne die Werkangabe *Cels.*) und die gemeinten Zeilen nach der Zählung von Borret. Wenn die letztere Angabe fehlt, ist das ganze Kapitel gemeint.

2. Zeitschriften, Serien, Lexika, Quellenwerke

Abkürzungen von Zeitschriften, Serien, Lexika und Quellenwerken sind entnommen: SCHWERTNER, S.M., Internationales Abkürzungsverzeichnis für Theologie und Grenzgebiete [2](Berlin/New York 1992).

Bei Titeln, die in den Anmerkungen abgekürzt zitiert werden, ist im Literaturverzeichnis der Kurztitel unterstrichen.

Übersetzung

Die in dieser Arbeit wörtlich zitierten Texte aus *Cels.* wurden neu übersetzt. Zu Rate gezogen wurden die deutsche Übersetzung von Koetschau, die französische von Borret und die englische von Chadwick. Erklärende Zusätze innerhalb der übersetzten Texte wurden durch eckige Klammern [] gekennzeichnet.

LITERATURVERZEICHNIS

1. Ausgaben der Werke des Origenes

Origène, Homélies sur la Genèse. Introduction de H. de Lubac et L. Doutreleau. Texte latin, traduction et notes par L.Doutreleau = SC 7bis (Paris 1976).

Origène, Homélies sur L'Exode. Texte latin, introduction, traduction et notes par M.Borret = SC 321 (Paris 1985).

Origène, Homélies sur Josué. Texte latin, introduction, traduction et notes par A.Jaubert = SC 71 (Paris 1960).

Origène, Commentaire sur le Cantique des Cantiques. Tome 1.2. Texte de la version latine de Rufin, introduction, traduction et notes par L.Bresard et H.Crouzel avec la collaboration de M.Borret = SC 375.376 (Paris 1991/92).

Origène, Homélies sur Jérémie. Traduction par P.Husson et P.Nautin. Edition, introduction et notes par P.Nautin. Tome 1.2. = SC 232.238 (Paris 1976/77).

Origenes, Matthäuserklärung. Die lateinische Übersetzung der Commentatorium series. Unter Mitwirkung von E.Benz hrsg. von E.Klostermann = GCS 38 (Origenes 11[2]) (Leipzig 1933).

Origenes, Matthäuserklärung 1. Die griechisch erhaltenen Tomoi. Unter Mitwirkung von E.Benz hrsg. von E.Klostermann = GCS 40 (Origenes 10) (Leipzig 1935).

Origenes, Matthäuserklärung 2. Fragmente und Indices, Erste Hälfte. Unter Mitwirkung von E.Benz hrsg. von E.Klostermann = GCS 41[1] (Origenes 12[1]) (Leipzig 1941).

Origenes, Matthäuserklärung 3. Fragmente und Indices, Zweite Hälfte. Hrsg. von E.Klostermann / L.Früchtel = GCS 41[2] (Origenes 12[2]) (Berlin 1955).

Origenes, Homilien zum Lukasevangelium. 2 Bände. Übersetzt und eingeleitet v. H.-J.Sieben = FC 4/1.2 (Freiburg 1991).

Origène: Commentaire sur Saint Jean. Tome I-IV. Texte grec, avant-propos, traduction et notes par C.Blanc = SC 120.157.222.290 (Paris 1966-1982).

Origenes, Römerbriefkommentar. Übersetzt und eingeleitet v. Th.Heither = FC 2/1-5 (Freiburg 1990-1996).

Origène, Philocalie, 1-20, Sur les écritures. Introduction, texte, traduction et notes par M.Harl = SC 302 (Paris 1983).

Origenes, Vier Bücher von den Prinzipien. Hrsg., übersetzt, mit kritischen und erläuternden Anmerkungen versehen von H.Görgemanns und H.Karpp = TzF 24 (Darmstadt 1976).

Origène, Contre Celse. Tome I-V. Introduction, texte critique, traduction et notes par M.Borret = SC 132.136.147.150.227 (Paris 1967-1976).

Origenes, Die Schrift vom Martyrium. Buch 1-4 gegen Celsus. Hrsg. v. P.Koetschau = GCS 2 (Origenes 1) (Leipzig 1899).

Origenes, Die Schrift vom Gebet: Buch 5-8 gegen Celsus. Die Schrift vom Gebet. Hrsg. v. P.Koetschau = GCS 3 (Origenes 2) (Leipzig 1899).

Origène, Lettre à Grégoire: Grégoire le Thaumaturge, Remerciement à Origène suivi de la lettre d'Origène à Grégoire. Texte grec, introduction, traduction et notes par H.Crouzel = SC 148 (Paris 1969).

2. Übersetzungen der Werke des Origenes

Des Origenes acht Bücher gegen Celsus. 1.Teil: Buch I-IV. 2.Teil: Buch V-VIII. Aus dem Griechischen übersetzt von P.Koetschau = BKV 52.53 (München 1926.1927).

Origen, Contra Celsum. Translated with an introduction and notes by H.Chadwick (Cambridge 1965).

Origenes, Der Kommentar zum Evangelium nach Matthäus, Teil 1.2.3. Eingeleitet, übersetzt und mit Anmerkungen versehen von H.J.Vogt = BGrL 18.30.38 (Stuttgart 1983.1990.1993).

Origenes, Das Evangelium nach Johannes. Übersetzt und eingeführt v. R.Gögler) Einsiedeln 1959.

3. Andere antike oder mittelalterliche Quellentexte

Sancti Aurelii Augustini, Confessionum libri XIII. Hrsg. v. L.Verheijen = CChr.SL 27 (Turnholt 1981).

Sancti Aurelii Augustini, Ennarrationes in Psalmos CI-CL. Ed. D.E.Dekkers et I.Fraipont = CChr.SL 40 (Turnholt 1956).

Clemens Alexandrinus. Stromata Buch I-VI. Hrsg. v. O.Stählin = GCS 15 (Clemens Alexandrinus 2) (Leipzig 1906).

Clemens Alexandrinus. Stromata Buch VII und VIII. Excerpta ex Theodoto. Eclogae Propheticae. Quis dives salvetur. Fragmente. Hrsg. v. O.Stählin = GCS 17 (Clemens Alexandrinus 3) (Leipzig 1909).

Eusèbe de Césarée, Histoire Ecclésiastique. Texte grec, traduction et notes par G.Bardy. Tome I-IV = SC 31.41.55.73 (Paris 1952-1987).

Eusebius von Cäsarea: Eusebius von Cäsarea, Kirchengeschichte. Hrsg. u. eingel. v. H.Kraft (München 1967).

Grégoire le Thaumaturge, Remerciement à Origène suivi de la lettre d'Origène à Grégoire. Texte grec, introduction, traduction et notes par H.Crouzel = SC 148 (Paris 1969).

Gregor der Wundertäter, Dankrede an Origenes. Im Anhang: Der Brief des Origenes an Gregor den Wundertäter. Übersetzt von P.Guyot; eingeleitet von R.Klein = FC 24 (Freiburg 1996).

Platon, Werke in acht Bänden. Hrsg. v. G.Eigler (Darmstadt 1971-1983).

Q.S.Fl. Tertulliani Apologeticum: Tertulliani Opera Pars I: Opera catholica. Adversus Marcionem. Cura et studio E.Dekkers = CChr.SL 1 (Turnholt 1954) 76-171.

4. Sekundärliteratur

ACKERMANN, S., Christliche Apologetik und heidnische Philosophie im Streit um das Alte Testament = SBB 36 (Stuttgart 1997).

ANDRESEN, C., Logos und Nomos. Die Polemik des Kelsos wider das Christentum = Arbeiten zur Kirchengeschichte 30 (Berlin 1955).

ARMSTRONG, A.H., An Introduction to ancient philosophy [2](London 1972).

ARMSTRONG, A.H./MARKUS, R.A., Christian faith and Greek philosophy (London 1960).

BACKHAUS, K., Glaubensbekenntnis II. Biblisch 3. Neues Testament: LThK 4 [3](Freiburg 1995) 702f.

BALTHASAR, H.U.v., Gott redet als Mensch: Verbum Caro. Skizzen zur Theologie I (Einsiedeln 1960) 73-99.

BALTHASAR, H.U.v., Herrlichkeit. Eine theologische Ästhetik. Bd.1: Schau der Gestalt (Einsiedeln 1961).

BALTHASAR, H.U.v., Theologik. Erster Band: Wahrheit der Welt (Einsiedeln 1985).

BAMMEL, C.P,; Die Juden im Römerbriefkommentar des Origenes: Christlicher Antijudaismus und jüdischer Antipaganismus. Hrsg. v. H.Frohnhofen = Hamburger Theologoische Studien 3 (Hamburg 1990) 145-151.

BAMMEL, E., Die Zitate in Origenes' Schrift wider Celsus: Origeniana Quarta. Die Referate des 4. Internationalen Origeneskongresses (Innsbruck, 2.-6. September 1985). Hrsg. v. L.Lies (Innsbruck 1987) 2-6.

BANNER, W.A., Origen and Natural Law Concepts = DOP 8 (1954) 51-82.

BARDY, G., Apologetik: RAC 1 (Stuttgart 1950) 533-543.

BARDY, G., La Conversion au Christianisme durant les premiers siècles = Théologie 15 (Paris 1949).

BARDY, G., En lisant les Pères: Le "Contra Celsum" d'Origène: RPA 28 (1919) 751-762; 29 (1919-1920) 39-54.92-99.

BAREILLE, G., Celse: DThC 2 (1905) 2090-2100.

BARNARD, L.W., Apologetik. I: Alte Kirche: TRE 3 (Berlin 1978) 371-411.

BARTH, G., Pistis in hellenistischer Religiosität: ZNW 73 (1982) 110-126.

BARTHES, R., Die alte Rhetorik. Ein Abriß: Rhetorik. 2 Bände. Hrsg.v. J.Kopperschmidt. Bd.1: Rhetorik als Texttheorie (Darmstadt 1990) 35-90.

BAUER, W., Griechisch-deutsches Wörterbuch zu den Schriften des Neuen Testaments und der frühchristlichen Literatur. 6. Auflage hrsg.v. K. u. B.Aland (Berlin 1988).

BEN-CHORIN, SCH., Weil wir Brüder sind. Zum christlich-jüdischen Dialog heute (Gerlingen 1988).

BENJAMINS, H.S., Eingeordnete Freiheit. Freiheit und Vorsehung bei Origenes = VigChr Suppl. 28 (Leiden 1994).

BENKO, S., Pagan Criticism of Christianity during the First Two Centuries A.D.: ANRW 23/2, 1055-1118.

BERCHMAN, R.M., From Philo to Origen: Middle Platonism in Transition (Chico 1984).

BERGER, P.L., Auf den Spuren der Engel. Die moderne Gesellschaft und die Wiederentdekkung der Transzendenz (Frankfurt 1970).

BERNER, U., Origenes = EdF 147 (Darmstadt 1981).

BIELER, L., θEIOΞ ANEP. Das Bild des "göttlichen Menschen" in Spätantike und Frühchristentum. 2 Bände. (Wien 1935-36. Nachdruck Darmstadt 1967).

BIGG, C., The Christian Platonists of Alexandria (Oxford 1886).

BISER, E., Der Zeuge. Eine Paulus-Befragung (Graz 1981).

BISER, E., Theologische Sprachtheorie und Hermeneutik (München 1970).

BORDES, G., L'Apologétique d'Origène après le Contre Celse (Cahors 1900).

BORNKAMM, G., Glaube und Vernunft bei Paulus: Studien zu Antike und Urchristentum. Gesammelte Aufsätze II = BEvTh 28 (München 1959) 119-137.

BORRET, M., Origène, Contre Celse. Tome I-V = SC 132.136.147.150. 227 (Paris 1967-1976).

BORSCHE, T., Name: HWP 6 (Darmstadt 1984) 364-377.

BOUCHÉ-LECLERCQ, A., Histoire de la divination dans l'Antiquité. Band 1 (Paris 1879).

BROX, N., Der einfache Glaube und die Theologie: Zur altkirchlichen Geschichte eines Dauerproblems: Kairos 14 (1972) 161-187.

BRUMMEL, TH.R., Origen's Use of Plausibility in His Arguments for Christianity: Origeniana Quinta. Papers of the 5th Origen Congress Boston College, 14-18 August 1989. Hrsg. v. R.J.Daly (Leuven 1992).

BRUMMEL, TH.R., The Role of Reason in the Act of Faith in the Theologies of Origen, Basil and John Chrysostom. Dissertation University of California Los Angeles 1988.

BÜHNER, J.-A., Logos: HWP 5 (Darmstadt 1980) 499-502.

CHADWICK, H., Early Christian Thought and the Classical Tradition. Studies in Justin, Clement and Origen ⁴(Oxford 1985).

CHADWICK, H., "The Evidences of Christianity in the Apologetic of Origen.": StPatr 2 (1957) 331-339.

CROUZEL, H., L'Apocatastase chez Origène: Origeniana Quarta. Die Referate des 4. Internationalen Origeneskongresses (Innsbruck, 2.-6. September 1985). Hrsg. v. L.Lies (Innsbruck 1987) 282-290.

CROUZEL, H., Bibliographie critique d'Origène = IP VIII und VIIIa (Steenbrugis 1971/1982).

CROUZEL, H., Origène et la connaissance mystique (Paris 1961).

CROUZEL, H., Conviction intérieure et aspects extérieurs de la religion chez Celse et Origène: BLE 77 (1976) 81-98.

CROUZEL, H., Chronique origénienne: BLE 89 (1988) 138-145.

CROUZEL, H., The literature on Origen 1970 - 1988: TS 49 (1988) 499-51.

CROUZEL, H., Origène (Paris 1985),

CROUZEL, H., Origène et la philosophie = Théol(P) 52 (Paris 1962).

DANIÉLOU, J., Origène (Paris 1948).

DANIELOU, J., Message évangélique et culture hellénistique aux II et III siècles = BT.HD 2 (Tournai 1961).

DASSMANN, E., Christus und Sokrates. Zu Philosophie und Theologie bei den Kirchenvätern: JAC 36 (1963) 33-45.

DASSMANN, E., Glaubenseinsicht - Glaubensgehorsam. Augustinus über Wert und Grenzen der "auctoritas": Theologie - Grund und Grenzen. Festgabe für H.Dolch zur Vollendung des 70. Lebensjahres. Hrsg. v. H.Waldenfels u.a. (Paderborn 1982) 255-271.

DASSMANN, E., Hiob: RAC 15 (Stuttgart 1991) 366-442.

DASSMANN, E., Kirchengeschichte I. Ausbreitung, Leben und Lehre der Kirche in den ersten drei Jahrhunderten = KStTh 10 (Stuttgart 1991).

DASSMANN, E., Sündenvergebung durch Taufe, Buße und Martyrerfürbitte in den Zeugnissen frühchristlicher Frömmigkeit und Kunst = MBTh 36 (Münster 1973).

DÖRRIE, H., Die platonische Theologie des Kelsos in ihrer Auseinandersetzung mit der christlichen Theologie: ders., Platonica Minora (München 1976) 229-262.

DROGE, A.J., Homer or Moses? Early Christian Interpretations of the History of Culture = HUTh 26 (Tübingen 1989).

DÜNZL, F., Formen der Kirchenväter-Rezeption am Beispiel der sogenannten physischen Erlösungslehre des Gregor von Nyssa: ThPh 69 (1994) 161-181.

EICHINGER, M., Die Verklärung Christi bei Origenes. Die Bedeutung des Menschen Jesus in seiner Christologie = WBTh 23 (Wien 1969).

EYNDE, D. van den, Les normes de l'enseignement chrétien dans la littérature patristique des trois premiers siècles (Gembloux-Paris 1933).

FÉDOU, M., Christianisme et religions paiennes dans le Contre Celse d'Origène = ThH 81 (Paris 1988).

FERNANDEZ, L.N., Origen's Presentation of Christianity among other Religions. A Study on Contra Celsum and its Relevance for India Today = Dissertation Universität Innsbruck (Innsbruck 1992).

GALLAGHER, E.V., Divine Man or Magican?: Celsus and Origen on Jesus = SBL.DS 64 (Chico 1982).

GIGON, O., Die antike Kultur und das Christentum (Gütersloh 1966, 2.Aufl. 1969).

GÖGLER, R., Zur Theologie des biblischen Wortes bei Origenes (Düsseldorf 1963).

GORDAY, P.J., Moses and Jesus in Contra Celsum 7.1-25: Ethics, History and Jewish-Christian Eirenics in Origen's Theology: Origen of Alexandria. His World and His Legacy. Hrsg. v. Ch.Kannengiesser and W.L.Peters (Indiana 1988).

GRANT, R.M., The earliest Lives of Jesus (New York 1961).

GRANT, R.M., Early Christian Doctrine of God (Charlotteville, Virg. 1966).

GRANT, R.M., Greek Apologists of the second century (London 1988).

GRANT, R.M., Miracle and Natural Law in graeco-roman and early christian thought (Amsterdam 1952).

GRILLMEIER, A., Jesus der Christus im Glauben der Kirche. Bd.1: Von der Apostolischen Zeit bis zum Konzil von Chalcedon (451) (Freiburg 1979).

GUERENU, E.M.D.de, Das Wahre und das Wahrscheinliche in der Argumentation der antiken Rhetorik: ARSP.S 2 (1988) 74-80.

HÄLLSTRÖM, G., Fides Simpliciorum according to Origen of Alexandria = Commentationes Humanarum Litterarum 76 (Helsinki 1984).

HALBFASS, W., Evidenz: HWP 2 (Darmstadt 1972) 829-832.

HANSON, R.P.C., Allegory and Event. A study of the sources and significance of Origen's interpretation of Scripture (London 1959).

HARL, M., Origène et la fonction révélatrice du verbe incarné = PatSor 2 (Paris 1958).

HARL, M., Origène, Philocalie, 1-20, Sur les écritures. Introduction, texte, traduction et notes par M.Harl = SC 302 (Paris 1983).

HARNACK, A. v., Die Mission und Ausbreitung des Christentums in den ersten drei Jahrhunderten. 2 Bände (Leipzig 1924, 4.verb.Aufl.).

HARRIS, W.V., Ancient Literarcy (Cambridge 1989).

HAUCK, R.J., The more divine proof: prophecy and inspiration in Celsus and Origen (Atlanta 1989).

HAUCK, R.J., Omnes Contra Celsum?: SecCen (1985/86) 211-225.

HEITHER, Th., Origenes als Exeget. Ein Forschungsüberblick: Stimuli. Exegese und ihre Hermeneutik in Antike und Christentum. FS E.Dassmann. Hrsg. v. G.Schöllgen u. C. Scholten = JAC.E 23 (Münster 1996) 141-153.

HEITHER, TH., Translatio Religionis. Die Paulusdeutung des Origenes in seinem Kommentar zum Römerbrief = BoBKG 16 (Köln 1990).

HEITHER, Th., Was soll ich tun, Herr? Die Praxis des christlichen Lebens bei Origenes: EuA 70 (1994) 301-311.

HONNEFELDER, L.; Christliche Philosophie als "wahre Philosophie": Spätantike und Christentum. Beiträge zur Religions- und Geistesgeschichte der griechisch-römischen Kultur und Zivilisation der Kaiserzeit. Hrsg. v. C.Colpe u.a. (Berlin 1992) 55-75.

HORN, H.-J., Gottesbeweis: RAC 11 (Stuttgart 1981) 951-977.

JACKSON, B.D., Sources of Origen's Doctrine of Freedom: ChH 35 (1966) 13-23.

KENNEDY, G.A., The Art of Persuasion in Greece (Princeton 1963).

KOBUSCH, Th., Die philosophische Bedeutung des Kirchenvaters Origenes: ThQ 165 (1985) 94-105.

KOBUSCH, Th., Das Christentum als wahre Philosophie: Origeniana Quarta. Die Referate des 4. Internationalen Origeneskongresses (Innsbruck, 2.-6. September 1985). Hrsg. v. L.Lies (Innsbruck 1987) 442-446.

KOBUSCH, TH., Origenes, der Initiator der christlichen Philosophie: Origenes. Vir ecclesiasticus. Hrsg. von W.Geerlings/H.König = Hereditas 9 (Bonn 1995) 27-44.

KOBUSCH, Th., Sein und Sprache. Historische Grundlegung einer Ontologie der Sprache = SPAMP 11 (Leiden 1987).

KOCH, H., Pronoia und Paideusis (Berlin 1932).

KOETSCHAU, P., Des Origenes acht Bücher gegen Celsus. 1.Teil: Buch I-IV. 2.Teil: Buch V-VIII. Aus dem Griechischen übersetzt von P.Koetschau = BKV 52.53 (München 1926.1927).

KOPPERSCHMIDT, J., Methodik der Argumentationsanalyse = problemata 119 (Stuttgart 1989).

KRAUSE, W., Die Stellung der frühchristlichen Autoren zur heidnischen Literatur (Wien 1958).

KREINER, A., Demonstratio religiosa: Den Glauben denken. Neue Wege der Fundamentaltheologie. Von H.Döring u.a. = QD 147 (Freiburg 1993) 9-48.

KÜHNERT, F., Allgemeinbildung und Fachbildung in der Antike (Berlin 1961).

KULENKAMPFF, A., Evidenz: HPhG 2 (München 1972) 425-436.

LABRIOLLE, P., La réaction paienne (Paris 1934).

LAMPE, G.W.H. (Hrsg.), A Patristic Greek Lexicon [5](Oxford 1978).

LATOURELLE, R., L'idée de Révélation chez les Pères de l'Église: ScEc 11 (1959) 297-344.

LAUSBERG, H., Handbuch der literarischen Rhetorik. Eine Grundlegung der Literaturwissenschaft. Mit einem Vorwort von A.Arens [3](Stuttgart 1990).

LETOCHA, D., "L'affrontement entre le christianisme et le paganisme dans le Contre Celse d'Origène": Dialogue 19 (1980) 373-395.

LIES, L., Origenes - auf dem Weg nach Chalcedon. Plausibilität des Christentums in Origenes' Contra Celsum = Sinngestalten. FS E.Coreth. Hrsg.v. O.Muck (Innsbruck 1989) 91-103.

LIES, L., Philosophische und theologische Begründung des Christentums in Contra Celsum des Origenes: Origeniana Quinta. Papers of the 5th International Origen Congress 1989. Hrsg.v.R.Daly (Leuven 1992).

LIES, L., Vom Christentum zu Christus nach Origenes' Contra Celsum: ZKTh 112 (1990) 150-177.

LORENZ, K., Beweis: HPhG 1 (München 1973) 220-232.

LUBAC, H.DE, Histoire et Esprit. L'intelligence de l'Écriture d'après Origène (Paris 1950).

LÜBBE, H., Religion nach der Aufklärung (Graz 1986).

LÜHRMANN, D., Glaube: RAC 11 (Stuttgart 1981) 48-122.

LÜHRMANN, D., Glaube im frühen Christentum (Gütersloh 1976).

MARTIN, J., L'apologétique traditionnelle. Première partie: Les cinq premiers siècles (Paris 1905).

MARTIN, J., Antike Rhetorik. Technik und Methode (München 1974).

MAURER, CH., πρᾶγμα: ThWNT 6 (Stuttgart 1959) 638-641.

MAYER, G., Gott. Nachbiblisches Judentum: HWP 3 (Darmstadt 1974) 729-735.

MCGUCKIN, J.A., The Changing Forms of Jesus: Origeniana Quarta. Die Referate des 4. Internationalen Origeneskongresses Innsbruck 1985. Hrsg. v. L.Lies (Innsbruck 1987) 215-222.

MCLELLAND, J., God the Anonymous. A Study in Alexandrian Philosophical Theology: PatMS 4 (Cambridge Mass. 1976).

MERKLEIN, H., Der erste Brief an die Korinther = ÖTBK 7/1 (Gütersloh 1992).

MERKLEIN, H., Die Jesusgeschichte - synoptisch gelesen = SBS 156 (Stuttgart 1994).

MIURA-STANGE, A., Celsus und Origenes. Das Gemeinsame ihrer Weltanschauung nach den acht Büchern des Origenes gegen Celsus. Eine Studie zur Religions- und Geistesgeschichte des 2. und 3. Jahrhunderts = BZNW 4 (Gießen 1926).

MORTLEY, R., From Word to Silence I: The Rise and Fall of Logos; II: The Way of Negation, Christian and Greek = Theoph. 30.31 (Bonn 1986).

MORTLEY, R., Gnosis I (Erkenntnislehre): RAC 11 (Stuttgart 1981) 446-537.

MOSETTO, F., I miracoli evangelici nel dibatto tra Celso e Origene (Rom 1986).

NESTLE, W., Die Haupteinwände des antiken Denkens gegen das Christentum: ARW 37 (1941-1942) 51-100.

NEUSCHÄFER,B., Origenes als Philologe. Teil 1: Text. Teil 2: Anmerkungen = SBA 18/1.2. (Basel 1987).

OSBORN, E., Anfänge christlichen Denkens (Düsseldorf 1987).

OSBORN, E., Arguments for faith in Clement of Alexandria: VigChr 48 (1994) 1-24.

OSCHWALD, J.A., The self-evident truth: Scripture and apology in the "Contra Celsum" of Origen. Dissertation University of Notre Dame 1993.

OTT, H., Apologetik des Glaubens. Grundprobleme einer dialogischen Fundamentaltheologie (Darmstadt 1994).

PANNENBERG, W., Die Aufnahme des philosophischen Gottesbegriffs als dogmatisches Problem der frühchristlichen Theologie: ZKG 70 (1959) 1-45.

PATRICK, J., The Apology of Origen in Reply to Celsus. A Chapter in the History of Apologetics (Edinburgh-London 1892).

PERELMAN, Ch., Logik und Argumentation (Königstein 1979).

PERELMAN, Ch., Die neue Rhetorik: eine Theorie der praktischen Vernunft: Rhetorik. 2 Bände. Hrsg.v.J.Kopperschmidt. Bd.2: Wirkungsgeschichte der Rhetorik. (Darmstadt 1990) 325-358.

PETERSON, E., Der Monotheismus als politisches Problem: ders. Theologische Traktate (München 1951) 45-148.

PICHLER, K., Streit um das Christentum. Der Angriff des Celsus und die Antwort des Origenes = RSTh 23 (Frankfurt 1980).

PILHOFER, P., Presbyteron kreitton. Der Altersbeweis der jüdischen und christllichen Apologeten (Tübingen 1990).

RAYROUX, P.-A., Essai sur l'Apologétique d'Origène d'après le traité ΚΑΤΑ ΚΕΛΣΟΥ. Thèse, Faculté de Théologie protestante de Montauban (Montauban 1872).

REHN, R., Der Logos der Seele. Wesen, Aufgabe und Bedeutung der Sprache in der platonischen Philosophie (Hamburg 1982).

REMUS, H., Pagan-Christian Conflict over Miracle in the Second Century = PatMS 10 (Cambridge 1983).

RIST, J.M., The importance of stoic logic in the Contra Celsum: Neoplatonism and Early Christian Thought. Essays in honour of A.H.Armstrong ed.by H.J.Blumenthal and R.A.Markus (London 1981) 64-78.

ROBERTS, L.W., Philosophical method in Origen's Contra Celsum. Diss. State University of New York at Buffalo 1971 (Michigan, USA 1981 als Mikrofilm).

ROBERTS, L.W., Origen and Stoic Logic: TPAPA 101 (1970) 433-444.

RÖD, W., Grund: HPhG 3 (München 1973) 642-657.

SCHEFFCZYK, L., Die Rolle der Ratio im Glauben und in der Theologoie: Rationalität. Ihre Entwicklung und ihre Grenzen. Hrsg.v. L.Scheffczyk = Grenzfragen 16 (Freiburg 1989) 377-410.

SCHMIDINGER, H.M., Philosophie, christliche: RAC 7 (Darmstadt 1989) 886-898.

SCHMIDT-LEUKEL, P., Demonstratio christiana: Den Glauben denken. Neue Wege der Fundamentaltheologie. Von H.Döring u.a. = QD 147 (Freiburg 1993) 49-146.

SCHOLTEN, C., Die alexandrinische Katechetenschule: JAC 38 (1995) 16-37.

SECKLER, M., Beweis II. Theologisch: LThK 2 ³(Freiburg 1994) 352-354.

SMITH, J.C., The Ancient Wisdom of Origen (Lewisburg 1992).

STEGMÜLLER, W. Probleme und Resultate der Wissenschaftstheorie und analytischen Philosophie. Bd.1: Wissenschaftliche Erklärung und Begründung (Berlin 1969),

STEINS, G., Glaubensbekenntnis II. Biblisch 3. Altes Testament: LThK 4 ³(Freiburg 1995) 700f.

STEINTHAL, H., Geschichte der Sprachwissenschaft bei den Griechen und Römern. 2 Bände (Berlin 1890-91).

STOCKMEIER, P., "Alt" und "Neu" als Prinzipien der frühchristlichen Theologie: ders. Glaube und Kultur. Studien zur Begegnung von Christentum und Antike (Düsseldorf 1983) 227-235.

STOCKMEIER, P., Christlicher Glaube und antike Religiosität: ders. Glaube und Kultur. Studien zur Begegnung von Christentum und Antike (Düsseldorf 1983) 60-105.

STOCKMEIER, P., Glauben. Die Herausforderung des Christentums gegenüber antikem Selbstverständnis: ders. Glaube und Kultur. Studien zur Begegnung von Christentum und Antike (Düsseldorf 1983) 13-38.

STOCKMEIER, P., Das Glaubensbekenntnis. Aspekte zur Ortsbestimmung der frühen Kirche: ders. Glaube und Kultur. Studien zu Begegnung von Christentum und Antike (Düsseldorf 1983) 138-154.

STOCKMEIER, P., Glaube und Paideia: ders. Glaube und Kultur. Studien zur Begegnung von Christentum und Antike (Düsseldorf 1983) 120-137.

STÖTZEL, A., Warum Christus so spät erschien - die apologetische Argumentation im Christentum: ZKG 92 (1981) 147-159.

STRAWSON, P.F., Analyse und Metaphysik. Eine Einführung in die Philosophie (München 1994).

TORJESEN, K.J., Hermeneutical Procedure and Theological Method in Origen's Exegesis = PTS 28 (Berlin 1986).

TRIGG, J.W., Origen. The Bible and Philosophy in the Third-century Church (Atlanta 1983).

TZAMALIKOS, P., The Concept of Time in Origen (Bern 1991).

ULLMANN, W., Die Bedeutung der Gotteserkenntnis für die Gesamtkonzeption von Celsus' Logos alethes: StPatr 14 (1976) 180-188.

VERBEKE, G., Logos: HWP 5 (Darmstadt 1980) 491-499.

VERWEYEN, H., Gottes letztes Wort. Grundriß der Fundamentaltheologie ²(Düsseldorf 1991).

VÖLZING, P., Begründen, Erklären, Argumentieren (Heidelberg 1979).

VOGT, H.J., Die Exegese des Origenes in Contra Celsum: Das neue Interesse an der Eschatologie: StPatr 21 (1989) 356-373.

VOGT, H.J,; Die Juden beim späten Origenes: Christlicher Antijudaismus und jüdischer Antipaganismus. Hrsg. v. H.Frohnhofen = Hamburger Theologoische Studien 3 (Hamburg 1990) 152-169.

VOGT, H.J., Das Kirchenverständnis des Origenes (Köln 1974).

VOULGARAKIS, E., Das spöttische Duell zwischen Christen und Heiden während der ersten drei Jahrhunderte: ΘΕΟΛΟΓΙΑ 43 (1972) 243-270,610-630.

WALDENFELS, H., Glaubensbekenntnis I. Religionsgeschichtlich: LThK 4 ³(Freiburg 1995) 699f.

WALDENFELS, H., Mythos und christlicher Logos: Rationalität. Ihre Entwicklung und ihre Grenzen. Hrsg.v. L.Scheffczyk = Grenzfragen 16 (Freiburg 1989) 253-288.

WASZINK, J.H., Bemerkungen zu Justins Lehre vom Logos spermatikos: Mullus. FS Th.Klauser = JAC Erg.Bd. 1 (Münster 1964) 380-390.

WATSON, G., Celsus and the Philosophical Opposition to Christianity: IThQ 58 (1992) 165-179.

WEGENAST, K., S.Magus: KP 5 (Stuttgart 1979) 203f.

WEIß, B., Das Alte als das Zeitlos-Wahre oder als das Apostolisch-Wahre? Zur Frage der Bewertung des Alten bei der theologischen Wahrheitsfindung der Väter des 2. und 3. Jahrhunderts: TThZ 81 (1972) 214-227.

WHITTACKER, TH., Celsus and Origen: ders. Apollonius of Thyana and other essays (London 1906) 54-122.

WHITTACKER, J., Ἐπέκεινα νοῦ καὶ οὐσίας: VigChr 23 (1969) 91-104.

WICKERT, U., Glauben und Denken bei Tertullian und Origenes: ZThK 62 (1975) 153-177.

WINDEN, J.C.M. VAN, "<u>Le christianisme</u> et la philosophie. Le commencement du dialogue entre la foi et la raison.": Kyriakon. FS J. Quasten Bd.1 (Münster 1970) 205-213.

WIRSCHING, J., <u>Dositheos 6</u>: KP 2 (Stuttgart 1979) 154.

WÖRNER, M.H., "<u>Pistis</u>" und der argumentierende Umgang mit reputablen Meinungen in der Rhetorik des Aristoteles: Argumente - Argumentationen. Hrsg. v. J.Kopperschmidt u.H.Schanze (München 1985) 37-65.

1 EINLEITUNG

1.1 Die Fragestellung[1]

Das Christentum trat von Anfang an mit der herausfordernden Behauptung auf, nicht einen Weg, sondern *den* Weg zu zeigen. Mit diesem Anspruch auf universale Wahrheit mußte die neue Religion unweigerlich in Konflikt mit anderen Weltdeutungen geraten. Dies hieß in der Situation der Spätantike in erster Linie, daß das Christentum auf den konkurrierenden Wahrheitsanspruch der Philosophie stieß. Es mußte sich von ihr fragen lassen, ob es sich beim Evangelium Jesu Christi um eine Lehre handelte, die vernunftgemäß war und die Gründe für ihre Aussagen vorlegen konnte.

In der Konfrontation mit der Philosophie gab es für das Christentum theoretisch zwei mögliche Strategien. Man konnte die Philosophie total verwerfen, indem man dem Anspruch der natürlichen Vernunft die größere Wahrheit der von Gott ergangenen Offenbarung entgegenhielt, vor der die Vernunft schweigen mußte. Die Wahl dieser Lösung hätte für das Christentum die Abkapselung von seiner heidnischen Umwelt und die Flucht in eine christliche Sonderwelt bedeutet. In ihrer großen Mehrheit beschritt die Kirche diesen Weg nicht. Die andere Möglichkeit war, die Rationalität als gemeinsames Fundament zu akzeptieren und von dort aus in die inhaltliche Auseinandersetzung mit der Philosophie einzutreten. Die in diesem Zusammenhang formulierte These lautet: Das Christentum ist nicht nur vernünftig, sondern es ist vernünftiger als alle Philosophie, es ist die "wahre Philosophie"[2]. Das Christentum ist nicht nur fähig, alle Erkenntnisse der natürlichen Vernunft zu rezipieren, sondern darüber hinaus werden ihm mit der Offenbarung neue Horizonte der Erkenntnis eröffnet, die der Mensch aus sich heraus nicht erreichen könnte. Die Vernunft des Menschen ist ganz und gar zu bejahen, aber es muß von ihr gefordert werden, daß sie sich angesichts der Gottesfrage nicht nur ihrer Größe, sondern auch ihrer Grenzen bewußt wird.

---

[1] Vgl. zum Folgenden Mortley, Gnosis; Pannenberg, Aufnahme; Stockmeier, Christlicher Glaube; ders. Glaube und Paideia; Waldenfels, Mythos und christlicher Logos.
[2] Vgl. Kobusch, Wahre Philosophie; Honnefelder, Christliche Philosophie; Schmidinger, Philosophie, christliche 887.

Die Auseinandersetzung um die Frage, welche Rolle der Vernunft innerhalb des biblischen Glaubens zukommt und wie der Glaube nach außen hin begründet werden kann, begann schon zur Zeit des Alten Testaments und ist bis heute an kein Ende gekommen. Einige wichtige Punkte in dieser Auseinandersetzung, die die Voraussetzung für den im Folgenden zu behandelnden Theologen Origenes sind, sollen stichwortartig genannt werden:

1. Grundlage des Dialogs von biblischer Botschaft und griechischer Weisheit ist eine gemeinsame Sprache. Die Übersetzung der hebräischen Bibel in die griechische Sprache stellt in diesem Zusammenhang eine nicht zu überschätzende Vermittlungsleistung dar, die den Weg für eine philosophische Interpretation des Glaubens öffnet. Erst mit der Septuaginta wird die alttestamentliche Offenbarung über den engen Rahmen des jüdischen Volkes hinausgetragen und damit gleichzeitig ein Vokabular geschaffen, dessen sich sowohl das Neue Testament als auch die spätere Theologie bedienen können.

2. Ein weiterer entscheidender Schritt in der Begegnung zwischen biblischer Botschaft und griechischem Denken wird durch die Identifikation des biblischen Gottes mit dem Sein selbst getan. Diese Identifikation ist schon in der Septuagintaübersetzung des Gottesnamens grundgelegt[3], wird aber in ganz ausdrücklicher Weise von Philo von Alexandrien vollzogen[4]. Philo schließt aus der Tatsache, daß das Tetragramm Gott als das Sein bezeichnet, ohne diese Aussage durch weitere Attribute zu präzisieren, daß man zwar Gottes Handeln in der Welt, nicht aber ihn selbst erkennen kann. Damit hat Philo eine in der christlichen Theologie weithin rezipierte Unterscheidung in den Gottesbegriff eingeführt.

Philo bezeichnet daher Gottes Wesen als unbenennbar und unsagbar, denn wenn Gott für den Menschen essentiell nicht erkennbar ist, kann es auch keinen Namen geben, der ihn wirklich benennt. Die Verbindung zwischen der biblisch bezeugten Heilsgeschichte und der Metaphysik, zwischen dem in der Welt erfahrbaren Gott und dem radikal transzendenten Gott geschieht durch den Logos, der Mittler zwischen Gott und Welt ist. Er ist einerseits göttlich, ja kann als "zweiter Gott" apostrophiert werden, andererseits ist er die Verbindung Gottes zum Menschen und kann als solche dem Menschen als inneres Gesetz der Vernunft und der Ethik innewohnen. Der Gedanke, diesen Logos mit dem vom Judentum erwarteten

---

[3] Die Septuaginta übersetzt Ex 3,14: "ἐγώ εἰμι ὁ ὤν".
[4] Vgl. zum Abschnitt über Philo Mayer, Gott 730; McLelland, God the Anonymous 34f; Mortley, Gnosis 476-481; Verbeke, Logos 496f.

Messias zu identifizieren, wäre innerhalb des philonischen Denkens allerdings nicht vollziehbar.

3. Wendet man sich dem Neuen Testament zu, so ist festzustellen, daß es im ganzen gesehen vernunftkritischer ist als Philo. Paulus[5] betont den durch die Sünde gebrochenen Zustand des menschlichen Erkenntnisvermögens, das zwar theoretisch zur Gotteserkenntnis fähig ist, tatsächlich jedoch immer in verschiedene Formen des Götzendienstes fällt (vgl. Röm 1,18-32). Im ersten Korintherbrief zeigt er, daß der menschlichen Weisheit, wie sie die Griechen suchen, kritisch zu begegnen ist, da sie faktisch in Feindschaft zur Wahrheit Gottes steht (vgl. 1Kor 1-2). Trotzdem vertritt Paulus kein Christentum ohne Einsicht, etwa auf der Basis eines reinen Autoritätsglaubens. Wir finden bei ihm immer wieder die Forderung, sich um Erkenntnis zu bemühen, allerdings um eine von Gott geführte Erkenntnis. In diesem Zusammenhang verwendet Paulus den Ausdruck "$\vartheta\epsilon o\hat{v}\ \sigma o\varphi\acute{\iota}\alpha\ \acute{\epsilon}\nu\ \mu\nu\sigma\tau\eta\rho\acute{\iota}\omega$" (1Kor 2,7), der sowohl den Sophia-Charakter der Erkenntnis betont, als auch ihre Unverfügbarkeit für den Menschen. Die Weisheit bleibt auch dort, wo Gott sie offenbart, verborgen und wird nie zum dauernden Besitz des Menschen.

In den Evangelien findet die entscheidende Auseinandersetzung nicht mit den Ansprüchen der griechischen Philosophie sondern mit dem Judentum statt. Wenn Rationalität bedeutet, Phänomene in einen größeren Zusammenhang einzuordnen, dann muß die Verstehbarkeit des Christentums dem Judentum gegenüber mit der Schriftgemäßheit seiner Glaubensaussagen begründet werden. Das Geschehen um Jesus Christus ist kein singuläres Ereignis, sondern der Fluchtpunkt aller bisherigen Geschichte, ihre "Erfüllung". Hauptpunkte der Auseinandersetzung mit dem Judentum sind daher weniger die Glaubensforderung und das Bekenntnis zu dem einem Gott, der in Schöpfung und Geschichte wirkt, als vielmehr die Christologie. Von nicht zu überschätzender Bedeutung für die spätere Theologie ist in diesem Zusammenhang die Rezeption des Begriffs "Logos" im Prolog des Johannesevangeliums.

4. Auffallend im Vergleich zu anderen Religionen ist, daß das Christentum schon in den ersten Jahrzehnten Glaubensformeln entwickelte, deren Annahme oder Ablehnung über die Zugehörigkeit entschied[6]. Diese Glaubensformeln sind als Vorstufe der sich bald entwickelnden Glaubensbekenntnisse anzusehen und teilen

---

[5] Vgl. zu diesem Abschnitt Stockmeier, Glauben 22-24; Merklein, Der erste Brief an die Korinther 227-229; Bornkamm, Glaube und Vernunft.

[6] Vgl. Backhaus, Glaubensbekenntnis; Steins, Glaubensbekenntnis; Stockmeier, Glaubensbekenntnis: Waldenfels, Glaubensbekenntnis.

deren Anspruch, Wahrheit mitzuteilen: "Glaubensbekenntnisse finden sich in der Regel dort, wo der Glaube als eine Weise des Fürwahrhaltens auftritt"[7]. Diese Glaubensbekenntnisse haben keine Vorbilder in der Antike. Selbst im Alten Testament gibt es zwar Gottesprädikationen und Zusammenfassungen der Heilsgeschichte, nicht aber ein verpflichtendes Glaubensbekenntnis. Die Glaubensbekenntnisse sind mit dem Anspruch auf Absolutheit verbunden; sie versuchen nicht zu vermitteln, sondern den eigenen Glauben in seinen unaufgebbaren Bestandteilen präzise zu formulieren und ihn nach außen hin abzugrenzen.

5. Die neutestamentlichen Autoren hatten dem Judentum gegenüber das Alte Testament für sich beansprucht, indem sie zu zeigen versuchten, daß es erst von Jesus Christus her wirklich zu verstehen ist. Strukturell dasselbe tut Justin[8], wenn er die gesamte Geistesgeschichte auf Christus bezieht. Überall dort, wo sich Wahrheit findet, ist derselbe Logos anwesend. der sich zuletzt in Jesus Christus inkarniert hat und so in die Geschichte eingetreten ist. Justin spricht von den $\lambda\acute{o}\gamma o\iota$ $\sigma\pi\epsilon\rho\mu\alpha\tau\iota\kappa o\acute{\iota}$ in der menschlichen Vernunft, durch die jeder Mensch Anteil am Logos hat. So wird es möglich, auch vor- und außerchristlich erkannte Wahrheit auf Christus zu beziehen, da derselbe Logos, der in Christus in Fülle wohnt, in ihr spurenhaft ($\sigma\pi\epsilon\rho\mu\alpha\tau\iota\kappa\acute{o}\varsigma$) vorhanden ist. Auf den einzelnen Menschen bezogen bedeutet diese Inanspruchnahme aller Wahrheit durch das Christentum, daß jeder, der vor Christus vernünftig ($\mu\epsilon\tau\grave{\alpha}$ $\lambda\acute{o}\gamma o\upsilon$) gelebt hat, Christ war (Justin nennt die alttestamentlichen Heiligen, aber auch Sokrates und Herakles), während jeder, der gegen die Vernunft lebt, Feind Christi ist[9].

Justin erhebt ausdrücklich den Anspruch, nicht nur das Kerygma in Form von Behauptungen zu verkünden, sondern auch Gründe für seine Richtigkeit zu liefern. Wir finden bei ihm ausführliche Analogien aus der heidnischen Mythologie, um die grundsätzliche Vernunftgemäßheit der christlichen Lehre zu belegen. Mit ihnen soll gezeigt werden, daß das, was am Christentum absurd und barbarisch empfunden wird, auch in akzeptierter heidnischer Literatur vorkommt und daher denselben Anspruch auf vorurteilslose Kenntnisnahme erheben kann.

---

[7] Waldenfels, Glaubensbekenntnis 700.

[8] Vgl. zu Justin Barnard, Apologetik 377f; Bühner, Logos 501; Chadwick, Early Christian Thought 9-30; Dassmann, Kirchengeschichte 118-120; Grant, Greek Apologists 50-64; Waszink, Bemerkungen.

[9] Vgl. Grillmeier, Jesus der Christus 203-205; Dassmann Christus und Sokrates 36f. Dassmann zeigt 37 aber auch, daß Justin die Parallele Christus - Sokrates ausschließlich in Bezug auf das Faktum des Verfolgtwerdens hin durchführt, es aber vermeidet, den Kreuzestod selbst mit dem Tod des Sokrates zu vergleichen.

6. Die positive Einschätzung der griechischen Philosophie setzt sich fort in der Theologie des Klemens von Alexandrien[10], der davon überzeugt ist, daß die Philosophie helfen kann, den Glauben rational zu durchdringen und ihn nach außen hin zu explizieren. Die Philosophie stellt die Mittel bereit, die es ermöglichen, Unterscheidungen zu treffen und so das Allgemeine vom Besonderen zu trennen. Dies ist auch für den Glauben von Nutzen. Klemens ist sich stärker als seine Vorgänger bewußt, daß das Christentum mit der Glaubensforderung etwas verlangt, was die natürliche Vernunft überschreitet und daher vor ihr gerechtfertigt werden muß. Er entwickelt eine differenzierte Vorstellung von der epistemischen Bedeutung des Glaubens, wenn er den Glauben als Antizipation des Erhofften, als liebende Antwort an Gott und in Anlehnung an Aristoteles als einzig adäquate Möglichkeit beschreibt, ohne infiniten Regreß erste Prinzipien zu erfassen. Der Glaube ist ein Weg für den Menschen, sonst unzugängliche Erkenntnis zu erlangen.

Auch Klemens nennt in der Tradition Philos Gott unsagbar und für die große Menge der Menschen nicht mitteilbar. Die Abstraktion ist der Weg der höchsten Gotteserkenntnis. Man muß, um Gott zu erkennen, alle Attribute und d.h. auch alle Anthropomorphismen der Bibel beiseite lassen, um sich ganz vom Sinnlichen, das Gott nicht gemäß ist, zu einer geistigen Schau zu erheben, die allerdings nur noch erkennt, was Gott nicht ist. Jeder Gott gegebene Name ist im Hinblick auf den Benannten völlig unzureichend, leistet jedoch dem menschlichen Denken, das ihn gebraucht, eine gewisse Hilfe. Trotz der deutlich apophatischen Theologie, die Klemens vertritt, hält er eine Begegnung zwischen Gott und Mensch für möglich. Brücke ist auch für ihn der ewige Logos Gottes, der in Jesus Christus Mensch geworden ist. Der Logos erkennt Gott unmittelbar, ist aber gleichzeitig, da in menschlicher Gestalt erscheinend, für den Menschen verstehbar und kann so eine Mittlerfunktion ausüben.

Schon die wenigen hier genannten Punkte zeigen deutlich, daß für die argumentative Vermittlung des christlichen Anspruchs vor allem die Gottes- und die Logoslehre wichtig waren. In beiden Fällen handelt es sich um Problemfelder, die durchaus auch in der Philosphie besprochen wurden. Es bleibt daher die Frage, warum die griechische Philosophie, konkret der Mittelplatonismus, das Christentum

---

[10] Vgl. Chadwick, Early Christian Thought 31-65; Daniélou, Message évangélique 279-296; Letocha, L'affrontement; Mortley, Gnosis 501-503.512-515.529; Osborn, Arguments for faith.

trotz aller Vermittlungsversuche als so fremd empfand und ihm erheblichen Widerstand entgegensetzte.

Ein Grundzug der griechischen Philosophie, der eine Rezeption der biblischen Botschaft sehr erschwerte, war ihre Betonung des Allgemeinen. Die griechische Philosophie, besonders der Platonismus ist weniger am sinnlich erfahrbaren Einzelnen interessiert als vielmehr am Allgemeinen, das alles Einzelne verbindet. Der eigentliche Gegenstand der Erkenntnis ist das immaterielle und unveränderliche Wesen der Dinge, das zwar sachlich vom Einzelding nicht zu trennen ist, gleichzeitig aber dessen Erkenntnis erst ermöglicht. Das Einzelne und Besondere hat seinen Wert darin, daß an ihm das Allgemeine erkennbar wird, es ist vergängliches Zeichen für die Wahrheit, nie aber die Wahrheit selbst. Ein geschichtliches Phänomen kann, gerade weil es geschichtlich, d.h. zeitlich, vergänglich und kontingent ist, nicht wahr sein.

Zu der hier skizzierten Grundkonzeption griechischen Denkens stand das Christentum, aber auch schon das biblische Judentum in scharfem Kontrast und mußte mit seiner Verkündigung eines in der Geschichte wirkenden Gottes Anstoß erregen. "Kein Abschnitt des dreigliedrigen Glaubensbekenntnisses ließ sich mit platonischer Kosmologie und Gotteslehre auch nur annähernd zur Deckung bringen"[11]. Die Vorwürfe, die dem Christentum aus der Sicht der Philosophie zu machen sind, sind in umfassender Weise von Celsus, einem mittelplatonischen Philosophen um 180 n.Chr. dargestellt worden:

1. Die christliche Vorstellung eines Gottes, der in die Geschichte eingreift, ist unannehmbar. Schöpfung, Vorsehung und Offenbarung sind Vorstellungen, die abzulehnen sind. Die Inkarnation, d.h. die Vorstellung, der absolute Gott habe sich in seinem Logos an einem ganz konkreten Ort und zu einer ganz konkreten Zeit in der Geschichte erfahrbar gemacht und zwar so, daß diese Manifestation unüberholbar ist, ist absurd und eines Gottes unwürdig. Eine "neue Wahrheit" kann es nicht geben, da diese dem Gottesbegriff widerspricht.

2. Das christliche Menschenbild überschätzt die Wichtigkeit des einzelnen. Sowohl die Vorstellung, jeder einzelne sei Objekt göttlichen Heilshandelns, als auch die Vorstellung einer persönlichen Auferstehung von Leib und Seele ist abzulehnen.

3. Die christliche Glaubensforderung ist irrational und eines gebildeten Menschen unwürdig. Eine Lehre, die zugleich wahr für alle Menschen zu sein be-

---

[11] Dassmann, Christus und Sokrates 44.

ansprucht und sich dennoch nicht als solche vor der Vernunft ausweisen kann, sondern Glauben fordert, muß abgelehnt werden.

Wo das Christentum der Philosophie begegnete, mußten daher Wege gesucht werden, eine Antwort auf die Anfragen des griechischen Denkens zu geben, ohne die Einzigartigkeit, Absolutheit und Freiheit des biblischen Gottes aufzugeben. Einen solchen Weg zu bahnen, hat um 250 n. Chr. der Theologe Origenes versucht. Seine Konzeption soll in dieser Arbeit nachgezeichnet werden. Die Beschäftigung gerade mit diesem Theologen erscheint für die vorliegende Fragestellung besonders wichtig, weil Origenes einerseits alle bildungsmäßigen Voraussetzungen für eine fundierte Auseinandersetzung mit philosophischen Ansprüchen mitbringt[12], andererseits aber auch in bezug auf seine theologischen und d.h. besonders seine exegetischen Kenntnisse alle seine Vorgänger sowohl qualitativ als auch quantitativ weit überragt. Origenes kennt die gesamte Bibel und hat eine fundierte philosophische, philologische und rhetorische Ausbildung genossen. Gleichzeitig ermöglichte ihm sein relativ langes christliches Leben ("lang" insofern als er schon von Kind an Christ war), Probleme über einen längeren Zeitraum zu durchdenken und zu einer ausgearbeiteteren Theologie als seine Vorgänger zu kommen. Von daher konnte er es auch wagen, seinen Glauben, und d.h. die biblische Botschaft, ganz umfassend mit den Wahrheitsansprüchen des griechischen Denkens zu konfrontieren und diesem die Argumente des Christentums entgegenzuhalten[13].

Der Anlaß zu einer solchen grundlegenden Verteidigung der Rationalität des Christentums bot sich Origenes, als ihm eine Schrift des mittelplatonischen Philosophen Celsus mit dem Titel *"Alethes Logos"* vorgelegt wurde mit der Bitte, sich zu ihr zu äußern. Den Aussagen, die Origenes in seiner Antwort-Schrift *Cels.* macht, liegt also, und darin besteht ein Unterschied zu seinen Vorgängern, eine heidnische Schrift zugrunde, die den Glauben systematisch und mit hohem

---

[12] Vgl. Crouzel, Origène 21-25.

[13] Schon Patrick, Apology 312 schrieb: "In the modern sense of the term the apology of Origen is the first apology for Christianity... The great object of the apologists had been to check persecution by showing its unreasonableness: they sought rather to establish the innocence of Christians in relation to the State than to prove the truth of Christianity; to protest against the persecution of the truth rather than to ward off intellectual assaults upon it". Es ist nicht zu hoch gegriffen, wenn man Origenes als "Initiator der christlichen Philosophie" bezeichnet, vgl. Kobusch, Initiator.

argumentativem Aufwand angreift, und auf die im Einzelnen geantwortet werden muß[14].

In der vorliegenden Arbeit sollen folgende Fragen anhand der Schrift *Cels.* untersucht werden:
1. Wie beurteilt Origenes das Verhältnis von Glaube und Vernunft?
2. Inwieweit ist der Glaube begründbar und welchen Anforderungen müssen Begründungen genügen?
3. Welche Methoden der Argumentation und welche Argumente kennt Origenes?
4. Welches Gewicht mißt er diesen Argumenten zu?

1.2 Methodische Überlegungen

Bei jeder Arbeit über Origenes stellt sich angesichts der Fülle seiner Schriften und der ständig anwachsenden Sekundärliteratur[15] die Frage nach einer Begrenzung des Themas. Für die vorliegende Arbeit bot es sich an, die Schrift *Cels.* zugrundezulegen, da Origenes in diesem Werk die Frage nach der Rationalität des christlichen Glaubens ausdrücklich behandelt. Mit der Beschränkung auf nur ein Werk des Origenes wird ein Hinweis Berners aufgegriffen, der für die Origenesforschung fordert, sich nicht so sehr mit Gesamtinterpretationen des theologischen Denkens des Origenes zu beschäftigen, sondern einzelne Werke oder sogar nur Teile von Werken textimmanent zu interpretieren, um so die literarische Eigenart jedes Werkes und den Bedeutungszusammenhang der einzelnen origeneischen Aussagen stärker berücksichtigen zu können[16].

---

[14] Ob auch die Schriften des Tatian, des Theophilus von Antiochien und des Klemens Antworten an Celsus sind, wie es Droge, Homer or Moses 97-101.119-123.149-152 meint, ist nicht mit Sicherheit zu sagen; auf jeden Fall erfolgte ihre Antwort, wenn es sich um eine solche handeln sollte, nur in sehr indirekter Form. Vgl. zu dieser Frage auch Hauck, Omnes Contra Celsum 224, der einen solchen Einfluß mit der Begründung ablehnt: "If Celsus were indeed the motivating impulse behind the second century apologists, it would be expected that signs of his influence would be more apparent." Nach Hauck handelt es sich bei den Gemeinsamkeiten zwischen Celsus und den Apologeten nur um Gemeinsamkeiten, die sich aus der Verwendung gleicher topoi ergeben. Ich möchte mich dieser Ansicht anschließen.
[15] Vgl. die (bisher) zwei Bände der Bibliographie zu Origenes von Crouzel und den jährlichen Literaturbericht im Bulletin de Littérature écclesiastique.
[16] Vgl. Berner, Origenes 99.

Das Werk *Cels.* ist im griechischen Urtext erhalten[17] und stellt den Leser nicht, wie die nur in der lateinischen Übersetzung erhaltenen Werke des Origenes, vor die schwierige Aufgabe, hinter den Kürzungen und Glättungen der Übersetzer den ursprünglichen Origenes-Text rekonstruieren zu müssen. Darüber hinaus ist *Cels.* ein Werk, das sich innerhalb des Christentums offenbar immer großer Wertschätzung erfreut hat. Als im 4.Jh. die Kappadozier darangingen, eine Auswahl aus den Werken des Origenes herauszugeben, wurden für das Sammelwerk, die sogenannte Philokalie, zu einem großen Teil *Cels.*-Texte ausgewählt[18].

Wir haben mit *Cels.* eines der spätesten Werke des Origenes vor uns, ein Werk, in dem er maßvoller und ausgewogener argumentiert als beispielsweise in *princ.* und in manchen Punkten frühere Ansichten korrigiert. Vogt vergleicht dieses Werk mit den *Retractationes* des Augustinus und sieht vor allem die Zuwendung zum heilsgeschichtlichen Denken und zur Eschatologie als wesentliche Punkte, die Origenes neu erkannt hat und in *Cels.* in seine Argumentation einträgt[19]. Borret spricht davon, daß wir es bei diesem Werk mit dem Testament des Origenes zu tun haben[20].

Andresen hatte seiner umfassenden Monographie zum *Alethes Logos* des Celsus den Untertitel "Die Polemik des Kelsos wider das Christentum" gegeben; parallel dazu könnte man die vorliegende Arbeit, die ihr Augenmerk ausschließlich auf Origenes richtet, als den Versuch verstehen, "Die Antwort des Origenes an das Heidentum" zu zeigen. Es geht in ihr nicht darum, Origenes und Celsus zu vergleichen. Wie Hauck richtig sieht, steht ein solcher Vergleich immer in der Gefahr, moderne Gegensatzpaare auf die beiden Kontrahenten anzuwenden und sie so in ein ihnen fremdes Schema zu pressen[21]. Rationalist oder Mystiker, Philosoph oder Geschichtstheoretiker sind Kategorien, die letztlich nicht wirklich anwendbar sind, was schon dadurch deutlich wird, daß die Zuordnung im Laufe der Zeit sehr verschieden vorgenommen wurde. So ist Andresen der Ansicht, Origenes habe "für den geschichtspolemischen Aufbau des *Alethes Logos* und das geschichtsspekulative Denken seines Verfassers ... kein Empfinden gehabt. Was

---

[17] Zur textlichen Grundlage vgl. Andresen, Logos und Nomos 8 und Borret, Contre Celse 1,22-61.

[18] Vgl. Koetschau, Gegen Celsus 1,VIII und die Übersicht bei Harl, Philokalie 9f.

[19] Vgl. Vogt, Exegese 362f und 373. Vgl. auch Harl, Fonction révélatrice 305: "Il est sans aucun doute au sommet de son activité, en pleine possession de ses moyens".

[20] Vgl. Borret, Contre Celse 1,7.

[21] Vgl. Hauck, Divine Proof 7-16.143.

ihn bei der Widerlegung fesselte, war die philosophische Seite der Schrift"[22], während Dörrie meint, daß Origenes "die christliche Auffassung von der einen, geschichtlich fixierten Heilstat zur Geltung" bringe, aber für die platonische Philosophie des Celsus sehr wenig Verständnis habe[23].

Ich möchte mich in dieser Arbeit ganz auf Origenes und seine Aussagen zur Begründung des Christentums beschränken und Celsus nur insoweit behandeln, wie es für das Verständnis der origeneischen Aussagen unbedingt nötig ist. Es geht mir dabei um die Frage, wie Origenes in *Cels.* sein eigenes Tun der Begründung des Glaubens einschätzt, wie er die Rationalität des celsischen Angriffs beurteilt, welche Argumente ihm wichtig sind und wie seiner Meinung nach diese Argumente am besten plausibilisiert werden können.

Ob Origenes dabei Celsus gerecht wurde und ob er den *Alethes Logos* in seiner Struktur angemessen wahrnahm, bleibt außerhalb des Forschungsanliegens dieser Arbeit. Auch für die Frage, inwieweit Origenes das Werk des Celsus vollständig zitierte bzw. nach welchen Kriterien er möglicherweise celsische Argumente wegließ, wird auf bereits vorhandene Untersuchungen verwiesen[24]. Weiter soll es nicht Aufgabe dieser Arbeit sein, die Antworten, die Origenes Celsus gibt, vollständig darzustellen[25], da bei einem solchen Vorgehen immer die Gefahr besteht, vor der Fülle der Einzelheiten den Gesamtüberblick zu verlieren. Denn in *Cels.* werden sehr verschiedene Themen angesprochen, die nicht alle die Begründungsproblematik betreffen. Diese Arbeit beschränkt sich außerdem auf die Darstellung der Argumente und Diskurse, die zum Glauben hinführen, und läßt die Argumente, die Origenes zur Erklärung von Glaubenswahrheiten innerhalb des biblischen Glaubens verwendet, außer acht[26]. Das heißt konkret, daß z.B. die Argumente, die Origenes dem celsischen Juden entgegenhält und die sich auf die richtige Schriftauslegung beziehen, beiseitegelassen werden, ebenso all die Einzelargumente, die er zur Erklärung der Jungfrauengeburt nennt. Auch für die behandelten Punkte gilt, daß sie nur unter dem Aspekt ihrer argumentativen Verwendung betrachtet werden, und daß andere Gesichtspunkte nicht berücksichtigt werden. Dabei soll versucht werden, das von Origenes Gemeinte auch dort zu

---

[22] Andresen, Logos und Nomos 385.
[23] Dörrie, Die platonische Theologie 256f.
[24] Vgl. Fédou, Christianisme 41-43; Borret, Contre Celse 5,9-23.
[25] Dies wird in den Arbeiten von Rayroux und Pichler versucht; vgl. Rayroux, L'Apologétique und Pichler, Streit.
[26] Vgl. zu dieser Unterscheidung Seckler, Beweis 352.

fassen, wo es in uneindeutiger oder wechselnder Begrifflichkeit auftritt. Dies ist wichtig, weil die wechselnde Terminologie des Origenes Wortuntersuchungen im Allgemeinen sehr schwierig macht[27].

In dieser Arbeit wird viel von "Grund", "Argument", "Argumentation" gesprochen und es werden die dazugehörigen Verben "argumentieren" und "begründen" gebraucht. Unter "Grund" oder "Argument" (beide Begriffe werden synonym gebraucht) soll ein Satz verstanden werden, der die Wahrheit eines Sachverhaltes stützen kann und sich dazu an die Vernunft wendet; unter "Argumentation" eine zusammengehörige Gruppe von Einzelargumenten. Eine Argumentation in diesem Sinn ist eine nichtformale Beweisführung, deren Ziel es ist, auf die Meinung eines anderen einzuwirken und ihn von der eigenen zu überzeugen. Die einzelnen Argumente bauen dabei nicht wie ein mathematischer Beweis streng logisch aufeinander auf, sondern beleuchten den Gegenstand von verschiedenen Seiten.

1.3 Einordnung in die Forschung

In der Forschung unseres Jahrhunderts kann man drei grundsätzliche "Typen" der Beschäftigung mit Origenes feststellen[28]. Von zahlreichen Forschern wurde, besonders zu Beginn des Jahrhunderts, der Versuch gemacht, sein reiches Gedankengut unter systematischen Gesichtspunkten darzustellen und es philosophie- und theologiegeschichtlich einzuordnen. Bahnbrechend war hier das Werk von Koch[29]. Die Abwendung von der systematisierenden Origenesinterpretation ist mit den Namen Lieske und Völker verbunden und wurde besonders von de Lubac und Crouzel weitergeführt. Das neue Anliegen war, Origenes so umfassend wie möglich selbst zu Wort kommen zu lassen. Um dem authentischen Origenes zu begegnen, ist es nach Ansicht dieser Forschungsrichtung nötig, möglichst viel sowohl aus den griechisch erhaltenen Werken als auch aus den lateinischen Übersetzungen zu zitieren, um so die Texte sich gegenseitig kontrollieren und ergänzen zu lassen[30]. Doch auch dieser Zugang zu Origenes und zu patristischen Texten überhaupt stößt seit einigen Jahren auf Kritik. Osborn spricht von "stamp-collec-

---

[27] Vgl. Hällström, Fides Simpliciorum 11.
[28] Vgl. den Überblick über die Origenesforschung, den Berner, Origenes gibt.
[29] Vgl. Koch, Pronoia.
[30] Vgl. Crouzel, Origène 78, der sich für dieses Vorgehen auf Lubac, Histoire 42 beruft.

ting"[31] und Smith, der sich speziell auf die Origenesforschungen Crouzels bezieht, rügt die Überfülle an Zitaten und Verweisen und den Mangel an wirklicher Analyse[32]. Dünzl faßt in seiner Kritik an den Ansätzen von de Lubac und Adam das Gemeinte zusammen: "Die Theologie der Kirchenväter erscheint bei dieser Weise der Rezeption noch *unmittelbar* zugänglich und verständlich, bei ihrer Weitervermittlung werden keine Brechungen sichtbar, der historische 'Graben' zwischen den alten Texten und dem 'Heute' des Verstehens ist offenbar mühelos überwunden oder besser: seine Existenz wird erst gar nicht deutlich"[33]. Zu fordern ist jedoch, daß historische Quellen nicht nur paraphrasierend aneinandergereiht werden, sondern daß eine Analyse stattfindet, die diese Texte aufschlüsselt und in das "Heute des Verstehens" hineinvermittelt. Weder der Vergleich mit anderen Stellen aus dem Werk des Origenes noch die Heranziehung von Paralleltexten aus dem geistesgeschichtlichen Umfeld kann die Bemühung um den Sinn einer konkreten Einzelstelle ersetzen.

Das Werk *Cels.* wurde in der Origenesforschung lange Zeit wenig beachtet[34]; es wurde herangezogen als Belegstellenlieferant in Büchern, die unter einem übergeordneten Gesichtspunkt alle Werke des Origenes untersuchen, aber relativ selten in einer Monographie behandelt[35]. Dies ist umso auffälliger, als auf der anderen Seite *Cels.* eines der wenigen Werke des Origenes ist, die schon zu Anfang des Jahrhunderts in deutscher Sprache vorlagen[36]. Die wichtigste Literatur zu *Cels.* soll an dieser Stelle in chronologischer Reihenfolge aufgeführt werden.

Rayroux[37] faßt in seiner 1872 erschienen Dissertation die Argumente des Origenes zusammen und stellt die Aussagen des Celsus dar, soweit es für das Verständnis der origeneischen Ausführungen nötig ist. Dabei behandelt er zuerst die Argumente des Origenes dem celsischen Juden gegenüber, dann die Argumente gegen das Heidentum. Die Arbeit von Rayroux ist vorwiegend beschreibender Art,

---

[31] Vgl. Osborn, Anfänge 26.
[32] Vgl. Smith, Ancient Wisdom 268.
[33] Dünzl, Kirchenväter-Rezeption 180f (Anführungszeichen und Kursivdruck bei Dünzl).
[34] Crouzel, Chronique origénienne (1988) 144 stellt fest "... que le Contre Celse a été plus souvent étudié du point de vue de Celse que de celui d'Origène et qu'au fond l'oeuvre apologétique de ce dernier a été peu jugée selon sa vraie valeur."
[35] Vgl. Gallagher, Divine Man 41: "CC is seen more as a rich mine of second and third century beliefs than as an integral work in itself"; vgl. auch Pichler, Streit 182.
[36] Die Übersetzung von Koetschau stammt aus den Jahren 1926/27.
[37] Vgl. Rayroux, L'Apologétique.

eine Analyse der Struktur und der Relevanz von Argumenten findet kaum statt. Ähnliches ist zu der 1900 erschienenen Arbeit von Bordes zu sagen[38]. Harl schreibt zu diesen Arbeiten: "Die apologetischen Argumente des Origenes werden in diesen Dissertationen, die sich wiederholen, ohne eine Verbesserung zu bringen, in einer ungenügenden, d.h. zu elementaren Art und Weise entwickelt"[39].

Dagegen hat Patrick[40] 1892 in einer umfassenden Arbeit zu *Cels.*, die nahezu 90 Jahre die einzige ausführliche Monographie zu diesem Werk war, sowohl den *Alethes Logos* des Celsus mit den darin enthaltenen Angriffen auf das Christentum als auch die Antwort des Origenes untersucht. Letztere wird von ihm folgendermaßen systematisiert: a.) Verteidigung der Hl. Schrift als Offenbarungsquelle, b.) Verteidigung der Inkarnation, c.) Die Person und das Werk Jesu Christi, d.) Die Kirche und ihre Anhänger, e.) Das Christentum und das Römische Reich, f.) Gegenangriff auf die hellenistische Philosophie und Religion. Patricks Werk ist nach wie vor eine der besten Darstellungen von *Cels.*, die auch heute noch sehr anregend zu lesen ist.

Im Vergleich zu Patrick ist die 1906 erschienene Studie von Whittaker[41] enttäuschend. Whittaker geht davon aus, daß der Kampf zwischen Celsus und Origenes ein Kampf zwischen westlicher Rationalität und östlicher Irrationalität, zwischen Freiheit des Individuums und Unterwerfung unter eine tyrannische Autorität, zwischen Licht und Finsternis war. Nachdem mit dem Sieg des Christentums die Tyrannei gesiegt hat, - die Gründe für diesen Sieg sieht der Verfasser in den ökonomischen Verhältnissen-, zeichnet sich nun (Anfang des 20.Jh.) eine Wende ab. Ausgehend von diesen Voraussetzungen faßt Whittaker die Kontroverse Celsus - Origenes paraphrasierend zusammen. Da er über die reine Paraphrase hinaus keine Analyse bringt und zudem keinerlei Versuch macht, die Argumente des Origenes zu verstehen, geschweige denn zu würdigen, ist sein Werk für die vorliegende Arbeit ohne Bedeutung[42].

1926 erschien die Schrift von Miura-Stange[43], der es, wie der Untertitel sagt, darum geht, das Gemeinsame in der Weltanschauung des Celsus und des Origenes herauszuarbeiten. Dabei wird die Argumentationsweise des Origenes ausführlich

---

[38] Vgl. Bordes, L'Apologétique.
[39] Harl, Fonction révélatrice 42.
[40] Vgl. Patrick, Apology.
[41] Vgl. Whittacker, Celsus and Origen.
[42] Die Einstellung von Whittaker kommt deutlich in folgendem Satz zutage: "In summarizing a Father of the Church "difficile est satiram non scribere" (58).
[43] Vgl. Miura-Stange, Celsus und Origenes.

beschrieben und festgestellt, daß Origenes zwar immer möglichst viele Begründungen nennt, die sich an verschiedene Gruppen von Menschen wenden, daß diese Vielzahl von Ansätzen aber nicht darüber hinwegtäuschen darf, daß er immer einen Grund hat, der für ihn selbst entscheidend ist[44]. Die Arbeit von Miura-Stange enthält zahlreiche interessante Aspekte, entspricht aber, was ihr Ergebnis angeht, nicht mehr dem heutigen Forschungsstand. Ihre These, daß sich Celsus und Origenes in ihrer Weltanschauung so gut wie nicht unterscheiden und sie nur die unterschiedliche Leidenschaft für ihre Meinung trennt (Celsus als der nüchterne Rationalist und Origenes als der glühende Liebende), darf wohl mit Recht als überholt gelten; es gibt durchaus Punkte, in denen sich beide deutlich unterscheiden.

Von Grant[45] liegt eine breit angelegte Arbeit vor, in der er 1952 Origenes' Verhältnis zu Wunder und Naturgesetz behandelte. Grant lehnt die Beurteilung von Miura-Stange, daß Origenes und Celsus im Grunde in ihrer Weltanschauung übereinstimmen, ab und vertritt die Ansicht, daß Origenes sich gerade mit *Cels.* ganz bewußt gegen den Hellenismus stellt. Origenes verwendet zwar griechische Denkformen, ist aber, was den Inhalt seines Denkens angeht, zutiefst von christlichen Kategorien geprägt[46].

Chadwick behandelt in einem 1957 veröffentlichten Aufsatz[47] die apologetischen Hauptargumente des Origenes, nämlich Wunder, Prophetie, schnelle Ausbreitung des Christentums und moralisches Verhalten der Christen. Er zeigt deutlich, wie diese Argumente für Origenes miteinander verbunden sind und sich gegenseitig stützen, als isolierte Einzelargumente jedoch mit Skepsis zu betrachten sind, da sie für sich genommen wenig beweisen. Der Aufsatz vermittelt in seiner Komprimiertheit einen guten Überblick über das apologetische Denken des Origenes.

In einer zweiten Monographie behandelt Grant[48] 1961 die Art und Weise, wie das Leben Jesu in der frühen Kirche dargestellt wurde. Dabei steht der Ansatz des Origenes im Zentrum des Interesses. Grant zeigt in seiner Arbeit, daß es in der Antike durchaus schon eine kritische Beschäftigung mit Texten gab und daß die dabei verwendeten Methoden auch für das christliche Studium der Evangelien fruchtbar gemacht werden konnten. Gerade auf diesem Gebiet hat Origenes, der

---

[44] Vgl. Miura-Stange, Celsus und Origenes 25.
[45] Vgl. Grant, Miracle and Natural Law.
[46] Vgl. Grant, Miracle and Natural Law 206.
[47] Vgl. Chadwick, Evidences.
[48] Vgl. Grant, Earliest Lives.

eine profunde Bildung erhalten hatte, Bahnbrechendes geleistet, indem er die Mittel der rhetorischen Analyse auf die Bibel anwandte. Für die vorliegende Arbeit sind die Untersuchungen Grants wichtig, weil sie zeigen, welche Kriterien in der Antike maßgeblich für eine gute Begründung waren und damit helfen, den Begründungsanspruch des Origenes richtig einzuordnen.

Mit der philosophischen Methode des Origenes beschäftigt sich die 1971 erschienene Arbeit von Roberts[49], deren Ziel es ist, die formalen Elemente der origeneischen Argumentation herauszuarbeiten. Hauptthese dieser Arbeit ist, daß Origenes sich in viel stärkerem Maß, als bisher gesehen wurde, stoischer Methodologie und Begrifflichkeit bedient[50].

1980 erschien eine Monographie von Pichler[51], die sich sowohl mit dem *Alethes Logos* des Celsus als auch mit dem Werk *Cels.* des Origenes beschäftigt. Pichler bietet eine ausgezeichnete Zusammenfassung der Ergebnisse der bisherigen Forschung zu beiden Werken; aufgrund der ausführlichen Behandlung aller Einleitungsfragen kann an Pichlers Arbeit nicht vorbeigehen, wer sich mit Celsus oder der Widerlegung des Origenes beschäftigt. Pichler zeichnet darüber hinaus sowohl die Argumente des Celsus als auch die des Origenes nach. Dies geschieht allerdings rein paraphrasierend, ohne daß dem Leser weitergehende Verständnishilfen geboten werden.

Die Dissertation von Gallagher[52] beschäftigt sich 1982 mit dem religionsgeschichtlich wichtigen Motiv des "göttlichen Menschen" und arbeitet die Verwendung heraus, die dieses Motiv bei Celsus bzw. Origenes gefunden hat. Ergebnis der Studie ist, daß es einen gesamthellenistischen Begriff des $\vartheta\epsilon\hat{\iota}o\varsigma\ \dot{\alpha}\nu\dot{\eta}\rho$ nicht gibt, wohl aber Versuche, einen bestimmten Kandidaten für dieses Prädikat mit wechselnden Begründungen zu qualifizieren. Dabei scheint ein weitgehend konstanter Punkt, über den man sich mit vielen einigen kann, die Vorstellung zu sein, daß ein solcher Mensch Gutes für die Gesamtmenschheit tun müsse. Die Studie von Gallagher zeigt auf der einen Seite, wie Origenes seine Argumentation in einen vorgegebenen Rahmen, der die Normen für Plausibilität vorgibt, hineinstellen mußte, wie er aber auf der anderen Seite diesen Rahmen, nämlich den Begriff des $\vartheta\epsilon\hat{\iota}o\varsigma\ \dot{\alpha}\nu\dot{\eta}\rho$, neu füllte und so für seine Leser gleichzeitig die Kontinuität bewahrte und Neues verkündete.

---

[49] Vgl. Roberts, Philosophical method.
[50] Zur Auseinandersetzung mit der Arbeit von Roberts vgl. unten 83f.
[51] Vgl. Pichler, Streit.
[52] Vgl. Gallagher, Divine Man.

Mosetto[53] untersucht 1986 das Verständnis der Wunder Jesu und zwar sowohl bei Celsus wie auch bei Origenes. Er arbeitet dabei deutlich heraus, daß Origenes in *Cels.* die geschichtliche Realität der alt- und neutestamentlichen Wunder betont.

Brummel[54] untersucht 1988 die Frage, wie der christliche Glaube in der Antike argumentativ begründet wurde und welche Methoden es gab, von ihm zu überzeugen. Um dieses Problem zu klären, werden die Werke von Origenes, Basilius und Johannes Chrysostomus untersucht und die dem Autor wichtig erscheinenden Texte in einer eigenen englischen Übersetzung geboten. Dadurch, daß in einer relativ kurzen Dissertation drei Kirchenväter behandelt werden und bei diesen wiederum alle Werke, bleiben die Ergebnisse sehr summarisch. Außerdem vermißt man in der Arbeit von Brummel sowohl eine klare Gliederung (das Inhaltsverzeichnis bietet nur die drei Autoren als Unterpunkte) als auch eine wirkliche Auseinandersetzung mit Sekundärliteratur.

Bei der 1988 erschienenen Arbeit des französischen Jesuiten Fédou[55] handelt es sich um das umfangreichste Werk, das in den letzten Jahrzehnten zu *Cels.* erschienen ist. Der Verfasser hat sich zum Ziel gesetzt, das Verhältnis des Christentums zu den heidnischen Religionen, wie es sich in *Cels.* zeigt, darzustellen. Schon ein erster Blick in das Inhaltsverzeichnis dieser Arbeit zeigt die Fülle der Aspekte, die dabei berücksichtigt werden. Ausführlich dargestellt werden sowohl die griechische Religion als auch die "barbarischen" Religionen im Spiegel ihrer Beurteilung durch Origenes. Dabei kommen zahlreiche apologetische Argumente des Origenes (Wunder, Prophetie, Altersbeweis) zur Sprache, allerdings unter einem anderen Aspekt, als es in dieser Arbeit geschehen soll. Während es Fédou um die origeneische Beurteilung der entsprechenden Phänomene in anderen Religionen geht, wird dieser Gesichtspunkt in der vorliegenden Arbeit weitgehend ausgeklammert und stattdessen gefragt, wie Origenes diese Dinge als Argumente für seinen eigenen Glauben wertet. Dennoch konnten der Arbeit von Fédou zahlreiche wichtige Anregungen und Hinweise entnommen werden.

Hauck[56] befragt 1989 Origenes und Celsus in bezug auf ihr Verhältnis zur Prophetie und erhellt dazu auch den gesamten hellenistischen und jüdisch-biblischen Hintergrund. Er zeigt, daß sich an dieser Frage in der damaligen Zeit der Zugang zu Gott   ganz wesentlich entschied. Hauck wendet sich gegen eine Betrach-

---

[53] Vgl. Mosetto, Miracoli.
[54] Vgl. Brummel, Role of Reason.
[55] Vgl. Fédou, Christianisme.
[56] Vgl. Hauck, Divine Proof.

tungsweise, die antike Autoren mit modernen Begriffen zu katalogisieren sucht, ein Vorwurf, der seiner Meinung nach den meisten Autoren zu machen ist, die versuchten, die Unterschiede zwischen Celsus und Origenes begrifflich zu fassen.

Fernandez[57] beschäftigt sich in einer 1992 fertiggestellten Dissertation mit der Frage, wie Origenes das Christentum auf dem Hintergrund der anderen Religionen seiner Zeit darstellt. Leitendes Interesse seiner Arbeit ist dabei, von Origenes etwas zu lernen, was sich auf das heutige Indien anwenden läßt, in dem die Religionsvielfalt und die periphere Rolle, die das Christentum spielt, ähnlich sind wie zur Zeit des Origenes. In einem ersten Teil zeigt Fernandez auf, wie das Christentum von außen (Plinius, Galen, Celsus) gesehen wurde. Im zweiten Teil folgt die Antwort des Origenes und zwar sowohl seine Widerlegung der celsischen Beschuldigungen als auch seine positive Darstellung des Christentums. Im dritten Teil zeigt der Autor, inwiefern das Werk *Cels.* für den interreligiösen Dialog im heutigen Indien wichtig sein könnte. Der zweite Teil der Arbeit von Fernandez berührt das Thema der vorliegenden Arbeit, allerdings ist die Zahl der theologischen Fragen, die Fernandez behandelt, sehr viel umfangreicher, da er nicht nur die gesamte Christologie, sondern auch das Gottes- und Menschenbild des Origenes und die Soziologie der christlichen Gemeinden, wie sie sich in *Cels.* zeigt, darzustellen bestrebt ist. Durch die sehr umfassende Themenstellung kommt die Arbeit von Fernandez nicht über eine Paraphrasierung von *Cels.* hinaus. Ganze Seiten bestehen nur aus Zitaten, eine Analyse des Denkens des Origenes fehlt weitgehend.

Ebenfalls 1992 erschien ein Aufsatz von Watson[58], der in geraffter Form die wesentlichen Punkte der Auseinandersetzung zwischen Celsus und Origenes darstellt. Watson teilt, ohne sich direkt auf sie zu beziehen, die schon von Miura-Stange vertretene Meinung, daß sich die beiden Kontrahenten im Grunde in ihrer Weltanschauung nur wenig unterscheiden, da beide vom Platonismus ausgehen. Nach Watson ist es diese Übereinstimmung, derer sich Origenes wohl bewußt ist, die ihn zögern ließ, das Werk *Cels.* überhaupt in Angriff zu nehmen. Watson nimmt das Eigene des Origenes zu wenig wahr und fällt damit hinter den heute erreichten Forschungsstand zurück, der von einer differenzierteren philosophie- und theologiegeschichtlichen Einordnung und Würdigung des Origenes gekennzeichnet ist.

---

[57] Vgl. Fernandez, Origen's Presentation.
[58] Vgl. Watson, Celsus.

Die Dissertation von Oschwald[59] (1993) wertet *Cels.* für ein Verständnis der biblischen Theologie des Origenes aus und zeigt, daß sich gerade durch den im Vergleich zu anderen Werken des Origenes unterschiedlichen Charakter und Adressatenkreis dieses Werkes wichtige Einsichten in die Hermeneutik des Origenes ergeben. Obwohl dies nicht unmittelbar das Thema der vorliegenden Arbeit berührt, konnten doch die Ergebnisse Oschwalds in Kapitel 2 dieser Arbeit berücksichtigt werden.[60]

---

[59] Vgl. Oschwald, Self-evident truth.

[60] Noch hinweisen möchte ich auf die Akten des Kongresses "Discorsi di verità: paganesimo, giudaismo e christianesimo a confroto nel Contro Celso di Origene" der vom 28.-30.1.1997 in Pisa stattfand. Die Texte sollen Anfang 1998 in den "Studia Ephemeridis Augustinianum" erscheinen. Dank der freundlichen Hilfe von Prof. L.Perrone konnte ich Kopien einzelner Texte einsehen, eine Einarbeitung in diese Arbeit war leider nicht mehr möglich.

2 BEGRÜNDETER GLAUBE

Celsus schrieb sein Werk *Alethes Logos* um 180[1], war also kein Zeitgenosse des Origenes, aber seine Schrift muß so eindrucksvoll gewesen sein, daß sie auch 60 Jahre später noch wichtig genug erschien, um den größten Theologen der Zeit mit ihrer Widerlegung zu beauftragen[2].

Welchen Anspruch erhebt ein Autor, der im 2. Jh. n.Chr. eine Schrift mit dem herausfordernden Titel *Alethes Logos* verfaßt, die sich in höchst polemischer Weise gegen das Christentum richtet? Offenbar ist es die Absicht des Celsus, schon durch den Titel seiner Schrift zu sagen, daß er Wahrheit, ja *die* Wahrheit mitzuteilen hat und damit gleichzeitig die von ihm bekämpfte Lehre als unwahr bezeichnen will. Ob man noch einen Schritt weitergehen und in diesem Titel bereits eine Anspielung auf den Ort der Wahrheit, nämlich die griechische, näherhin die platonische Philosophie sehen kann, ist nicht mit Sicherheit zu beweisen[3]. Aber auch ohne das bleibt festzuhalten: Mit der Schrift des Celsus liegt ein Werk vor, das für die eigene Weltanschauung explizit den Wahrheitsanspruch stellt und ihn gleichzeitig für das Christentum leugnet.

Der Titel der celsischen Schrift wird in *Cels.* an zahlreichen Stellen erwähnt[4]. Um die Empörung des Origenes über diesen Titel richtig zu verstehen, muß man

---

[1] Borret, Contre Celse 5,122-129 nennt als wahrscheinlichstes Abfassungsdatum des *Alethes Logos* die Zeit zwischen 176 und 180 n.Chr; Borret, Contre Celse 1,15-21 248 n.Chr. als mutmaßliche Zeit für Cels. Vgl. auch Bareille, Celse 2091f.

[2] Zur Wirkung des *Alethes Logos* schreibt Gigon, Antike Kultur 104f: "In vielen Punkten scheint Kelsos für die nachfolgenden Generationen die Linie der Diskussion zwischen Antike und Christentum festgelegt zu haben. Dies gilt nicht nur für Porphyrios und Julian; auch die Darlegungen der Christen von Tertullian bis Augustin erhalten erstaunlich oft ihren vollen Sinn erst, wenn man sie auf dem Hintergrund der Angriffe des Kelsos liest." Die Wirkung des *Alethes Logos* wird allerdings sehr unterschiedlich beurteilt. Bareille, Celse 2093.2098 meint, daß das Werk keinen großen Einfluß gehabt haben kann, da wir außer der Schrift des Origenes keinen unmittelbaren Hinweis darauf haben. Mit demselben Argument vertritt Benko, Pagan Criticism 1108 das Gegenteil: Gerade die Tatsache, daß wir außer dem bei Origenes zitierten Text kein Exemplar dieser Schrift haben, ist ein Zeichen für die Überzeugungskraft des *Alethes Logos;* offenbar galt das Werk des Celsus als so gefährlich für das Christentum, daß nach der Konstantinischen Wende alle Kopien aus dem Verkehr gezogen wurden.

[3] Vgl. Borret, Contre Celse 3, 199 Anm. 2.

[4] Vgl. praef. 4,28; 1,40,25.32; 2,1,2; 2,47,9; 3,1,2; 6,50,13. Die Stelle praef. 4,28 fällt auf, weil es hier λόγος ἀληθής heißt, während sonst immer ἀληθὴς λόγος zitiert wird.

sich die Bedeutung des griechischen Wortes "Logos" bewußt machen. "Logos" heißt nicht nur Wort, sondern auch Lehre, Rede, Urteil, Grund, Sinn und ist somit ein sehr umfassender Begriff, der Wahrheit schon einschließt. Von daher ist die Frage, was "Logos" als Bezeichnung des celsischen Werkes konkret meint, falsch gestellt; gerade daß alles zugleich mitschwingt, ist das Herausfordernde. Origenes jedenfalls nennt den Titel des ihm zur Widerlegung vorgelegten Buches kaum jemals, ohne ihn scharf zurückzuweisen und ihn anmaßend[5] zu nennen. Er empfindet es als Hybris, wenn ein Mensch behauptet, die Wahrheit zu verkünden, und verweist darauf, daß selbst Platon, der anerkannte philosophische Maßstab, sehr viel zurückhaltender war als Celsus und nicht wie dieser beanspruchte, die Wahrheit zu kennen[6]. Aus demselben Grund lehnt Origenes auch die celsische Aussage "denn ich weiß alles" ($\pi\acute\alpha\nu\tau\alpha\ \gamma\grave\alpha\rho\ o\mathring\iota\delta\alpha$)[7] ab und bezeichnet sie als ein Zeichen von Ignoranz. Wenn Celsus meint, alles und d.h. vor allem auch alles über das Christentum zu wissen, zeigt er damit nur, daß er sich zu wenig mit ihm beschäftigt hat. Origenes sagt von sich selbst, er würde sich nicht zutrauen, von irgendeiner Philosophie oder Religion zu behaupten, alles zu wissen, denn "ich liebe die Wahrheit"[8]. Liebe zur Wahrheit muß mit der Anerkennung verbunden sein, daß die Wahrheit je größer und nie vollständig zu erfassen ist. Im Römerbriefkommentar findet sich eine interessante Stelle, die fast wie ein Anklang an das "ich weiß alles" des Celsus wirkt: "Hörst du, daß der Apostel sagt: 'Ich habe teilweise oder bruchstückhaft geschrieben' (vgl. 1Kor 13,9.12)? Darum soll uns niemand zürnen, wenn wir nicht in der Lage sind, die göttlichen Mysterien vernünftig zu erklären und durchsichtig zu machen. Man hört ja, daß derjenige, der sie uns überliefert hat, es bruchstückhaft getan hat. Keiner soll mit dem Anschein von Erkenntnis so aufgeblasen daherkommen, als wisse er alles (*tamquam universa cognoverit*), da doch Paulus, der uns das Wort der Erkenntnis weitergegeben hat, bekennt, er schreibe und erkenne nur bruchstückhaft (vgl. 1Kor 13,9.12)"[9]. Wer

---

[5] ᾿Αλαζών, vgl. 3,1,1; 6,50,12.
[6] Vgl. 1,40,26-28.
[7] 1,12,3.16.
[8] 1,12,16; vgl. auch 3,16,7.
[9] Comm. in Rom. 10,11 (FC 2/5,212f Heither). Übersetzung nach Heither. Der comm. in Rom. wurde 243/244 geschrieben, also etwas vor Cels., vgl. die Einführung von Heither in Origenes, Römerbriefkommentar 1,11. Ob Origenes zu dieser Zeit den *Alethes Logos* schon vorliegen hatte, ist nicht mit Sicherheit zu sagen, eine inhaltliche Parallele liegt auf jeden Fall vor.

den fragmentarischen Charakter seiner eigenen Erkenntnis nicht sieht, zeigt damit, daß er noch nicht einmal die Anfangsgründe der Wahrheit erfaßt hat.

2.1 Das Verhältnis von Glaube und Vernunft[10]

Origenes bietet in *Cels.* keine ausgearbeitete Wahrheitstheorie. Es geht ihm in seiner Antwort an Celsus weniger darum, philosophisch-abstrakt zu sagen, was Wahrheit ist, sondern darum das Christentum als Wahrheit zu proklamieren und für diesen Anspruch Gründe zu nennen. Da Celsus den Christen explizit vorwirft, für eine intellektuell primitive Lehre Glauben zu verlangen, die ohne oder sogar gegen die Vernunft zu akzeptieren sei und nur ungebildete Leute aus den untersten Schichten der Bevölkerung anspreche[11], spielt das Thema "Glaube und Vernunft" in *Cels.* eine große Rolle. Es wird von Celsus als "Glaube *oder* Vernunft" bzw. "Christentum *oder* philosophische Wahrheit" in die Auseinandersetzung mit dem Christentum eingebracht. Für Origenes stellt diese Frage offenbar ein so ernstes Problem dar, daß er sich verpflichtet sieht, in mehreren Kapiteln auf sie einzugehen.

2.1.1 Die Vernunft des Menschen und ihre Grenzen

Die Vernunft ist die Eigenschaft, die den Menschen über das Tier erhebt und ihm ermöglicht, das, was das Tier instinktiv (ἀπὸ ψιλῆς φύσεως) weiß, aus eigener Kraft zu erforschen und mit Hilfe von Erfahrung (Beobachtung) und Überlegung für sich nutzbar zu machen[12]. Durch die Vernunft ist der Mensch in der Lage, seine ihm vorgegebene natürliche Ausstattung an Hilfsmitteln zu überschreiten und

---

[10] Das Thema wird dargestellt bei Eynde, Les normes 151-156, allerdings in sehr vergröberter Form. Eynde zitiert unterschiedslos frühe Werke des Origenes wie princ. und comm. in Ioh. neben späten wie Cels. und comm. in Matth. Er nimmt zwar die Unterschiede wahr, hält aber den frühen für den "eigentlichen" Origenes und kommt so 152 zu dem Ergebnis einer zweistufigen Erkenntnis bei Origenes: Glaube für die einfachen Christen, Erkenntnis der Mysterien für den Gnostiker. Vgl. auch Winden, Le christianisme 210-213; Mosetto, Miracoli 79-86.

[11] Vgl. die Celsusfragmente in 1,9; 3,44; 3,55; 6,12; Crouzel, Conviction 84; Andresen, Logos und Nomos 167-188; Stockmeier, Glauben 33f.

[12] Vgl. 4,86,23-26.

sich alles zunutze zu machen, was er als nützlich bei anderen Lebewesen erkennt[13].

Darüber hinaus ist die Vernunft das Organ, das dem Menschen den Zugang zu
Gott vermittelt. Der Mensch ist λογικός, d.h. er ist Bild des göttlichen Logos und
damit fähig, ihn in der umgebenden Welt zu erkennen, ihn aufzunehmen und sich
ihm immer mehr anzugleichen. Dabei ist diese Erkenntnis nicht etwas Fremdes,
dem Menschen von außen her Begegnendes, sondern etwas ihm zutiefst Gemäßes,
daß ihn zugleich mit Gott auch sich selbst, d.h. sein eigenes Wesen, das durch die
Vernunft eine Art Verwandtschaft mit Gott hat, erkennen läßt. "Denn die Vernunft
(λόγος), die ihren Ursprung in dem Wort (λόγος), das bei Gott ist, hat, läßt nicht
zu, daß man bei irgendeinem vernunftbegabten Wesen (λογικόν ζῷον) davon ausgeht, daß es Gott völlig fremd ist"[14]. Bei der Formulierung "Wort, das bei Gott
ist" muß immer mitgehört werden, daß es sich um eine Anspielung auf Joh 1,1
handelt, d.h. der göttliche Logos, der die Vermittlung zwischen Gott und Mensch
leistet, ist kein unpersönliches Prinzip, sondern derselbe, der in Jesus Christus
Fleisch geworden ist.

Origenes ist der Meinung, und hier steht er durchaus in der Tradition der
Apologeten, daß alles, was wahrhaft vernünftig (λογικός) ist, vom Logos stammt
und mit Gott verbindet. Aus dieser Überzeugung resultiert eine grundsätzlich
positive Einstellung zu menschlicher Bildung und Wissenschaft[15]. Es ist eine Lobrede erhalten, in der ihn sein ehemaliger Schüler Gregor Thaumaturgos als großen
Lehrer feiert. Gregor zählt auf, was er bei ihm gelernt hat, und aus diesem
Studienplan geht deutlich hervor, wie weit gesteckt das Wissens- und Interessen-
gebiet des Origenes war[16]. Dies wird uns auch von Eusebius in seiner Lebens-
beschreibung des Origenes bestätigt. Eusebius berichtet zwar, Origenes habe eines
Tages alle seine weltlichen Bücher verkauft, um sich ganz der Theologie zu widmen, aber gerade diese Angabe macht deutlich, daß Origenes offenbar über eine
größere Bibliothek mit weltlicher Literatur verfügte. Außerdem wird als Motiv für
diesen Schritt keineswegs eine allgemeine Geringschätzung weltlichen Wissens
genannt, sondern der Wille zur Konzentration, der Origenes antrieb, den Logos,
der zwar in jeder Erkenntnis vorhanden ist, in der Bibel, in der er sich vollständig

---

[13] Vgl. 4,87,1-11.
[14] 4,25,22-24.
[15] Vgl. hierzu Kühnert, Allgemeinbildung 97f; Neuschäfer, Origenes als Philologe 156-164;
Scholten, Katechetenschule 18-32.
[16] Vgl. Greg. Thaum. pan.Orig. 7-9 (SC 148,134-148 Crouzel).

offenbart hat, in Fülle zu finden[17]. Origenes sagt von sich selbst noch im Alter mit einem gewissen Stolz, daß seine Wißbegierde (φιλομαϑία), sich auch darauf erstreckt habe, die philosophischen Lehren mit aufrichtiger Liebe zur Wahrheit (φιλαλήϑως) zu erforschen[18]. Der hohe Rang, den Origenes der Vernunft einräumt, gilt auch für die Gestaltung des sittlich-praktischen Lebens: "Der Weg zur Tugend ist die Bildung" (ὁδός γὰρ ἐπ᾽ ἀρετήν ἐστιν ἡ παίδευσις), sagt er ausdrücklich[19].

Berühmt geworden ist die Auslegung, die Origenes Ex 11,2f gibt: die Schätze, die die Israeliten bei ihrem Auszug aus Ägypten von den Ägyptern erhalten, sind die weltlichen Wissenschaften, die die Gläubigen von den Heiden übernehmen[20]. Wichtig ist bei dieser Auslegung, daß es sich bei dem, was menschliche Weisheit zu bieten hat, wirklich um Schätze handelt, die es zu bewahren gilt. Diese Schätze stehen dem Christentum rechtmäßig zu; sie sind für die Kirche nichts Fremdes, da sie in ihnen demselben Logos begegnet, den sie in Jesus Christus verehrt. Auch an anderer Stelle empfiehlt Origenes, den guten Rat eines Heiden ("aliquid sapienter a gentilibus dictum")[21] in Demut anzunehmen.

Allerdings weiß Origenes auch um die Grenzen dessen, was menschlicher Vernunft aus sich heraus möglich ist. Besonders deutlich wird das in einem Abschnitt im sechsten Buch, in dem er sich genötigt sieht, die christliche Unterscheidung von göttlicher und menschlicher Weisheit zu erklären[22]. Wichtig ist, daß er eine solche Unterscheidung überhaupt trifft und ausdrücklich sagt, daß die göttliche Weisheit (ϑεία σοφία) eine andere ist als die menschliche Weisheit (σοφία ἀνϑρωπίνη)[23]. Das charakteristische Merkmal der göttlichen Weisheit ist, daß sie nicht erworben, sondern empfangen wird. Auf dieses Geschenk der göttlichen Weisheit kann sich der Mensch vorbereiten, indem er anerkennt, daß sie menschlicher Vernunft aus

---

[17] Vgl. Eus. h.e. 6,3,8f (SC 41,88-90 Bardy). Daß außerdem finanzielle Motive für diesen Schritt des Origenes ausschlaggebend waren, betont Scholten, Katechetenschule 20f.

[18] Vgl. 5,62,16-20. Origenes war, als er Cels. schrieb, etwa 63 Jahre alt. Zur Biographie des Origenes vgl. Crouzel, Origène 17-61. Zum Begriff φιλαλήϑως vgl. unten 63.

[19] 3,49,16; vgl. auch Heither, Praxis.

[20] Vgl. ep. Greg. Thaum. 2-3 (SC 148,188-192 Crouzel).

[21] Hom. in Ex. 11,6 (SC 321,346 Borret).

[22] Vgl. 6,13-14. In 6,12,3f hatte Celsus 1Kor 3,19: "Die Weisheit unter den Menschen ist Torheit bei Gott" als christliche Lehre zitiert. Origenes korrigiert 6,12,4f, daß Paulus wörtlich geschrieben habe: "Die Weisheit der Welt ist Torheit bei Gott".

[23] Vgl. 6,13,4f.

sich heraus nicht verfügbar und zugänglich ist[24]. Genau dies haben die Philosophen nicht gesehen, da sie auch dort, wo sie eine göttliche und eine menschliche Weisheit unterscheiden, die göttliche aus eigener Kraft erlangen wollen. Das bedeutet, daß die menschliche Weisheit für Origenes zwar einen Wert für das menschliche Leben hat, aber deutlich relativiert wird. Er bezeichnet sie als "eine gute Übung für die Seele" ($\gamma \upsilon \mu \nu \acute{\alpha} \sigma \iota \upsilon \nu$ $\tau \tilde{\eta} \varsigma$ $\psi \upsilon \chi \tilde{\eta} \varsigma$) und klassifiziert sie damit als Mittel, während er von der göttlichen Weisheit als "Ziel" ($\tau \acute{\epsilon} \lambda \upsilon \varsigma$) spricht[25].

Es müssen also zwei Verwendungsweisen des Begriffes "Weisheit" deutlich unterschieden werden: "Weisheit" im Sinne von Intelligenz und Intellektualität, paulinisch "Weisheit dieser Welt" (vgl. 1Kor 1,20f; 3,19), und "Weisheit" im Sinne von Einsicht in die Wirklichkeit, besonders auch im Sinne von wirklicher Gotteserkenntnis. Im erstgenannten Sinne sind die weise, die in den Wissenschaften der Griechen ($\tau \grave{\alpha}$ $\text{'} E \lambda \lambda \acute{\eta} \nu \omega \nu$ $\mu \alpha \vartheta \acute{\eta} \mu \alpha \tau \alpha$) unterrichtet sind[26]. Diese Weisheit ist nicht geringzuschätzen[27], ja es gibt sogar den Grenzfall, daß ein Mensch, vorausgesetzt, er hat lange genug Zeit und bemüht sich intensiv, von der menschlichen Weisheit aus den Weg zur göttlichen findet[28]. Gleichzeitig aber muß betont werden, daß der eigentliche Maßstab zur Beurteilung der Weisheit eines Menschen nicht in Einzelkenntnissen liegt, sondern in einem der Wirklichkeit entsprechenden Denken und Handeln. Unter dieser Perspektive betrachtet, muß man sagen, daß die Philosophen durch ihren Götzendienst beweisen, daß sie und nicht die Christen es sind, denen die wahre Weisheit fehlt[29].

In diesem Zusammenhang finden wir bei Origenes eine schwierige Stelle, die den Wert der menschlichen Weisheit einerseits sehr zu betonen scheint, ihn aber gleichzeitig im Vergleich mit der göttlichen Weisheit für nichts erachtet. Origenes schreibt: "Wir sagen aber, daß es unmöglich ist, daß jemand, der sich nicht in der menschlichen Weisheit geübt hat, die göttliche erfasst und geben zu, daß alle menschliche Weisheit verglichen mit der göttlichen Torheit ist"[30]. Da Origenes in dem vorangehenden Abschnitt gerade die Einsicht der einfacheren Christen betont hatte und auch im zweiten Teil des zitierten Satzes den Abstand, der zwischen menschlicher und göttlicher Weisheit besteht, hervorhebt, fällt der mit

---

[24] Vgl. 6,13,5-10.
[25] Vgl. 6,13,10-12.
[26] Vgl. 6,14,3f.
[27] Vgl. 4,30,55-59.
[28] Vgl. 6,14,26-29.
[29] Vgl. 6,14,4-7.
[30] 6,14,14-17.

"Wir sagen aber …" eingeleitete Satz aus dem Rahmen der gesamten Argumentation heraus. Von daher scheint mir der Hinweis Crouzels bedenkenswert, daß es in der handschriftlichen Textüberlieferung eine Variante gibt, die besser in den Kontext paßt. Durch ein eingeschobenes *οὐ* heißt der Satz dann: "Wir sagen aber nicht …", d.h. Origenes würde zwar die propädeutische Funktion der menschlichen Weisheit für die göttliche zugeben, es aber dennoch nicht für unmöglich halten, daß ein Mensch auch ohne diese Vorbildung zur göttlichen Weisheit gelangt. Dies würde in die Gesamtargumentation von *Cels.* sehr viel besser passen als eine Aussage, die das für unmöglich hält, da Origenes an zahlreichen Stellen die mangelnde Bildung der Apostel als Argument für seinen Glauben in Anspruch nimmt, ohne ihnen damit, wie man wohl voraussetzen darf, die göttliche Weisheit absprechen zu wollen.

Während an den bisher behandelten Stellen die menschliche Weisheit grundsätzlich positiv gewertet und nur im Vergleich mit der göttlichen Weisheit geringgeschätzt wurde, kennt Origenes auch die Möglichkeit einer Gott feindlichen "Weisheit". Allerdings ist zu fragen, ob der Begriff "Weisheit" hier noch im eigentlichen Sinn verwendet wird. Die wahre Weisheit hat ihren Ursprung in Gott und ist "ein Hauch der Kraft Gottes, ein reiner Ausfluß der Herrlichkeit des Allherrschenden, ein Abglanz des ewigen Lichts, ein ungetrübter Spiegel des Wirkens Gottes und ein Bild seiner Güte" (Weish 7,25f)[31]. Da sie Teil hat an Gottes Vollkommenheit, kann es im eigentlichen Sinn des Wortes keine Weisheit geben, die Böses tut oder in die Irre führt. Das Böse ist immer, mag es auch noch so intelligent geplant sein, Zeichen mangelnder Einsicht und jede menschliche Weisheit, die sich von ihrer Bezogenheit auf Gott löst und mit Sophismen in die Irre führt, ist eine Form von Unwissenheit ($\alpha\mu\alpha\vartheta\iota\alpha$)[32]. Origenes bezeichnet einen Menschen, der sein eigentliches Objekt (Gott als den Schöpfer der Welt) nicht mehr klar erkennt, als "im Geist geschädigt" und "verblendet" und bezieht diesen Vorwurf auf alle, die "völlig gottlos sind und die Vorsehung leugnen"[33]. Im eigentlichen Sinn gibt es also nur eine Weisheit und eine Wahrheit, die ihren Ursprung in Gott haben. Diese Weisheit nicht anzunehmen führt zu einem letzten Nichtwissen, das durchaus mit hoher Intellektualität verbunden sein kann.

---

[31] 3,72,7-10.
[32] Vgl. 3,72,10-24.
[33] 8,38,18.20f.13f. Vgl. den ganzen Zusammenhang 8,38,12-22.

Die Frage, ob der Mensch von sich aus Gott finden kann, ist damit allerdings noch nicht beantwortet[34]. Für Origenes ist eindeutig, daß die menschliche Vernunft hier ihre Grenzen hat, die sie nicht überschreiten kann: "Wir aber sind der Ansicht, daß die menschliche Natur aus sich heraus nicht in der Lage ist ($o\mathring{\upsilon}\kappa$ $\alpha\mathring{\upsilon}\tau\acute{\alpha}\rho\kappa\eta\varsigma$), Gott auf irgendeine Art und Weise zu suchen und in reiner Weise zu finden, wenn ihr nicht geholfen wird von dem, den sie sucht"[35]. Origenes hält den Graben, der Gott und Mensch trennt, für unüberbrückbar und damit einen Zugriff der menschlichen Vernunft auf Gott für unmöglich. Der Mensch kann Gott von sich aus nicht erreichen, er ist darauf angewiesen, daß Gott ihm entgegen-kommt[36]. Dieses Entgegenkommen Gottes geschieht durch den Logos, der Gott erkennt und diese Erkenntnis den Menschen mitteilt. Origenes beschreibt den Logos, wenn er ihn in seiner Beziehung zu Gott sieht, als den Sohn, der den Vater wirklich kennt (vgl. Mt 11,27)[37], wenn er ihn in seiner Beziehung zu den Men-schen sieht, als Gottes Weisheit und Wahrheit (vgl. Joh 14,6; 1Kor 1,30). In letzterer Beziehung ist es die Aufgabe des Logos, den verborgenen Gott denen zu enthüllen, die er für würdig hält[38]. Gotteserkenntnis ist damit weniger an die Fähigkeiten des Menschen gebunden als an den Willen Gottes, "der gefunden wird von denen, die, nachdem sie alles, was in ihren Kräften stand, getan haben, beken-nen, daß sie ihn brauchen. Er offenbart sich denen, bei denen er selbst urteilt, daß es vernünftig ist, sich ihnen zu zeigen, so wie Gott von einem Menschen erkannt werden kann und soweit eine menschliche Seele, die noch im Leibe ist, Gott erkennen kann"[39]. Der Mensch ist nicht das absolute Subjekt, dessen Zugriff prinzipiell keine Schranken gesetzt sind, sondern er findet sich selbst als ein Wesen vor, dessen Erkenntnisfähigkeit begrenzt ist und das der Hilfe eines Größeren be-darf, um dieses Größere zu erkennen. Wird dieses nicht gesehen und anerkannt, so fällt der Mensch in seinem Erkenntnisstreben noch hinter das ihm Mögliche

---

[34] Zum Thema "Erkennbarkeit und Sagbarkeit Gottes" vgl. Abschnitt 4.1.2. Während es dort um den angemessenen Gottesbegriff geht, sollen hier die origeneischen Aussagen zur Leistungsfähigkeit der menschlichen Vernunft zusammengestellt werden.

[35] 7,42,28-31.

[36] Vgl. dazu Schmidt-Leukel, Demonstratio christiana 72, der Pannenberg, Systematische Theologie 1,207 zitiert: "Menschliche Gotteserkenntnis (...) kann nur unter der Bedingung wahre, der göttlichen Wirklichkeit entsprechende Erkenntnis sein, daß sie in der Gottheit selbst ihren Ursprung hat. Gott kann nur erkannt werden, wenn er sich selbst zu erkennen gibt." Vgl. auch Schmidt-Leukel, Demonstratio christiana 143.

[37] Vgl. 6,17,35-37.

[38] Vgl. 6,17,39-44.

[39] 7,42,31-35.

zurück. Dies ist der menschlichen Vernunft dort vorzuwerfen, wo sie ihre Bezogenheit auf Gott leugnet. Origenes nennt immer wieder Götzendienst als, man könnte sagen, Sünde der theoretischen Vernunft und Unsittlichkeit als Versagen der praktischen Vernunft[40].

Um Origenes zu verstehen, müssen drei Fragen unterschieden werden:
1. Wo liegt der Ursprung von Wahrheit und Weisheit?
2. Wer hat aus eigenem Vermögen einen Zugang zu ihr?
3. Wer kann sie aufnehmen, wenn sie sich zeigt?

Für Origenes ist völlig selbstverständlich, daß Wahrheit ihren Ursprung in Gott hat. Das bedeutet, daß sie dem Menschen vorgegeben ist und nicht von ihm erzeugt wird. Der Mensch kann sie noch nicht einmal aus eigener Kraft erreichen, wenn sie sich nicht offenbart. Von daher ist alles philosophische Suchen und Fragen umsonst, bzw. bleibt verwiesen auf ein Sich-Zeigen der Wahrheit, das nicht Ergebnis menschlicher Bemühung ist. Wahrheit kann nur erkannt werden, wenn sie sich in Freiheit offenbart. Dann allerdings ist sie prinzipiell von jedem Menschen erkennbar, weil jeder Mensch mit seiner Vernunft ein Organ hat, das ihn fähig macht, den göttlichen Logos aufzunehmen.

2.1.2 Glaube als menschlicher Grundvollzug[41]

Beschäftigt man sich mit der Frage, welche Rolle im Denken des Origenes der Glaube spielt und wie sein Verhältnis zur Vernunft zu beschreiben ist, so stößt man in der vorhandenen Literatur auf sehr verschiedene Aussagen, die unlösbar mit der Frage zusammenhängen, wie das Denken des Origenes insgesamt zu beurteilen ist und welche Schwerpunkte in seiner geistigen Arbeit erkennbar werden. Ist Origenes primär ein systematischer Denker, der, obwohl Christ, viel stärker von der Philosophie seiner Zeit als von der Bibel beeinflußt ist[42], oder ist er primär ein

---

[40] Vgl. 7,47,8-19.
[41] Vgl. hierzu Fédou, Christianisme 80f; Hällström, Fides simpliciorum 23-42; Brox, Der einfache Glaube 182f mit Stellenangaben.
[42] Diese Sicht hat seinerzeit Koch vertreten. Auch er gab zu, daß Origenes selbst dachte, von der Schrift auszugehen, aber "daß das ein Selbstbetrug ist, liegt klar auf der Hand. Origenes hat ein System, und dieses System ist nicht aus der Bibel heraus-, sondern in die Bibel hineingelesen" (Koch, Pronoia 15).

gläubiger Christ, dessen Maßstab in der Bibel und der kirchlichen Lehre liegt[43] und der sich nur aufgrund seiner Bildung bemüht, seinen Glauben auch rational zu durchdringen[44]?

Weit verbreitet ist die Ansicht, daß für Origenes Glaube die Haltung des einfachen Gläubigen ist, der aufgrund seiner mangelnden Bildung und Intelligenz nicht in der Lage ist, die tieferen Wahrheiten des Christentums zu begreifen und sich mit der gläubigen Annahme der ihm tradierten Evangelienerzählungen begnügen muß, während der zur Erkenntnis fähige Christ den Glauben hinter sich lassen kann[45]. Dementsprechend würde es in der Kirche zwei Klassen von Christen geben, die einen, die glauben, weil sie zu mehr nicht fähig sind, und die anderen, die zur Erkenntnis aufgestiegen sind und den Glauben nicht mehr nötig haben.

Der Gedanke, daß die Erkenntnis Gottes Wegcharakter hat und daß nicht alle Menschen gleich weit auf diesem Weg vorangeschritten sind, so daß es Unterschiede in der religiösen Reife gibt, ist in der Tat sehr wichtig für das Denken des Origenes. So interpretiert er 1Kor 12,8f, wo Paulus von den verschiedenen Charismen spricht und dabei "Wort der Weisheit", "Wort der Erkenntnis" und "Glauben" aufzählt, Weisheit, Erkenntnis und Glauben als unterschiedliche Grade der religiösen Einsicht[46]. Allerdings muß gleichzeitig gesehen werden, daß es sich bei der Gotteserkenntnis nicht ausschließlich um eine Frage des Intellekts handelt, sondern um etwas, was den ganzen Menschen betrifft[47]. Origenes weiß, daß diejenigen, die nach menschlichen Maßstäben über die größtmögliche Einsicht verfügen, die Philosophen, den Weg zu Gott nicht gefunden haben, und er versucht aus diesem Grund, den Zusammenhang von Glaube und Vernunft differenzierter zu beschreiben, als es mit einem bloßen Stufenmodell möglich ist.

Der Begriff der πίστις wurde zur Zeit des Origenes keineswegs ausschließlich religiös gebraucht, und seine Verwendung konnte leicht zu Mißverständnissen führen. Während mit πίστις im Neuen Testament die personale Haltung des Ver-

---

[43] So sah Origenes sich ohne Zweifel selbst, vgl. hom. in Ios. 7,6 (SC 71,212-214 Jaubert).
[44] Vgl. Crouzel, Philosophie 65: "Origène garde donc à l'égard des philosophes toute sa liberté: il approuve et utilise ce qui lui semble compatible avec sa foi, il rejette le reste. L'Écriture est sa seule norme de jugement."
[45] Vgl. Eynde, Les normes 151-156.
[46] Vgl. 6,13,23-30.
[47] Vgl. 6,14,1-17.

trauens auf Gott und das Bekenntnis zu ihm als dem Einen ausgedrückt wird[48], es sich also um einen Begriff, der die Beziehung des Menschen zu Gott beschreibt, handelt, wird in der Philosophie mit demselben Begriff eine defiziente Form der Erkenntnis benannt. Der Begriff entspricht in dieser Verwendungsweise der platonischen δόξα und steht wie diese im Gegensatz zur ἐπιστήμη[49]. Πίστις findet sich außerdem als *terminus technicus* in der klassischen Rhetorik und bezeichnet die Argumente für die Glaubwürdigkeit einer in Frage stehenden Angelegenheit. Während sich die Wissenschaft auf das Allgemeine und Beweisbare richtet, dem dann ein sicheres Wissen folgt, ist die Rhetorik auf πίστεις (Glaubwürdigkeits-argumente) angewiesen[50].

Origenes sieht sich, will er den Begriff der πίστις verwenden, genötigt zu erklären, warum dieser problematische Ausdruck eine so große Rolle im Christentum spielt. Dabei ist auffallend, daß er zunächst nicht auf das biblische Glaubensverständnis zurückgreift, sondern die griechische Verwendungsweise zugrundelegt: "Wenn es möglich wäre, daß alle Menschen die Dinge des alltäglichen Lebens hinter sich ließen und sich nur mit Philosophie beschäftigten, dann dürfte niemand einen anderen Weg einschlagen als diesen allein ... Dies aber ist unmöglich, da sich wegen der Sorgen des Lebens und aufgrund menschlicher Schwäche nur wenige mit ganzem Einsatz um die Erkenntnis des Wortes (λόγος) bemühen[51]. Welchen besseren anderen Weg, um der großen Menge zu helfen, könnte es daher

---

[48] Der Begriff entspricht in seiner Verwendungsweise dem hebräischen *amen*. Vgl. Lührmann, Glaube im frühen Christentum. Lührmann definiert 34: "Glaube heißt, das Bekenntnis zu Gott als dem Schöpfer der Welt zusammenbringen mit der konkreten Erfahrung dieser Welt, die diesem Bekenntnis zu widersprechen scheint." Vgl. auch Scheffczyk, Ratio 379f. Ott, Grundprobleme 36f sieht in der modernen Theologie eine deutliche Tendenz, Glaube nicht mehr primär als einen Akt des Intellekts zu verstehen, sondern personalistisch als "Vertrauen zur Person Gottes". Origenes hätte diese Gegenüberstellung so gar nicht verstanden; auch ihm geht es um die Beziehung zum lebendigen Gott, aber er findet diese Beziehung gerade in der Erkenntnis, also in Akten des Intellekts.

[49] Vgl. Hällström, Fides simpliciorum 93; Brummel, Role of Reason 83f.

[50] Vgl. Lausberg, Handbuch § 348: "Die πίστις (Ar.rhet.3,13,4)... dient der Herstellung der Glaubwürdigkeit... des vertretenen Parteistandpunktes." § 349: "Die argumentatio = probatio = πίστις als Teil der Gesamtrede setzt sich aus mindestens einem Beweis, meist aus mehreren Beweisen ... zusammen."

[51] Koetschau übersetzt: "sich der Wissenschaft widmen", was von Wickert, Glauben und Denken 171f Anm. 52 korrigiert wird; σφόδρα ἐπί τὸν λόγον ᾄττειν heißt: "leidenschaftlich an den Logos heranstürmen".

wohl geben als den Weg, den Jesus den Völkern überliefert hat?"[52]. Damit wird
grundsätzlich zugegeben, daß der Glaube weniger ist als die philosophische
Erkenntnis, gleichzeitig wird aber als Argument für den Glauben formuliert, daß
er sich für die Mehrzahl der Menschen als der praktisch wirksamere Weg zu
wahrer Gotteserkenntnis erwiesen hat. Er ist Erkenntnismittel für die, denen eine
höhere Einsicht aufgrund ihrer fehlenden Bildung versagt ist, bzw. für die, denen,
wie Origenes an einer anderen Stelle sagt, tiefere theologische Einsichten sogar
gefährlich, weil mißverständlich und in die Irre führend wären[53].

Origenes macht im selben Kapitel ausdrücklich darauf aufmerksam, daß es im
Christentum eine geistige Auseinandersetzung mit dem Glauben ($\dot{\epsilon}\xi\dot{\epsilon}\tau\alpha\sigma\iota\varsigma$ $\tau\hat{\omega}\nu$
$\pi\epsilon\pi\iota\sigma\tau\epsilon\upsilon\mu\dot{\epsilon}\nu\omega\nu$) gibt und geben muß, daß diese aber nicht von allen gleicherweise
geleistet werden kann[54]. Eine solche Auseinandersetzung erfordert eine immense
geistige Anstrengung (von der nötigen Ausbildung und Intelligenz ganz zu schweigen) und die völlige Freiheit von der Sorge um den Lebensunterhalt. Origenes sagt
daher, daß er diejenigen, "die nicht alles verlassen und dem Studium des Wortes
folgen können ($\pi\dot{\alpha}\nu\tau\alpha$ $\kappa\alpha\tau\alpha\lambda\iota\pi\epsilon\hat{\imath}\nu$ $\kappa\alpha\grave{\imath}$ $\dot{\alpha}\kappa\omicron\lambda\omicron\upsilon\vartheta\epsilon\hat{\imath}\nu$ $\dot{\epsilon}\xi\epsilon\tau\dot{\alpha}\sigma\epsilon\iota$ $\lambda\dot{\omicron}\gamma\omicron\upsilon$), lehrt, auch
ohne Einsicht zu glauben"[55]. Der Anklang an Mt 19,27 ("wir haben alles verlas-
sen und sind dir nachgefolgt") ist sicher beabsichtigt: wer alles verläßt, dient Jesus,
dem Logos, vollkommen. Aber es gibt im Christentum auch eine weniger radikale
Möglichkeit, da eine Religion, die ein selbständiges Prüfen ihrer Lehren von jedem
einzelnen forderte, nur für eine Elite von Nutzen sein könnte. Gerade das aber
widerspräche dem missionarischen Charakter des Christentums[56].

Glaube[57] ist damit der Vorgang, bei dem ein Mensch Wissen, das er nicht
nachprüfen kann, aber für sein Leben braucht, von anderen übernimmt. Origenes
weist darauf hin, daß es sich dabei um einen im Grunde alltäglichen Vorgang
handelt, den jeder Mensch in vielen Bereichen dauernd vollzieht: "Alle mensch-

---

[52] 1,9,14-16.21-25. Vgl. Trigg, Origen 224-225.
[53] Vgl. 3,52,13-19; 3,53,1-13 und Brox, Der einfache Glaube 176-183.
[54] Vgl. 1,9,16-21.
[55] Vgl. 1,10,4f.
[56] Vgl. z.B. 3,52-54, wo deutlich wird, daß Origenes mit sehr unterschiedlichen Arten von
Menschen in der christlichen Gemeinde zu rechnen hat und daß es Aufgabe des
Verkündigers ist, allen gerecht zu werden. Von daher läßt sich auch die starke Betonung
des Paideia-Motivs bei Origenes verstehen, das Koch, Pronoia herausgearbeitet hat.
[57] Origenes spricht auch von "einfachem Glauben"($\psi\iota\lambda\grave{\eta}$ $\pi\dot{\iota}\sigma\tau\iota\varsigma$), wenn er den Glauben ohne
Vernunfteinsicht meint vgl. z.B. 1,9,32. Vgl. auch die Belege bei Hallström, Fides
simpliciorum 11 Anm. 2 und die Ausführungen Hällströms 11-19.

lichen Angelegenheiten beruhen auf Glauben"[58]. Der Mensch gibt sehr häufig seine Zustimmung, ohne diesen Akt vollständig begründen zu können. Das ist der Fall bei den meisten Sinneswahrnehmungen, denen wir glauben, ohne sie jedesmal im einzelnen nachzuprüfen und bei vielen Vorstellungen, die uns so selbstverständlich sind, daß sich eine Nachprüfung ebenfalls zu erübrigen scheint[59]. Menschliches Leben wäre ohne dieses Fundament von ungeprüft akzeptierter Realität gar nicht zu führen[60]. Der Mensch handelt sehr oft, bevor er alle Argumente selbst und im einzelnen geprüft hat. Das gilt, wie Origenes ausdrücklich sagt, auch für Entscheidungen im weltanschaulichen Bereich. Die Wahl einer Religion oder Philosophie enthält immer eine Neigung, eine vorphilosophische Grundoption (φορὰ ἄλογος), die nicht nur von der Vernunft bestimmt ist, sondern als eine Form des Glaubens bezeichnet werden muß[61].

Mit dem Gesagten stellt sich allerdings ein Problem, das Origenes durchaus sieht, nämlich das Problem der Kontingenz der eigenen Weltanschauung. Wenn Glaube ein Akt ist, mit dem sich der Mensch auf etwas einläßt, daß er nicht oder noch nicht geprüft hat, dann ist es eine Frage des Zufalls, welcher Glaube von jemandem angenommen wird, es hängt davon ab, wer als erster einen solchen Akt von mir gefordert hat. Origenes spricht ausdrücklich von "unglücklichem Glauben" (πίστις ἀτυχής) und "glücklichem Glauben" (πίστις εὐτυχής) und meint damit einen Glauben, der den, der ihn annimmt, zur Wahrheit und zum Glück führt oder der ihn ins Verderben bringt[62]. Weil der einfache Glaube Dinge ungeprüft annimmt, besteht die Gefahr, daß er von dem, der ihn besitzt, aufgrund seiner Einfachheit nicht hinterfragt werden kann; er ist heilbringend, wenn er sich auf Gott richtet, unheilvoll, wenn er irgendeinem Aberglauben nachläuft. Für Origenes stellt sich an dieser Stelle das Problem, warum der eine Mensch schon als Kind den

---

[58] 1,11,4, vgl. dazu Grant, Early Christian Doctrine 34 Anm.53.

[59] In princ. 4,1,1 (668 Görgemanns/Karpp) spricht Origenes davon, daß er sich nicht mit den κοιναῖς ἐννοίαις καὶ τῇ ἐναργείᾳ τῶν βλεπομένων begnügen will. Daraus geht aber gleichzeitig hervor, daß diese normalerweise die (ungeprüfte) Grundlage sind. Vgl. hierzu auch Berchman, From Philo to Origen 188f.

[60] Nach Winden, Le christianisme 213 sieht Origenes mit seiner Betonung des Glaubenselements in allen menschlichen Vollzügen einen Faktor, den die Philosophie seiner Zeit sonst kaum sieht. Ähnlich auch Kobusch, Wahre Philosophie 445. Sehr kritisch sieht Lührmann, Glaube im frühen Christentum 93 die Ausführungen des Origenes. Für ihn gibt Origenes damit, daß er in jedem Tun ein Element von Glauben sieht, den spezifisch christlichen Glaubensbegriff auf.

[61] Vgl. 1,10,14-20. Vgl. dazu Crouzel, Conviction 90f; Kobusch, Initiator 32f.

[62] Vgl. 3,38. In diesem Kapitel kommen beide Begriffe häufig vor.

Glauben ohne eigenes Zutun geschenkt erhielt, ein anderer aber von Anfang an zum Bösen hin erzogen wurde. Er bietet für dieses Problem keine Lösung an, sondern verweist auf die göttliche Vorsehung, die das, was dem Menschen als Zufall erscheint, noch einmal umfängt, aber in ihrem Wirken für den Menschen nicht zu erfassen ist[63].

Das bisher Gesagte entspricht dem Begriff der πίστις, wie er im profanen Griechisch gebraucht wird: Glaube als eine epistemologische Kategorie, die eine Form von nicht gesicherter Erkenntnis beschreibt. Für Origenes kommt zum Glaubensbegriff aber noch ein Moment hinzu, das genuin biblisch ist: das Moment des vertrauensvollen Sich-Übereignens[64]. Im Glauben verlagert der Mensch den Schwerpunkt von sich selbst, von seiner eigenen Erkenntnis, auf die Erkenntnis, die Gott schenkt, und wenn er auch im einzelnen nicht immer in der Lage ist, das Geglaubte nachzuprüfen, so vertraut er doch, daß der, auf dessen Wort hin geglaubt wird, wahrhaftig ist. Glaube in diesem Sinn besteht darin, sich auf die Autorität Jesu zu verlassen, auf die Überzeugung: "Er selbst hat es gesagt"[65]. Dieses Vertrauen ist auch vor der Vernunft zu rechtfertigen, denn "wenn man, wie gezeigt wurde, nicht umhin kann, einem von denen, die bei den Griechen oder Barbaren Schulen gegründet haben, zu glauben, wie sollte man da nicht viel mehr dem allherrschenden Gott glauben und dem, der lehrt, daß man Gott allein verehren muß"[66].

Wenn die Wahrheit ein freies Geschenk ist, muß ihr auf der Seite des Menschen ein Akt der freien Annahme und Zustimmung entsprechen[67]. Dieser Akt ist der Glaube. Im Glauben bekommt der Mensch einen direkten Zugang zu Gott. Der Erkenntnisgewinn, der damit erlangt wird, ist groß und übertrifft bei weitem das, was der einfache Gläubige mit Hilfe seiner eigenen Vernunft jemals hätte erreichen können. Der Glaube vermittelt Einsicht in das Ganze der Welt, in die Stellung der Menschen in ihr und in die Beziehung von Welt und Mensch zu Gott[68]. Er ermög-

---

[63] Vgl. 3,38,19-21; Martin, L'apologétique 115-121 und Harl, Fonction révélatrice 263.
[64] Vgl. 3,39,3-6.
[65] 4,9,17; vgl. Patrick, Apology 248f.
[66] 1,10,24-27, vgl. auch 1,11,15-24.
[67] Zur großen Rolle, die die Freiheit im Denken des Origenes spielt, vgl. unten 4.1.3 Ein Gott der Freiheit.
[68] Vgl. 7,44,36-42. Vgl. dazu die Ausführungen von Wickert, Glauben und Denken 169-171.

licht damit ein Wissen, das menschliche Philosophie zwar theoretisch auch erreichen könnte[69], faktisch aber fast immer verfehlt[70].

2.1.3 Der Vorrang des "Glaubens mit Gründen"

Wenn Glaube als ein Weg gesehen wird, auf dem eine Erkenntnis Gottes erreicht werden kann, die der auf sich gestellten menschlichen Vernunft nicht möglich wäre, dann hat er seine Konnotation verändert; mit πίστις wird nicht mehr eine mangelhafte Erkenntnis ausgedrückt, sondern die Hinwendung zu Gott, die größere Erkenntnis ermöglicht. Gerade aus der Tatsache, daß πίστις bei Origenes ein Begriff ist, der von der lebendigen Beziehung zu Gott her zu verstehen ist, ergibt sich aber auch, daß bei aller Hochschätzung des einfachen Glaubens ein mit Vernunftargumenten begründeter Glaube besser ist: "... es ist auch entsprechend dem Logos viel besser, wenn man den Lehrsätzen mit Vernunft (λόγος) und Weisheit zustimmt als mit einfachem Glauben"[71].

Origenes verlangt einen Glauben, der auch vom Verstand mitvollzogen wird, weil nur ein solcher Glaube ein Akt des ganzen Menschen als eines geistbegabten Wesens sein kann. Hinzu kommt, daß dieser Glaube dem göttlichen Logos entsprechender ist, weil er tiefer in die Erkenntnis Gottes hineinführt. Es ist daher eine Form der Gottesliebe, sich um Einsicht in den eigenen Glauben zu bemühen[72].

"Vernunftgemäßer Glaube"[73] heißt das Ideal, das Origenes aufstellt, und er fordert, daß jeder Mensch seinen Kräften und seinem geistigen Wachstum entsprechend sich bemühen muß, den göttlichen Logos zu erkennen: gebildete Christen sollen sich um Erkenntnisse und Argumente mühen, einfache Menschen

---

[69] Vgl. 6,14,28f.

[70] Vgl. 7,44,21-36.

[71] 1,13,23-25. Koetschau übersetzt das erste "λόγος" mit "nach dem Sinn der christlichen Lehre", Borret mit "au sentiment de l'Écriture", beides scheint mir den Sinn insofern nicht zu treffen, als es zu unpersönlich ist. Meines Erachtens ist eindeutig der λόγος Gottes, d.h. Jesus Christus gemeint, der als Person will, daß die Gläubigen sich ihm angleichen.

[72] Vgl. Wickert, Glauben und Denken 176.

[73] 3,16,21f: Μετὰ λόγου πιστεύειν; vgl. auch 3,71,2. Vgl. Hällström, Fides simpliciorum 27.

erreichen dasselbe Ziel zunächst durch den Glauben allein[74]. Dabei ist wichtig, daß die Zugehörigkeit zu einer dieser beiden Gruppen nicht schicksalhaft verfügt und schon gar nicht für immer festgelegt ist. In jedem menschlichen und erst recht in jedem christlichen Leben gibt es Wachstum, d.h. jeder beginnt mit dem einfachen Glauben, aber auch jeder ist aufgerufen, zum Glauben mit Gründen aufzusteigen. Voraussetzung dafür ist ein Prozeß der geistigen und sittlichen Erneuerung; nur wer das mit dem einfachen Glauben Erkannte auch in seinem Leben verwirklicht, kann hoffen, zu größerer Einsicht zu gelangen; versagt er in ethisch-praktischer Beziehung, dann fällt er, wie das Beispiel der Philosophen zeigt, auch in kognitiver Hinsicht hinter das ihm an sich Mögliche zurück. Wahrheitserkenntnis ist immer ein Tun des ganzen Menschen, das als rein intellektuelle Erkenntnis unvollständig bleibt[75].

Aus dem Gesagten folgt, daß die Begründung des eigenen Glaubens, wie Origenes sie sieht, kein Akt ist, der auf jeden Fall der Annahme des Glaubens vorausgehen muß. Sie kann ihm auch folgen, wenn innerhalb des Glaubens erkannt wird, daß Wahrheitserkenntnis tiefer mit dem Logos verbindet. Dann führen nicht die Begründungen zum Glauben, sondern der schon gelebte Glaube sucht nach einer Begründung seiner selbst[76]. In diesem Zusammenhang nennt Origenes Joh 5,39 ("Erforschet die Schriften"), Kol 4,6 ("Ihr müßt jedem in der rechten Weise antworten können) und 1Petr 3,15 ("Seid stets bereit, jedem Rede und Antwort zu stehen ($\pi\rho\grave{o}\varsigma$ $\mathring{\alpha}\pi o\lambda o\gamma\acute{\iota}\alpha\nu$), der euch nach dem Logos der Hoffnung fragt, die euch erfüllt"[77]) als biblische Belege für die These, daß das Christentum von seinen Anhängern einen begründeten Glauben will[78]. Begründeter Glaube heißt in diesem Zusammenhang ein Glaube, der den Dialog mit der Umwelt bewußt will und sich deren kritischen Anfragen zu stellen bereit ist, ein Glaube, der auf der Suche ist nach weiterer und tieferer Wahrheit. Die grundsätzliche Offenheit und Bereitschaft

---

[74] Vgl. 1,13,23-27. Allerdings muß gesehen werden, daß Origenes diese Möglichkeit deutlich einschränkt ($\kappa\alpha\tau\grave{\alpha}$ $\pi\epsilon\rho\acute{\iota}\sigma\tau\alpha\sigma\iota\nu$), bzw. sie als das eigentlich nicht Gewollte kennzeichnet. Vgl. auch 4,9,10-17 und 7,49,6-15.

[75] Vgl. Kobusch, Wahre Philosophie 444f.

[76] Dies dürfte zu allen Zeiten der häufigere Fall gewesen sein. Vgl. hierzu unten 2.2.1 Für wen wird begründet?

[77] Übersetzung in Anlehnung an Verweyen, Gottes letztes Wort 48f.

[78] Vgl. 3,33,16-20; 7,12,8-10; vgl. auch 6,7,21-24; 7,12,7f wo zusätzlich Spr 10,17 bzw. Sir 21,18 als Bibelstellen aufgeführt werden, die zeigen sollen, daß auch im Christentum Begründungen verlangt werden.

des Origenes, sich auf alles einzulassen, was der unendlichen Wahrheit näher-
bringen könnte, wird besonders deutlich beim Problem der unterschiedlichen
Gruppierungen in der frühen Christenheit. Kann eine Religion beanspruchen, die
Wahrheit zu verkünden, wenn ihre menschlichen Vertreter untereinander gänzlich
uneins sind? Mit einer gewissen Schadenfreude und Genugtuung hatte Celsus den
Christen ihre Zersplitterung in sich bekämpfende Sekten vorgehalten[79]. Erstaun-
licherweise sieht Origenes das Phänomen der Sektenbildung nicht so negativ, wie
man zunächst annehmen könnte. Auch wenn die Wahrheit nur eine ist, so ist doch
der Weg der Wahrheitsfindung sehr verschlungen und führt in der Regel durch
mancherlei Irrtümer hindurch. Auf diesem Weg ist auch jeder Mißerfolg ein
Fortschritt, denn er hat eine bestimmte nicht zum Ziel führende Richtung als solche
erkennbar gemacht. Origenes nennt als Wissenschaftsgebiete, an denen man diese
Gesetzmäßigkeit sehen kann, Medizin, Philosophie und Schriftauslegung[80]. Gerade
in der Vielzahl von Schulen liegt auf Dauer die Chance, daß sich die Wahrheit
herauskristallisiert.

Einen interessanten Beleg für den Wert, den Origenes einer Meinungspluralität
im Erkenntnisprozeß zuschreibt, finden wir im Zeugnis des Gregor Thaumaturgos
über die Ausbildung, die Origenes seinen Schülern vermittelte. Gregor berichtet,
Origenes habe die Art, wie die Philosophen Sekten bildeten, als dem innersten
Anliegen der Philosophie, nämlich der Suche nach Wahrheit, zuwider beschrieben,
da sie dazu geführt habe, daß die einzelnen Philosophenschulen sich rigoros gegen-
einander abgrenzten und den Dialog miteinander abbrachen. Für den Einzelnen sei
es unter diesen Bedingungen eine Frage des Zufalls, auf welche Schule er stoße,
um sich ihr anzuschließen; auf jeden Fall wäre mit einer solchen Entscheidung der
Zugang zu anderen Meinungen versperrt[81]. Dagegen ist der Weg, den Origenes
seine Schüler führt, anders: "Er führte uns zu allen hin und wollte, daß uns keine
griechische Lehrmeinung unbekannt bleiben sollte. ... Alles, was bei jedem
einzelnen Philosophen brauchbar war und einen Wahrheitsgehalt besaß, sammelte
er und legte es uns vor; alles aber, was falsch war, sonderte er aus..."[82]. Nicht
die Sektenbildung an sich ist es also, was Origenes ablehnt, sondern vielmehr das

---

[79] Vgl. 3,12,2-8.
[80] Vgl. 3,12,8-38 und Vogt, Kirchenverständnis 303f.
[81] Vgl. Greg. Thaum. pan. Orig. 14 (SC 148,160-166 Crouzel).
[82] Greg. Thaum. pan. Orig. 14 (SC 148,166-168 Crouzel). Übersetzung nach Guyot (FC
24, 195).

Phänomen, daß der Anschluß an eine solche Gruppe dazu führen kann, den Horizont des Suchenden zu verengen statt zu erweitern.

Zusammenfassend kann gesagt werden, daß der Glaube der menschliche Akt ist, in dem sich der Mensch mit allen seinen Kräften und Fähigkeiten auf Gott einläßt. Dieses Sich-Einlassen ist nur dann wirklich vollzogen, wenn auch die Vernunft ganz einbezogen wird. Das bedeutet für Origenes zweierlei. Erstens ist der Glaube nach außen hin begründbar, ihn anzunehmen ist kein irrationaler Akt, sondern folgt aus Gründen. Die Vernunft kann in dieser Hinsicht dem Glauben dienen, indem sie Hindernisse für seine Annahme beiseiteräumt. Unter dieser Perspektive ist der Glaube das Ziel, die Vernunft das Mittel. Für den einmal gläubig Gewordenen ist die Vernunft aber keine überwundene Stufe, sondern wird als Einsicht in den Glauben zu einem neuen Ziel. Der Glaube fordert aus sich heraus die vernunftgemäße Durchdringung seiner selbst. Der dann erreichte vernunftgemäße Glaube ist seinerseits wieder in der Lage, die Vernunftgemäßheit des Glaubensaktes selbst besser zu begründen[83].

2.2 Der Begründungsanspruch des Origenes

Die Notwendigkeit, den eigenen Glauben zu begründen, wird in dem Moment drängender, in dem das Christentum in ein Gespräch mit Andersdenkenden eintritt. Es ist gezwungen, zu argumentieren und d.h. Gründe zu nennen, die den Glauben nicht schon voraussetzen und die auch der noch nicht Überzeugte akzeptieren kann. Von ihnen aus muß gezeigt werden, daß die verkündigte Botschaft, wenn auch nicht beweisbar, so doch rational vertretbar ist.

Der Glaubende ist damit gezwungen, etwas zu tun, was auch sonst jeder tun muß, der überzeugen will, er muß argumentieren, und dabei, wenn seine Argumentation Erfolg haben soll, die Regeln beachten, denen Argumentationen

---

[83] Wir finden also bei Origenes im Ansatz denselben Dreischritt von Vernunft - Glauben - Vernunft, wie er für Augustinus beschrieben wurde, vgl. Dassmann, Glaubenseinsicht 261: "Als *erstes* lehrt die Vernunft, daß es vernünftig ist, wichtige Wahrheiten, die man von vornherein nicht wissen kann, zu glauben, damit *zweitens* der Glaube den Boden bereitet, auf dem *drittens* die Einsicht in das Geglaubte die Vernünftigkeit des Glaubens bekräftigen kann" (Kursivdruck bei Dassmann).

unterliegen. Dabei sind die Gesetze der Logik, aber auch, da es nicht nur um die Sache geht, sondern auch um den Bezug zum Hörer, die der Rhetorik zu beachten.

Origenes ist sich bewußt, daß es schwierig ist, den christlichen Glauben begründen zu wollen, ohne damit die gemeinte Sache, oder besser (und darin liegt das Problem), den als Person und Leben erfahrenen Gott zu verfehlen. Es besteht die Gefahr, daß durch das Nennen von Gründen der Anschein erweckt wird, als sei eine Gotteserkenntnis allein aufgrund von Gründen und d.h. aus menschlicher Kraft möglich. Übersehen wird dabei die aktive Rolle, die Gott selbst spielen muß, indem er von sich aus auf den Menschen zukommt. Daher betrachtete Origenes es auch als seine Hauptaufgabe, der er sein Leben gewidmet hatte, innerhalb des Glaubens selbst zu forschen und zu lehren, während er dem Auftrag, den *Alethes Logos* zu widerlegen, sehr skeptisch gegenüberstand.

Origenes beginnt sein Werk mit Zweifeln am Sinn einer Apologie des christlichen Glaubens: "Unser Erlöser und Herr Jesus Christus schwieg, als man falsches Zeugnis gegen ihn ablegte, und antwortete nichts, als man ihn anklagte. Denn er war überzeugt, daß sein ganzes Leben und die unter den Juden gewirkten Taten ($\pi\rho\acute{\alpha}\xi\epsilon\iota\varsigma$) jeder Rede, die das falsche Zeugnis überführte, und allen Worten der Verteidigung überlegen war"[84]. Die Evidenz, die in den Taten Jesu liegt, ist nach Origenes größer als alle menschlichen Möglichkeiten der Plausibilisierung. Von daher ist zu befürchten, daß jeder Versuch, den Glauben mit Wahrscheinlichkeitsargumenten zu stützen, diese Evidenz verdunkelt[85].

Origenes nimmt das Werk trotz dieser Bedenken in Angriff und antwortet mit derselben Akribie, mit der er sonst seine Schriftkommentare verfaßt[86]. Obwohl er sagt, daß es eigentlich (und das heißt für die wirklich Glaubenden) unnötig ist, auf die Ausführungen des Celsus einzugehen[87], antwortet er doch in acht langen Büchern. Es stellt sich die Frage, was Origenes veranlaßt, eine Arbeit, die er für überflüssig und theologisch fragwürdig hält, in Angriff zu nehmen und der Be-

---

[84] Praef. 1,1-6. Vgl. Mosetto, Miracoli 77f. Mit der Aussage, daß Jesus schwieg und sich nicht verteidigte, spielt Origenes auf die Passionsberichte der Synoptiker an. Der von Oschwald, Self-evident truth 7f vertretenen These, daß Origenes mit diesem Zitat auch indirekt seine eigene sehr umstrittene Position meint, vermag ich nicht zu folgen, da man nirgends in Cels. den Eindruck hat, daß Origenes sich mit diesem Werk selbst rechtfertigen will.

[85] Vgl. praef. 3,1-3.

[86] Vgl. Crouzel, Conviction 81.

[87] Vgl. praef. 6,25-29.

gründung des Glaubens zu einer Zeit, wo er schon fast am Ende seines Lebens
steht, so viel Kraft zu widmen.

2.2.1 Für wen wird begründet?

Eine erste Antwort, warum er es für wichtig hält, die celsischen Angriffe zu
widerlegen, gibt Origenes im Vorwort von *Cels.* Er gibt hier etwas zu, was er im
Folgenden zu leugnen sucht, nämlich die Plausibilität der celsischen Argumentation: "Ich freue mich nicht über jemanden, der so an Christus glaubt, daß sein
Glaube von Celsus ... oder von einem Wahrscheinlichkeitsgrund ($\pi\iota\vartheta\alpha\nu\acute{o}\tau\eta\varsigma$
$\lambda\acute{o}\gamma o\upsilon$) erschüttert werden kann ... Da sich jedoch in der großen Menge derer, die
zu den Gläubigen gezählt werden, vielleicht auch solche finden dürften, die durch
das Buch des Celsus erschüttert und umgeworfen werden ... so haben wir uns
entschlossen, deinem Auftrag zu gehorchen und auf die Schrift, die du uns
zugesandt hast, zu antworten"[88].

Um überhaupt zu begründen, braucht man ein Motiv. Dieser Satz klingt banal,
ist es aber bei genauerer Prüfung nicht. Mit ihm soll darauf hingewiesen werden,
daß niemand alles und jedes begründet. Wie schon im vorigen Kapitel ausgeführt,
werden im alltäglichen Leben sehr viele Dinge ungeprüft übernommen und an
andere weitergegeben[89]. Begründungen werden erst dann verlangt, wenn ein
selbstverständlicher Denk- und Sprachrahmen zerbrochen ist, wenn etwas
"fragwürdig" geworden ist[90] und man sich nicht mehr in der Lage sieht, es ohne
Gründe weiterzugeben oder selbst zu übernehmen. Origenes deutet diesen Vorgang
des Fragwürdig-Werdens mit den beiden Verben $\sigma\alpha\lambda\epsilon\acute{u}\omega$ (schwankend machen, erschüttern) und $\acute{\alpha}\nu\alpha\tau\rho\acute{\epsilon}\pi\omega$ (umwerfen, auf den Kopf stellen) an. Die Argumente des
Celsus haben die Kraft, die Selbstverständlichkeit des gelebten christlichen
Glaubens zu erschüttern, weil sie den Eindruck erzeugen, der Glaube sei eine
unsichere Sache, die bei genauerer Prüfung als unwahr zu erweisen sei. Genau in

---

[88] Praef. 4,12-26. Vgl. Brummel, Plausibility 152: "The reason why Origen quotes
extensively from Celsus's work is that he recognizes the plausibility in much of what his
opponent writes."

[89] Vgl. oben 30f.

[90] Vgl. Kopperschmidt, Methodik 14-33. Kopperschmidt 14 zitiert Quintilians "Institutio
oratoria" V 9,1: *"argumento autem nisi in re controversia locus esse non potest"* und
übersetzt: "Argumentation ist nur nötig, wenn Angelegenheiten strittig sind bzw. strittig
werden".

dieser Situation muß der Glaube, will er nicht jeden intellektuellen Kontakt mit der Außenwelt abbrechen, nach einer Begründung seiner selbst suchen[91].

Aus dem Gesagten geht hervor, daß die Fragwürdigkeit eines Sachverhaltes nie ein Prädikat ist, das absolut gilt, sondern eines, das immer in Relation zu einem bestimmten Adressatenkreis und einer konkreten geschichtlichen Situation zu sehen ist. Dinge sind nicht fragwürdig, sondern sie werden es, und sie werden es für jemand. Das bedeutet, daß Begründungen ihren Sinn verlieren, wenn den Hörern der Sachverhalt entweder völlig unbekannt ist (sie haben noch keine Fragen) oder ganz und gar vertraut ist (sie haben keine Fragen mehr).

Die Frage nach dem Adressaten von *Cels.* wird in der Literatur im Allgemeinen dahingehend beantwortet, daß Origenes sich an ein gemischtes Publikum wendet, das aus Juden, Griechen und Christen besteht[92]. Eine etwas differenziertere Sicht finden wir bei Krause, der in einem eigenen Abschnitt die Adressaten frühchristlicher Literatur behandelt[93]. Er unterscheidet Werke, die sich an Christen, an Juden, an Häretiker oder an Heiden richten. Innerhalb dieser Gruppen gibt es Werke, die Einzelpersönlichkeiten, andere, die Gruppen zum Adressaten haben. *Cels.* wird erwähnt als ein Werk, das ausdrücklich für eine christliche Einzelpersönlichkeit (Ambrosius) geschrieben ist, sich aber gleichzeitig in polemischer Weise gegen eine heidnische Einzelpersönlichkeit (Celsus) wendet.

Adressat im Sinne von Auftraggeber und unter Umständen Erstempfänger der Schrift *Cels.* ist Ambrosius, eine Einzelpersönlichkeit, die an mehreren Stellen im Werk direkt angesprochen wird[94]. Sieht man sich diese Stellen der direkten

---

[91] Ähnlich läßt sich Origenes auch in comm. in Matth. ser. 70 (GCS 38(112) 165 Klostermann) mit dem Hinweis, er wolle "nicht jene im Stich lassen, die sich durch diese Texte zum Schwanken bewegen lassen" zu einer schwierigen Auslegung motivieren. Übersetzung nach Vogt, Evangelium nach Mattäus 3,213.

[92] Vgl. Fernandez, Origen's Presentation 108: "... Contra Celsum is adressend to a mixed audience, to an audience comprised of members of other faithes and members of Christianity"; Gallagher, Divine Man 61: "He [Origenes] envisages a spectrum of possible audiences and devises arguments suitable on each front". Vgl. auch Pichler, Streit 195 und Mosetto, Miracoli 78.

[93] Vgl. Krause, Stellung 34-38.

[94] Ambrosius wird zu Beginn der meisten Bücher direkt angesprochen, außerdem ganz am Ende des Werkes; vgl. praef. 1,6; 3,1,4; 4,1,2; 5,1,4; 6,1,3; 7,1,1; 8,76,1. Ambrosius ist der Freund und Mäzen des Origenes, der diesem nicht nur die nötigen Hilfsmittel für seine Arbeit zur Verfügung stellte, sondern auch mehrere seiner Werke anregte. Vgl. Borret, Contre Celse 1,19f Anm.4.

Anrede an, so handelt es sich ausschließlich um Anspielungen auf die Tatsache, daß Ambrosius die Widerlegung des *Alethes Logos* initiiert hat, nirgends findet sich ein Hinweis darauf, daß Ambrosius selbst durch das celsische Werk im Glauben schwankend geworden sei, so daß Origenes ihm persönlich eine Hilfe mit seiner Widerlegungsschrift geben sollte. Ambrosius ist Initiator und Empfänger der Schrift, nicht aber der eigentliche Adressat[95].

Für eine genauere Untersuchung der Frage nach dem Adressaten muß unterschieden werden zwischen der Frage, worauf ein Argument antwortet und der Frage, an wen es sich richtet. Die Gruppe der Nichtchristen ist Adressat in dem Sinne, daß das Werk *Cels.* auf ihre Einwände gegen den christlichen Glauben antwortet, und zwar sowohl auf Einwände jüdischer Provenienz als auch auf solche, die einer heidnisch-philosophischen Weltsicht entstammen. So kündigt Origenes ausdrücklich an, nacheinander die Griechen und die Juden ansprechen zu wollen[96], und an einer anderen Stelle sagt er, daß seine Apologie "für jemanden, der dem Glauben fremd gegenübersteht"[97], geschrieben worden ist. Der Adressatenkreis in diesem Sinne wird, zumindest als rhetorisches Stilmittel, direkt angesprochen[98]. Dennoch erscheint es mir fraglich, ob Origenes tatsächlich damit rechnete, daß Nichtchristen mit einer ähnlichen Weltanschauung, wie Celsus selbst sie hatte, seine Schrift in die Hände bekämen. Dazu ist die Schrift *Cels.* zu wenig werbend, werden die celsischen Einwände zu schnell zurückgewiesen, ohne daß ihr positives Anliegen aufgegriffen und für den Glauben fruchtbar gemacht würde. Man hat in *Cels.* nirgends den Eindruck, daß mit dieser Schrift missioniert werden soll.

Origenes selbst hatte in dem anfangs zitierten Text[99] angedeutet, daß sich *Cels.* an Adressaten richtet, die für Christen gehalten werden, es aber, was ihre mangelnde Festigkeit im Glauben beweist, nicht oder noch nicht wirklich sind. An einer anderen Stelle wird er konkreter und sagt, daß *Cels.* "nicht für vollkommene Gläubige geschrieben ist, sondern für Menschen, die im christlichen Glauben entweder noch vollständig unerfahren sind oder wie der Apostel es nennt, 'im Glauben noch schwach sind'" (Röm 14,1)[100]. Wichtig ist in diesem Zusammen-

---

[95] Vgl. Gallagher, Divine Man 191.
[96] Vgl. 1,59,21f.
[97] 5,18,5f.
[98] Vgl. 2,41,3: "der Gelehrte des Celsus möge doch sagen..."; 4,75,17: "Celsus möge sagen..."
[99] Vgl. praef. 4,12-26 zitiert oben 42.
[100] Praef. 6,5-8; vgl. auch 5,18,4-10.

hang die Interpretation des Ausdrucks ἢ τέλεον ἀγεύστοις τῆς εἰς Χριστὸν πίστεως. Der Ausdruck steht in Parallele zu der folgenden Kennzeichnung "schwach im Glauben", d.h. es werden nicht zwei Adressatenkreise genannt (Nichtchristen und Christen), wie die Übersetzung von Koetschau gedeutet werden könnte[101], sondern ein und derselbe Adressatenkreis wird unterschiedlich gekennzeichnet. Dies wird durch zwei andere Stellen bestätigt, an denen Origenes ebenfalls über den von ihm vorausgesetzten Leser spricht. Origenes sagt dort, er schreibe für Menschen, die "verwirrt wurden durch die Schrift des Celsus oder von Gedanken, die den seinen ähnlich sind"[102] und bezeichnet diese Gruppe von Menschen als "nicht ganz mit der Rüstung Gottes geschützt"[103].

Origenes nimmt die Aufgabe, die sich ihm mit der Widerlegung des celsischen *Alethes Logos* stellt, also deshalb in Angriff, weil er erkannt hat, daß die Einwände des Celsus eine Gefahr für die Gläubigen darstellen und er in seiner Funktion als Lehrer der Kirche sich verpflichtet fühlt, dieser Gefahr zu begegnen. Der eigentliche Adressat von *Cels.* ist die christliche Gemeinde, wodurch erklärbar wird, daß die origeneische Apologie im Vergleich mit den Werken der Apologeten einen völlig anderen Charakter hat. Während jene Heiden überzeugen wollen, ist *Cels.* für Christen geschrieben[104], und zwar für Christen, die sich außerstande sehen, ihre Überzeugung nach außen hin zu vertreten, ja, die unter Umständen durch Einwände gegen den christlichen Glauben selbst unsicher gemacht werden können. Es handelt sich bei *Cels.* um eine "inner-directed apology", mit der Christen Argumentationshilfen gegen gängige heidnische Vorwürfe geliefert werden[105]. Diese Hilfen müssen den von außen kommenden Angriffen entsprechen. Das bedeutet, daß auch wenn es darum geht, den Glauben der Christen zu unterstützen, dies gerade so geschieht, daß die von außen kommenden Angriffe gegen das Christentum in den Blick genommen werden. Denn es soll ja gezeigt werden, daß es für alle angegriffenen Glaubensinhalte Begründungen gibt, die man in der Diskus-

---

[101] Koetschau übersetzt praef. 6,5-8: "... daß das vorliegende Buch nicht für vollkommene Gläubige geschrieben ist, sondern für solche, die mit dem Glauben an Christus entweder ganz unbekannt oder, wie der Apostel sich ausdrückt, 'im Glauben noch schwach sind'".
[102] 4,1,11f.
[103] 5,1,9f.
[104] Vgl. Armstrong, Ancient Philosophy 164f.169. Bardy, Conversion 276-280 betont allerdings, daß auch die Apologeten nur in den seltensten Fällen von ihren heidnischen Adressaten gelesen wurden. Faktisch waren auch ihre Werke Bücher, die hauptsächlich von anderen Christen benützt wurden, vgl. Bardy, Conversion 279f Anm.3.
[105] Vgl. Gallagher, Divine Man 191f.

sion mit Andersgläubigen anführen kann. Von daher erklärt sich, daß Origenes, obwohl er für Christen schreibt, auf ein tieferes Eindringen in den Glauben oder auf ausführliche Schriftbeweise verzichtet. Sie hätten seinen Adressaten keinen Nutzen für eine Auseinandersetzung mit Gegnern gebracht und hätten auch ihrem eigenen Glauben nicht geholfen, weil sie die Zweifel gegen ihn nicht auf derselben Ebene bekämpft hätten, auf der sie sich stellten. Origenes bleibt in *Cels.* bewußt bei den äußeren Fakten (Leben Jesu, Leben der Kirche, Faktizität der alttestamentlichen Berichte) stehen, da es gilt, zunächst einmal deren Glaubwürdigkeit aufzuzeigen. So wird z.B. ausdrücklich darauf verzichtet, tiefer auf christologische Fragen einzugehen, da dies eine innerkirchliche Angelegenheit ist (οἰκείας ζητήσεως τοῖς πιστεύουσιν), die nicht in die Auseinandersetzung mit Außenstehenden gehört[106]. Die Allegorese wird in *Cels.* zwar für das Christentum in Anspruch genommen, sie wird aber kaum betrieben, da sie zu diesem Werk nicht passen würde[107].

Auch eine mehr formale Beobachtung spricht dafür, daß in *Cels.* Christen angesprochen werden. Origenes häuft an manchen Stellen die Beweise in einer Art und Weise, daß sie sich gegenseitig aufheben oder zumindest schwächen. So argumentiert er an mehreren Stellen, daß erstens das von Celsus Gesagte nicht stimme und daß man zweitens, selbst wenn es stimme, folgendes ... dagegen sagen könne[108]. Mit der zweiten Argumentation hebt er in gewisser Weise die Wirkung der ersten auf, weil er es plötzlich doch als denkbar zuläßt, daß Celsus recht haben könne. Nach außen hin wäre eine solche Argumentation sehr ungeschickt, für die Angehörigen des eigenen Glaubens kann es dagegen ein Dienst sein, wenn ihnen

---

[106] Vgl. 1,66,52-55. Das hat zur Folge, daß wie Martin, L'apologétique 1,91 schreibt "le Traité contre Celse ne retient presque aucune des erreurs ni des singularités où avait pu tomber Origène."

[107] Origenes betont in Cels. an mehreren Stellen, daß eine allegorische Auslegung schwieriger Texte und das heißt ein Eindringen in das eigentliche Mysterium des christlichen Glaubens diesem Werk und seinen Adressaten nicht angemessen ist, vgl. z.B. 4,37,14-16; 6,18,19-22. Vgl. auch 2,37,5-8, wo Origenes die Möglichkeit, einen Text allegorisch zu deuten, zwar erwähnt, aber für das vorliegende Werk Cels. eine weniger spezielle Antwort für angebrachter hält. Gallagher, Divine Man schreibt 81: "His comments on the life and works of Jesus should not be expected to represent his preferred theological position, rather they represent a compromise position developed to intersect with the interests of varied an complex audiences, including Greeks, Jews, and Christians of many different persuasions."

[108] Vgl. z.B. 1,7: Das Christentum ist 1. nicht geheim, und wenn es 2. doch geheim ist, dann hat es dazu dasselbe Recht wie alle Mysterien.

soviele Argumente wie möglich geliefert werden, die sie je nach Situation verwenden können.

Über den soziologischen Hintergrund der angesprochenen Christen läßt sich nur indirekt etwas ausmachen. Die Tatsache, daß Origenes von "im Glauben Schwachen" spricht, darf nicht dazu verführen, diese Christen, auch was ihre sonstige Bildung angeht, als eher einfache Menschen anzusehen. Origenes spricht ein Publikum an, das lesen und schreiben kann, das in der Lage ist, ihm zu folgen, wenn er sich auf philosophische und literarische Autoritäten bezieht, und das auf einen "Glauben mit Gründen" hingewiesen und zu einem solchen Glauben aufgefordert werden kann[109]. Im bildungsmäßigen Kontext der Spätantike kann es sich nicht, oder nicht nur, um ganz ungebildete Menschen handeln[110]. Eher könnte man sagen, daß Origenes zu Christen spricht, die sich, weil sie sich mit dem Glauben noch zuwenig beschäftigt haben, selbst außerstande sehen, diesen Glauben mit Gründen zu verteidigen, die aber verstehen können, daß ein begründeter Glaube besser ist als ein Glaube ohne Gründe. Die Aufgabe, die sich Origenes mit dem Werk *Cels.* gestellt hat, wäre dann, diesen Christen die nötigen Argumente zu liefern und ihnen so zu zeigen, wohin auch ihr Glaube sich entwickeln sollte. Von daher kann man in gewisser Weise sagen, daß Origenes Celsus sogar dankbar sein mußte, denn dadurch, daß dieser alle ihm bekannten Anschuldigungen gegen das Christentum sammelte und im *Alethes Logos* veröffentlichte, gab er ihm eine Vorlage für eine Art "fundamentaltheologisches" Handbuch.

2.2.2 Warum wird begründet?

Wer erkennen will, muß bereit sein, den Gegenstand zu prüfen und ihn mit Gründen zu bejahen bzw. zu verneinen. Immer wieder erhebt Origenes diese Forderung in *Cels.* und verwendet, um seinen Begründungsanspruch zum Ausdruck zu bringen, eine Reihe von Begriffen, die hier kurz genannt werden sollen.

Unserem deutschen Wort "Grund" oder auch "Argument" liegt an den meisten Stellen das im Griechischen so wichtige und bedeutungsreiche Wort λόγος zugrunde. Λόγος meint "Wort", aber nicht "Wort" als eine verfliegende Lautgestalt,

---

[109] Vgl. Oschwald, Self-evident truth 12f.
[110] Vgl. zu diesem bildungsmäßigen Kontext der Spätantike Harris, Ancient Literacy 285-322 bes. 319.

sondern als Träger von Sinn. Daher kann λόγος "Sinn", "Einsicht", "Vernunft" und "Wissenschaft" heißen und den Grund von etwas bzw. das Argument für etwas bedeuten[111]. Die Christen haben für ihren Glauben an Jesus Gründe[112] und fordern ebensolche auch von den Heiden[113]. Aus dem weiteren Wortfeld von λόγος finden wir im argumentationstheoretischen Sinn die Ausdrücke "eine Begründung fordern" (ἀπαιτεῖν λόγον) und "eine Begründung geben" (ἀποδιδόναι λόγον bzw. διδόναι λόγον[114]).

Außerdem benutzt Origenes den Begriff ἔλεγχος, der "Untersuchung", "Prüfung", "Beweis", aber auch "Überführung", "Widerlegung", "Zurechtweisung" bedeuten kann, einen spezifischeren Begriff, der keinen so großen Bedeutungsinhalt hat wie λόγος[115]. Origenes spricht davon, daß ein evidenter Beweis (ἔλεγχος) in den Fakten liege[116], und berichtet, daß er in einer Diskussion mit Juden viele Beweise (ἔλεγχοι) genannt habe, um zu zeigen, daß die Gottesknechtlieder nicht kollektivisch verstanden werden können[117]. Mit ἔλεγχος wird ein Argument bezeichnet, das geeignet ist, einen gegnerischen Einwand zurückzuweisen und den Gegner damit des Irrtums zu überführen[118].

Weiter gebraucht Origenes ἀπόδειξις, das "Beweis", "Darlegung", "Argument" heißen kann[119]. Es ist das rationale Argumentieren (ἀποδείκνυμι), das den Philosophen auszeichnet. Dieses bildet den genauen Gegensatz zu einer Redeweise, die in primitiver und unphilosophischer Art und Weise von irrationalen Leidenschaften hervorgebracht wird[120]. Von Celsus ist zu fordern, daß er für seine Aussagen ἀποδείξεις liefert[121] und zwar γραμμικαῖς ἀποδείξεσιν[122]. Γραμμικός kommt von γράμμος Linie, Strich; gemeint sind offensichtlich Beweise, die logisch stringent sind. Der Unterschied von ἔλεγχος und ἀπόδειξις besteht darin,

---

[111] Vgl. Lampe, Patristic Greek Lexicon 807-811.
[112] Vgl. 1,52,28f: λόγοι τῆς εἰς τὸν Ἰησοῦν πίστεως; vgl. auch 3,37,20.
[113] Vgl. 3,33,23.26-29.
[114] Vgl. 1,45,17-19; 3,37,19.
[115] Vgl. Patristic Greek Lexicon 446.
[116] Vgl. praef. 1,10.
[117] Vgl. 1,55,10.
[118] Vgl. 2,10,9; 4,2,4; 4,53,7; 4,63,12.
[119] Vgl. Bauer, Griechisch-deutsches Wörterbuch 179. Der Begriff in nicht so weit verbreitet, bei Lampe, Patristic Greek Lexicon findet sich kein Eintrag.
[120] Vgl. 1,71,13-15.
[121] Vgl. 4,89,1-10.
[122] Vgl. 8,11,5.

daß mit ἔλεγχος in der Regel Gründe gegen etwas, mit ἀπόδειξις dagegen Gründe für etwas bezeichnet werden.

Außerdem kommt der Begriff κατασκευή vor, der im argumentations-theoretischen Sinn das meint, was eine Sache zu stützen vermag, also ἀπόδειξις entspricht[123]. Beide Begriffe kommen nebeneinander vor und bedeuten offensichtlich dasselbe. Origenes wirft Celsus vor, er mache ohne wirkliche Gründe (μηδὲν κατασκευάσας) Aussagen über die Christen[124]. Er selbst dagegen könne "viele Gründe" (κατασκευῆς ποικίλης) sowohl aus der Schrift als auch aus der Wahrscheinlichkeit (ἀπὸ τοῦ εἰκότος λόγου) für die biblische Lehre vom Endgericht liefern[125]. Die Tatsache, daß es Voraussagen gibt, die vor langer Zeit gemacht wurden und auf Jesus bis in die Einzelheiten genau zutreffen, ist ein "starker Grund"[126].

Dieses Insistieren auf einer Begründung läßt die Frage aufkommen, warum Origenes diese Forderung so dringlich stellt und welches Interesse für ihn damit verbunden ist. Offenbar weiß er, das zeigt allein die Tatsache, daß er sich auf ein Werk wie *Cels.* einläßt, daß die Auseinandersetzung zwischen Christentum und Heidentum in der gegebenen historischen Situation unvermeidlich ist und die Möglichkeit des Einander-Ausweichens nicht oder nicht mehr besteht. Als Mittel für diese Auseinandersetzung stehen grundsätzlich nur Gewalt in Form von sprachlicher (Beleidigungen) oder juristischer (Gesetze gegen Christen) Verfolgung oder der gewaltfreie Diskurs zur Verfügung. Origenes bringt an mehreren Stellen in *Cels.* zum Ausdruck, daß er dieses Werk zwar in einer Zeit relativen Friedens für die Christen schreibt, sich aber gleichzeitig sehr deutlich bewußt ist, daß die Verfolgungen jederzeit wieder aufflammen können[127]. Er drückt zwar nicht direkt die Befürchtung aus, daß Schriften wie die des Celsus Christenverfolgungen auslösen könnten; sein offensichtliches Interesse an einer sachlichen Diskussion weist aber indirekt darauf hin. Dies gilt gerade auch unter der Voraussetzung, daß das im vorigen Abschnitt Gesagte richtig ist und sich *Cels.* hauptsächlich an Christen wendet. Origenes plädiert dafür, die Auseinandersetzung mit dem Heidentum auf der Ebene der Argumente zu führen und diesen Anspruch auch den jeweiligen

---

[123] Zu diesem Begriff vgl. Martin, Antike Rhetorik 95 und Lampe, Patristic Greek Lexicon 718.

[124] Vgl. 4,10,1f.

[125] Vgl. 3,16,4-6.

[126] 6,76,12.

[127] Vgl. 3,15,1-12; 8,44,7-14; 8,70,19-22. Vgl. auch Oschwald, Self-evident truth 8f und Watson, Celsus 177.

Gegnern immer wieder entgegenzuhalten. Er möchte, daß das Christentum und die von ihm vertretenen Lehren Gegenstand einer wissenschaftlichen Prüfung werden, weil er sich sicher ist, auf dieser Ebene die Überlegenheit des Glaubens nach-weisen zu können.

Doch gerade die Bereitschaft, das Christentum ernstzunehmen und sich mit ihm wie mit einer philosophischen Lehre auseinanderzusetzen, vermißt er bei Celsus. Dieser bietet in seiner Schrift nach Meinung des Origenes keine wahrheitsfähigen Aussagen (δόγματα), über die man diskutieren könnte, sondern nur Anklagen (κατηγορίαι)[128], deren Zweck rein polemischer Natur ist. Geradezu stereotyp wiederholt Origenes seinen Vorwurf, daß Celsus dem Christentum voreingenom-men gegenüber stehe und sich nicht die Mühe mache, es genau zu prüfen[129]. Er werfe den Christen vor, gegen die Vernunft zu handeln[130], und erhebe selbst den Anspruch ihr zu folgen[131], ohne aber das zu tun, was die Vernunft fordert, näm-lich die eigenen Behauptungen durch Argumente zu stützen. Für Origenes sind diese Forderungen so wichtig, weil die Art, wie Celsus in seinen Schriften das Christentum angreift und Behauptungen aufstellt, ohne sie zu begründen, es schwierig macht, ihm zu antworten und ihn so zu widerlegen. Wer keine Gründe nennt, verweigert sich dem Gespräch, da er es seinem Gesprächspartner unmöglich macht, das Gesagte zu prüfen oder Gegengründe zu nennen. So wirft Celsus den christlichen Verkündern vor, daß sie Lächerliches vortrügen, ohne aber anzugeben, was in seinen Augen so lächerlich ist[132]. Durch eine solche pauschale Behauptung wird Dialog abgebrochen, da keine Möglichkeit zu antworten besteht.

Daher verlangt Origenes immer wieder, daß, auch wenn es um religiöse Fragen geht, ein Sachverhalt genau geprüft und der Vernunft entsprechend begründet werden muß. Er weist an zahlreichen Stellen seines Werkes darauf hin, daß Celsus diesem Begründungsanspruch nicht genügt, und behauptet, ihm selbst zu entspre-chen. Origenes legt Wert auf die Feststellung, daß auch in Fällen, wo er mit Celsus (in der Ablehnung) einig ist, zwischen ihnen ein großer Unterschied bestehen bleibt. Während er sich zuvor genauere Kenntnis verschafft habe, also

---

[128] Vgl. 4,47,7f.
[129] Die Begriffe ἀναποδείκτως - ohne Beweis und ἀνεξετάστως - ohne Prüfung kehren immer wieder, z.B. 3,16,2; 3,23,28; 3,53,21. Der Sache nach findet sich der Vorwurf auch 4,10,1f.
[130] Vgl. 3,27,14f.
[131] Vgl. 3,23,26.
[132] Vgl. 3,73,1-4.

seine Haltung nach einer Prüfung und mit Gründen vertrete, verurteile Celsus ohne Begründung und ohne genauere Kenntnis[133].

Origenes weiß durchaus, daß es Fälle gibt, in denen es für den Menschen nicht oder nur schwer möglich ist, zu einer begründeten Meinung zu kommen. In diesem Fall fordert er den Mut, diese Unsicherheit zuzugeben und sich nicht aus dem verständlichen Wunsch nach Klarheit einer Meinung anzuschließen, deren man sich nicht aufgrund von Argumenten sicher ist. Deutlich wird das an einer Stelle gegen Ende des Werkes; es geht um das Leib-Seele-Problem, und Celsus nennt verschiedene geläufige Schulmeinungen, ohne sich auf eine festzulegen. Origenes konstatiert bei seinem Gegner eine gewisse Unsicherheit, deren (anerkennenswertes) Motiv er darin sieht, daß Celsus einerseits zögert, einer möglicherweise falschen Meinung zuzustimmen, andererseits aber auch nicht wagt, tradierte Lehren einfach zu verwerfen. Genau das ist die Haltung, die Origenes fordert: solange es keine wirklichen Gründe gibt, offen zu bleiben und alle Argumente zu prüfen. Was er Celsus vorwirft, ist, daß dieser dem Christentum diese offene Aufnahmebereitschaft nicht entgegenbringt und es ohne Prüfung als inakzeptabel verwirft. Origenes tritt also an dieser Stelle für die erkenntnisfördernde Funktion des Zweifels ein und sagt, daß es für diejenigen, die das Christentum ohne zureichenden Grund bekämpfen, besser wäre, wenn sie sich wenigstens in einem Zustand der Unsicherheit befänden[134].

Origenes schärft seinen Lesern die Pflicht zur Begründung sehr nachdrücklich ein. Er tut dies aufgrund seiner Überzeugung, daß ein vernünftiger Glaube dem Menschen entspricht und ihn mit Gott verbindet[135]. Hinzu kommt aber, und das ist im vorliegenden Zusammenhang wichtig, daß Origenes weiß, daß das Christentum nur in einem Klima des rationalen Diskurses eine Möglichkeit hat, seine Botschaft allen Menschen zu verkünden. Daher müssen die Christen selbst zu einem solchen Klima beitragen, indem sie für ihren Glauben Gründe nennen und diese auch von ihren Gegnern fordern.

---

[133] Vgl. 6,38,23-26; es geht um das sogenannte "Diagramm", ein gnostisches Symbol, vgl. Borret, Contre Celse 3,238f Anm.1.
[134] Vgl. 8,53,43f.
[135] Vgl. 2.1.3 Der Vorrang des "Glaubens mit Gründen".

2.2.3 Welchen Anforderungen müssen Begründungen genügen?

Auch wenn Origenes in dem mehr popularwissenschaftlichen Werk *Cels.* keine wissenschaftstheoretische Abhandlung über Beweisverfahren liefert, so nennt er doch Anforderungen, denen Begründungen zu genügen haben. Dabei fordert er vor allem Wahrscheinlichkeit, Sachlichkeit und Kohärenz.

2.2.3.1 Wahrscheinlichkeit[136]

Origenes, der eine profunde Bildung erhalten hatte, kannte die rhetorischen Regeln seiner Zeit[137] und hat sie, wie wir noch im einzelnen sehen werden, für die Argumentation gegen Celsus verwandt. Er wußte, daß es in vielen Fällen unmöglich ist, die Wahrheit einer in Frage stehenden Sache zu beweisen. Dies gilt vor allem dann, wenn es sich wie bei der christlichen Verkündigung um geschichtliche Ereignisse handelt[138]. Der Redner oder Verkündiger muß die von ihm erkannte Wahrheit nicht nur äußern, sondern er muß darüber hinaus versuchen, seine Hörer zu überzeugen, d.h. er muß Gründe suchen, um sie zu motivieren, sich der eigenen Ansicht anzuschließen und diese zu übernehmen[139]. Die antike

---

[136] Vgl. zu diesem Punkt den kurzen, aber sehr informativen Aufsatz von Guerenu, Das Wahre, außerdem Brummel, Role of Reason 5-15. Allerdings findet sich bei Brummel kaum mehr als eine Auflistung der wichtigsten Stellen, an denen der Begriff der πιϑανότης vorkommt. Der Begriff εἰκός fehlt.

[137] Vgl. Neuschäfer, Origenes als Philologe 218-240. Neuschäfer faßt 239 sein Ergebnis dahingehend zusammen, daß "der Alexandriner in unvergleichlich größerem Ausmaß als die Bibelexegese vor ihm die Errungenschaften der paganen Grammatik und Rhetorik aufgegriffen und seinem eigenen Auslegungsbemühen dienstbar gemacht hat." Diese Kenntnis der Rhetorik ist auch in Cels. überall zu finden. Vgl. auch Grant, Earliest Lives 47.50; Brummel, Plausibility 152.

[138] Vgl. 1,42,1-5.

[139] Dieser Punkt ist in jeder Argumentationstheorie zu berücksichtigen. Vgl. Völzing, Begründen 129: "In alltäglichen Argumentationen ist es mit Wahrheit oder Richtigkeit von Aussagen allein nicht getan, vorgebrachte Argumente müssen auch die Chance haben, vom Kommunikationspartner akzeptiert zu werden. Nicht immer kann man direkt mit der Wahrheit kommen: ein bekanntes und oft diskutiertes Beispiel dafür ist die Arzt-Patient-Interaktion. "Wahrheit" muß auch realisierbar sein, die Argumentierenden müssen in der Kommunikationssituation abschätzen, ob hier die "volle Wahrheit" zu einem Erfolg führen kann. Jeder Alltagsargumentation liegt somit ein Prinzip der Machbarkeit (oder Vernünftigkeit) zugrunde, weil eben nicht geschichtslose Roboter Argumentationspartner sind,

Rhetorik sprach in diesem Zusammenhang von dem Glaubwürdigen (τὸ πιϑανόν) und dem Wahrscheinlichen (τὸ εἰκός). Beide Begriffe bezeichnen das, was einem Argument die Chance gibt, akzeptiert zu werden und deshalb für das Gelingen eines Diskurses unerläßlich ist[140].

Es geht in der apologetischen Bemühung wie in jeder sprachlichen Auseinandersetzung darum, Argumente zu finden, die εἰκός bzw. πιϑανός sind. In diesem Zusammenhang taucht allerdings das Problem auf, daß Wahrheit und Wahrscheinlichkeit in einem Spannungsverhältnis zueinander stehen, d.h. es kann Wahrheit geben, die unwahrscheinlich ist, und Wahrscheinliches, das doch nicht wahr ist.

Die Forderung nach Wahrscheinlichkeit, die explizit erstmals von den Sophisten erhoben wurde, beruht auf der (später in der Skepsis aufgegriffenen These), daß, da Wahrheit schwer oder gar nicht zu erreichen ist, der Mensch aufgrund von Wahrscheinlichkeiten handeln muß, auch wenn es, was in der Praxis durchaus vorkommt, Wahrscheinlichkeitsgründe sowohl für eine Sache wie für ihr genaues Gegenteil geben kann[141]. Diese den faktischen Bedingungen des menschlichen Lebens angepaßte Theorie steht immer in Gefahr, die Wahrheit preiszugeben und die Möglichkeiten der Rhetorik zu rein pragmatischen Zwecken zu verwenden. So finden wir schon bei Platon eine Kritik an den Sophisten, denen vorgeworfen wird zu überreden[142], unabhängig davon, ob die von ihnen vertretene Sache wahr ist[143]. Diese Kritik ändert aber nichts daran, daß die Suche nach Wahrscheinlichkeitsgründen im alltäglichen Leben unvermeidlich ist. Sobald man in der Argumentationstheorie formalisierbare, konstruierte Beispiele verläßt und sich normalsprachlichen Argumentationen zuwendet, wird deutlich, daß diese nicht allein nach ihrer logischen Stringenz, sondern auch nach ihrer Wirkung zu beurteilen sind. Dabei läßt sich das angestrebte Ergebnis einer Argumentation allgemein als Überzeugung

---

sondern Menschen mit speziellen Erfahrungen und Einstellungen und bestimmten sozialpsychologisch definierten Grenzen der Belastbarkeit, wie etwa Toleranz- und Frustrationsgrenzen" (Anführungszeichen so von Völzing).

[140] Vgl. zu beiden Begriffen Lausberg, Handbuch § 322-323 und Grant, Earliest Lives 40-44, der sich vor allem auf die Progymnasmata des Aelius Theon bezieht. Speziell zu εἰκός vgl. auch Martin, Antike Rhetorik 84 und Barthes, Alte Rhetorik. Barthes, Alte Rhetorik 56 definiert εἰκός als "allgemeine Vorstellung, die auf dem Urteil beruht, das die Menschen aufgrund unvollständiger Erfahrungen und Induktionen gefällt haben", und sagt: "innerhalb des eikos ist das Gegenteil nie unmöglich" (ebd.).

[141] Vgl. Grant, Early Christian Doctrine 33f und Kennedy, Art of Persuasion 30f.

[142] Im Griechischen dasselbe Wort wie überzeugen (πείϑω).

[143] Vgl. z.B. Plat., Gorg. 452d-455a (286-294 Hofmann).

beschreiben: der Hörer soll durch die Argumentation dazu gebracht werden, die Ansicht des Sprechers als eigene zu übernehmen.

Zu diesem Zweck müssen Faktoren berücksichtigt werden, die für die Beweiskraft einer Argumentation nichts besagen, wohl aber für ihre Überzeugungskraft, so z.B. das intellektuelle Niveau des Hörers, seine weltanschaulichen Grundoptionen oder die Situation, in der argumentiert wird. Während logische Wahrheit unabhängig davon gilt, ob jemand sie akzeptiert oder nicht, kann man von Wahrscheinlichkeit nur in Relation zu einem oder mehreren Subjekten sprechen; Wahrscheinlichkeit, die niemand als solche erkennt, ist keine. "Wäre das Argument an und für sich wahr, doch dabei und dazu nicht überzeugungskräftig, so wäre es "klassisch" und rhetorisch gedacht, noch kein Argument"[144].

In *Cels.* spielt das Problem von Wahrheit und Wahrscheinlichkeit eine große Rolle. Läßt sich die Wahrheit des Christentums durch Wahrscheinlichkeitsargumente vermitteln und anderen Menschen zugänglich machen? Oder handelt es sich beim Christentum um eine Lehre, die die Vernunft des Menschen übergeht, indem sie von ihm fordert, ein von Gott geschenktes Heil als solches zu akzeptieren, ohne daß der Verstand diesen Vorgang in irgendeiner Weise rechtfertigen kann?

Origenes unterscheidet Wahrheit und Wahrscheinlichkeit deutlich. Wahrheit ist dem göttlichen Bereich zugehörig, sie ist Form der Selbstoffenbarung Gottes. Gott ist der Vater der Wahrheit ($\pi\alpha\tau\dot{\eta}\rho$ $\tau\tilde{\eta}\varsigma$ $\dot{\alpha}\lambda\eta\vartheta\epsilon\dot{\iota}\alpha\varsigma$)[145], der Logos ist diese Wahrheit selbst, die von Gott gezeugt wurde und von ihm ausgeht. Immer wieder zitiert Origenes die johanneische Formulierung: "Ich bin der Weg, die Wahrheit und das Leben" (Joh 14,6), mit der sich Christus als Gottes Wahrheit bezeichnet[146]. Damit ist Wahrheit etwas, was dem Menschen vorgegeben ist; er kann an ihr partizipieren, aber sie bleibt unverfügbar für ihn. Die Wahrheit ist Ausdruck des freien Gottes, sie offenbart sich, wem und wann sie will.

Aus der Tatsache, daß die Wahrheit für den Menschen nicht verfügbar ist, folgt, daß sie einem anderen Menschen nicht ohne weiteres gezeigt werden kann. Sie ist kein Gegenstand, auf den man hinweisen kann und der sich dieser Vereinnahmung nicht entziehen kann, sondern eine Person, die sich offenbaren oder verbergen kann. Daher bleibt im menschlichen Diskurs Wahrheit zwar als anzustrebendes

---

[144] Guerenu, Das Wahre 76.
[145] Vgl. 8,12,24; 8,76,18.
[146] Vgl. 1,66,15f; 2,9,25f; 2,25,3f; 2,64,3; 6,66,29f; 7,16,15; 8,12,21; 8,20,32.

Endziel bestehen, zu fordern im Sinne eines Mindestanspruchs, der ein Gespräch überhaupt erst ermöglicht, ist aber nur Wahrscheinlichkeit.

Wahrscheinlichkeit steht auf einer anderen Ebene als Wahrheit, bei ihr handelt es sich nicht um etwas Göttliches, sondern um etwas, das unmittelbar Funktion der menschlichen Vernunft ist und die Konsensfähigkeit innerhalb der menschlichen Gemeinschaft betrifft. Wahrscheinlichkeit ist das dem Menschen Mögliche und somit auch von jedem zu Verlangende. Sie ist die Art und Weise, wie sich die Logosgeprägtheit des Menschen und sein Streben nach Erkenntnis äußern.

Origenes sucht immer wieder zu zeigen, daß das, was er vertritt, wahrscheinlich (εἰκός) und glaubwürdig (πιθανός) ist[147]. Mit εἰκός wird eine Angemessenheit ausgedrückt, die der menschlichen Vernunft spontan als richtig erscheint: "Es ist wahrscheinlich (εἰκός), daß die Gotteserkenntnis die menschliche Natur übersteigt"[148]. Als εἰκός werden Tatsachen bezeichnet, die nicht direkt beweisbar sind, die aber, weil sie eingeordnet werden können in das, was allgemein für wahr gehalten wird, Anspruch auf Geltung erheben können. Eine Sache kann als εἰκός bezeichnet werden, wenn gezeigt werden kann, daß es strukturell Ähnliches gibt, das akzeptiert ist, und daß es von daher unvernünftig, weil unbegründet wäre, dem in Frage stehenden Gegenstand mit Unglauben zu begegnen. So beweist Origenes im Zusammenhang mit der Taufe Jesu dem celsischen Juden mit biblischen Belegen, daß seine Einwände gegen den sich öffnenden Himmel bei der Taufe unbegründet sind, weil diese Erzählung viel wahrscheinlicher ist als die Dinge, die er selbst als Jude glaubt[149]. Damit will Origenes keineswegs die Faktizität der Dinge, die er als unwahrscheinlichere Glaubenssätze des Judentums anführt (die Visionen des Jesaja und Ezechiel; die Berichte der Genesis über Ereignisse, die lange vor Moses stattfanden und die dieser nicht wissen konnte) bestreiten, die er als Christ ja auch glaubt. Aber es soll deutlich gesagt werden, daß sich in dem von Celsus gewählten Rahmen (= Judentum) die grundsätzliche Leugnung der Möglichkeit eines wunderbaren Geschehens bei der Taufe Jesu nicht wahrscheinlich machen läßt.

Auch einen Teil seiner theologischen Überlegungen nennt Origenes εἰκός und bestimmt damit deutlich ihren epistemischen Rang. Dabei wäre es falsch, diesen

---

[147] Beide Begriffe finden sich häufig in Cels. und sind praktisch Synonyme. Eine computerunterstützte Suche ergab für εἰκός 47 Vorkommen, für πιθανός bzw. πιθανότης 49 Vorkommen.

[148] 7,44,10f.

[149] Vgl. 1,44 bes. 1,44,21f.

Begriff, wie es die Übersetzungen zum Teil tun[150], als Ausdruck von Unsicherheit zu werten und ihn so zu interpretieren, als sei Origenes sich an den in Frage
stehenden Stellen nicht klar darüber, ob seine Ansicht richtig ist. Origenes will mit
der Verwendung dieses Begriffes vielmehr ausdrücklich die Wahrheit der in Frage
stehenden Sache postulieren; sie läßt sich zwar nicht beweisen, aber es läßt sich
zeigen, daß alles für sie spricht und daß es im Vergleich mit der Möglichkeit, sie
abzulehnen, rationaler ist, sie zu akzeptieren. So weist Origenes die Behauptung
des Celsus, Jesus stamme aus einem Ehebruch, zurück, indem er aufzeigt, daß es,
berücksichtigt man den Gesamtzusammenhang des Lebens und Wirkens Jesu, sehr
viel wahrscheinlicher (εἰκός) ist, daß Jesus auf wunderbare Weise geboren, als daß
er in einem Ehebruch erzeugt wurde. Interpretiert wird diese Wahrscheinlichkeit
wieder als Angemessenheit, die es richtig erscheinen läßt, daß der Leib eines
Menschen seiner Vollkommenheit entspricht. Da uneheliche Geburt als ein
leiblicher Makel angesehen wird, ist es nur schwer vorstellbar, daß ein Mensch,
der so viel Gutes tat wie Jesus, auf diese Art und Weise ins Leben getreten sein
soll[151].

Origenes geht davon aus, daß der Gesichtspunkt der Wahrscheinlichkeit und d.h.
des Adressatenbezuges in jeder Kommunikation mitberücksichtigt werden muß,
wenn ein Scheitern verhindert werden soll. Dies galt sogar für Jesus Christus
selbst; auch er konnte seine Botschaft nur unter Rücksichtnahme auf den religiösen
und kulturellen Rahmen seiner Hörer vermitteln, und das bedeutete, daß auch er
Teile seiner Botschaft nicht oder doch nur in sehr abgeschwächter Form sagen
konnte, da sie seine Hörer vor der Auferstehung nicht überzeugt hätten, sondern
sogar ihren beginnenden Glauben hätte zerstören können[152].

Weil es eine Bedingung für jede Auseinandersetzung ist, daß Wahrscheinlichkeitsgründe genannt werden, macht Origenes immer wieder darauf aufmerksam,
daß Celsus dies unterläßt. Interessant ist in diesem Zusammenhang, daß Origenes
keineswegs behauptet, es ließen sich keine solchen Gründe gegen das Christentum
vorbringen, er ist sich im Gegenteil bewußt, daß es sehr viel gibt, was gegen
seinen Glauben spricht. So kann er es Celsus geradezu vorwerfen, daß dieser den

---

[150] Vor allem Koetschau übersetzt oft mit "es scheint", was m.E. zu schwach ist, vgl. z.B.
1,31,23. An dieser Stelle übersetzt Borret "il y a sans doute", was besser ist. Chadwick
bleibt dem griechischen Text am nächsten: "it is probable").
[151] Vgl. 1,32 bes. 1,32,34-38.
[152] Vgl. 2,2,18-27.

Glauben, den er angreift, noch nicht einmal so gut kennt, daß er die Gegenargumente wirklich nennen kann, während er, Origenes, die Argumentation gegen das Christentum sehr viel plausibler führen könne[153]. Was Origenes Celsus also vorwirft, ist, daß dieser seine Argumente nicht nennt und damit nicht wirklich in eine Auseinandersetzung mit dem Christentum eintritt.

Origenes zitiert Celsus mit der Behauptung, der biblische Schöpfungsbericht sei "naiv" ($εὐηθική$). Diese Behauptung, die in "einem einzigen Satz und ohne irgendetwas Glaubwürdiges ($μηδὲ κατὰ τὸ πιθανόν$) anzuführen" erfolgt, empfindet Origenes als keiner Antwort würdig: "Wenn er dargelegt hätte, inwiefern er ihm "naiv" erscheint, und einige wahrscheinliche Gründe ($τινας πιθανότητας$) genannt hätte, so hätten wir dagegen argumentiert; es scheint mir aber nicht sinnvoll ($οὐκ εὔλογον$) zu sein, auf seine bloße Behauptung ($ἀπόφασις$) hin den Nachweis zu liefern ($κατασκευάσαι$), daß diese Lehre nicht "naiv" ist"[154]. Das rhetorische Vokabular in diesem Text ist unverkennbar, die Suche nach Plausibilitätsargumenten für die eigene Ansicht und der Nachweis der Richtigkeit dieser Argumente ($κατασκευή$) sind Aufgabe eines jeden, der eine Sache vertreten will. Celsus aber sagt in seiner Kritik am biblischen Schöpfungsbericht weder genau, warum ihm dieser nicht akzeptabel erscheint, noch welches Weltbild er selbst dagegen setzen möchte. Natürlich weiß Origenes, mit welchen platonischen Texten man den biblischen Bericht angreifen könnte, er nennt sogar die Platonstellen, auf die sich Celsus seiner Meinung nach bezieht[155], aber er wertet die Tatsache, daß Celsus diese Belegtexte nicht ausdrücklich nennt, als ein Zeichen für dessen Unernsthaftigkeit. Man hat an dieser Stelle den Eindruck, daß Origenes geradezu dankbar gewesen wäre, wenn Celsus seine Gründe genannt hätte, denn das hätte die Möglichkeit geboten, sie zu widerlegen. Wo dagegen nur Behauptungen vorgebracht werden, wird die Ebene der Argumentation verlassen, und es ist auch für den Gegner nicht mehr sinnvoll ($οὐκ εὔλογον$), seinerseits zu argumentieren. Diesen Fall hält Origenes für gegeben, wenn Celsus meint, mit dem Prädikat "naiv" biblische Lehren abtun zu können. Da Origenes aber um keinen Preis den Eindruck erwecken möchte, er breche die Argumentation ab, weil er selber keine Argumente mehr habe,

---

[153] Vgl. z.B. 2,3,15f: "... er hätte mit mehr Wahrscheinlichkeit sagen können, daß ..."; 3,70,5-8.
[154] 6,49,1-8.
[155] Vgl. 4,62,7-19.

verweist er darauf, daß er in einem anderen Buch den biblischen Schöpfungsbericht mit Gründen verteidigt habe[156].

Um zu dem Urteil zu kommen, eine Sache sei wahrscheinlich und deshalb, da Wahrheit nicht zu erreichen ist, anzuerkennen, müssen also verschiedene Faktoren geprüft werden; die Schwierigkeit und damit verbunden die möglichen Irrtümer bei einer solchen Prüfung nehmen mit wachsendem zeitlichem Abstand zu. Wenn es darum geht, die Glaubwürdigkeit historischer Zeugnisse zu beurteilen, ist es daher nicht ungewöhnlich, daß verschiedene Menschen zu verschiedenen Ergebnissen kommen[157].

Wahrscheinlichkeit als Mindestanforderung für den Diskurs ergibt sich aus dem Pistis-Charakter der religiösen Erkenntnis sowie, und das ist wichtiger, aus der Unverfügbarkeit der Wahrheit. Wenn Wahrheit, wie Origenes immer wieder betont, personal ist und d.h. sich in Freiheit zeigt oder entzieht, dann kann ein Gesprächspartner zwar auf sie hingewiesen werden, bewiesen werden aber kann sie nicht. Erkenntnis von Wahrheit entbindet daher nicht von der Verpflichtung, diese Wahrheit mit Wahrscheinlichkeitsargumenten zu plausibilisieren, um sie auf die Ebene menschlicher Erkenntnisbemühung herabzuholen und sie so sich selbst und anderen erst wirklich zu eigen zu machen. Umgekehrt gilt, daß Wahrheit, für die es keine Wahrscheinlichkeitsgründe gibt, die also in keinerlei erkennbarer Beziehung zu anderer, bereits akzeptierter Wahrheit steht, nicht als solche erkannt werden kann[158]. Deutlich wird das in 3,33, wo die Begriffe πιθανός, λόγος und ἀληθής unmittelbar nebeneinander stehen und sich gegenseitig bedingen: "Wenn er [Celsus] aber nicht in der Lage ist, über diesen Punkt etwas Wahrscheinliches (πιθανόν) zu sagen, offenbar weil er dafür keinen Grund (λόγος) finden kann, ... werden wir diese Geschichte als nicht wahr (ὡς οὐκ ἀληθεῖ) bezeichnen"[159]. Das Fehlen eines Grundes zieht nach sich, daß die Sache nicht wahrscheinlich gemacht werden kann und berechtigterweise vorläufig als unwahr gilt.

Das Spannungsverhältnis, das zwischen Wahrheit, Wahrscheinlichkeit und dem Postulat der Begründung besteht, ist in jedem Einzelfall sehr differenziert in Betracht zu ziehen. Dabei spielt die Blickrichtung eine nicht zu unterschätzende Rolle. Betrachtet man die Wahrheit bzw. blickt man von ihr her auf die Welt, und der

---

[156] Der hier erwähnte Genesiskommentar ist nur in Fragmenten erhalten, vgl. Borret, Contre Celse 3,302f Anm.1.
[157] Vgl. 1,42,1-5; 3,12,8-38. Vgl. auch Grant, Earliest Lives, 40-43.
[158] Vgl. Guerenu, Das Wahre 76f.
[159] 3,33,26-29.

Christ hat nach Origenes grundsätzlich die Möglichkeit zu dieser Perspektive, dann wird die Relativität der πιθανότης sehr deutlich; sie ist nicht gleich Wahrheit, sondern kann täuschen[160]. Verglichen mit der Wahrheit sind Wahrscheinlichkeitsargumente blaß und ohne Strahlkraft, und wenn ein Mensch die Wahrheit erkannt hat, ist er auf jene nicht mehr angewiesen, ja sogar in der Lage, an der erkannten Wahrheit trotz entgegenstehender Wahrscheinlichkeitsargumente festzuhalten[161]. Er hat nicht mehr Gründe nötig, "die in Büchern aufgeschrieben sind"[162], sondern er hat ein Wissen erlangt, daß auf unmittelbarer Einsicht in die Sache selbst beruht[163].

Vom Menschen aus gesehen dagegen ist die Suche nach Wahrscheinlichkeitsgründen eine intellektuelle Pflicht. Ihr darf sich niemand entziehen, der den Anspruch erhebt, seine Überzeugungen seien rational. Allerdings muß man sich bewußt bleiben, daß man mit Wahrscheinlichkeitsgründen nur das menschlich Vernünftige erreicht, nicht die Wahrheit selbst. Aus diesem Grund können Wahrscheinlichkeitsgründe, gerade wenn es um Religion geht, täuschen. Sobald sich menschliche Erkenntnisbemühung der Gottesfrage zuwendet, besteht die Gefahr, daß sie in ihrem Versuch, das menschlich Vernünftige zu erkennen, ihren speziellen Gegenstand, nämlich Gott, verfehlt, da dieser menschliches Maß übersteigt.

Origenes gebraucht daher das Wort πιθανότης oft sogar in abwertendem Sinne von "Scheingrund", d.h. ein Argument, das wahr scheint, es aber nicht ist[164]. Diese πιθανά zu bekämpfen und zu entkräften, sieht er als seine Aufgabe an[165]. Sie sind dadurch gekennzeichnet, daß ungebildete Leute sich von ihnen täuschen lassen[166].

---

[160] Vgl. 3,57,14f.
[161] Vgl. praef. 4,12-15; 4,26,23-25.
[162] Praef. 4,17f.
[163] Vgl. praef. 1,10 und praef. 3,2.
[164] Vgl. praef. 5,2f: "τοῖς πολλοῖς πιθανά, παριστάντα τὸ ψεῦδος ὡς ἀλήθειαν". Ähnlich comm. in Matth. ser. 35 (GCS 38 (11²) 66 Klostermann); comm. in Matth. ser 38 (GCS 38 (112) 73 Klostermann); comm. in Matth. ser. 44 (GCS 38 (11²) 89 Klostermann).
[165] Vgl. 5,1,19f. In or. 13,3 (GCS 3(2) 327 Koetschau) bezeichnet er solche Scheingründe als "Oberbefehlshaber des Widersachers".
[166] Vgl. 6,24,19f. Vgl. auch comm. in Cant. 4,2,28 (SC 376, 714 Brésard/Crouzel): "Denn unerfahrenen und sinnenhaften Menschen erscheinen die Sophismen der Lüge schöner als die Lehren der Wahrheit."

Dementsprechend war es das Bemühen des Origenes, seinen Schülern eine
Bildung zu vermitteln, die sie befähigen sollte, Wahrheit zu erkennen, auch wo sie
nicht auf den ersten Blick wahrscheinlich war, und Wahrscheinlichkeit abzuweisen,
wo sie nicht wahr war[167]. Nach Ansicht des Origenes beruhen alle Sekten auf
solcher in die Irre führender Wahrscheinlichkeit[168], ebenso wie auch die Philosophen in vielen Fällen Wahrscheinlichkeit mit Wahrheit verwechseln und so sich
und andere täuschen[169]. Trotzdem ist es immer noch besser, falsch zu begründen,
d.h. Wahrscheinlichkeitsargumente zu nennen, die der Wahrheit nicht standhalten
können, als gar nicht zu argumentieren[170]. Behauptungen, für die derjenige, der
sie vertritt, überhaupt keine Gründe nennen kann, sind abzulehnen[171], bei ihnen
handelt es sich um "Erdichtungen und Märchen" ($\pi\lambda\acute{\alpha}\sigma\mu\alpha\tau\alpha$ $\kappa\alpha\grave{\iota}$ $\mu\acute{\upsilon}\vartheta\omicron\iota$)[172].

2.2.3.2 Sachlichkeit[173]

Immer wieder fordert Origenes Celsus auf, Gründe für seine Behauptungen zu
nennen. $\Delta\epsilon\iota\kappa\nu\acute{\upsilon}\tau\omega$ - er zeige, er weise nach, lautet der dringende Appell des Origenes[174], dem er sogleich Argumente für die Wahrheit seiner eigenen Meinung an-
fügt. Wenn Celsus keine Beweise nennt, sondern sich von Antipathie leiten läßt,
gibt er den Anspruch auf Rationalität, den er als Philosoph erheben müßte, auf und
verläßt die Diskursgemeinschaft. Origenes wirft ihm vor, daß es ihm nicht um die
Sache geht: "er hätte die Sache ($\pi\rho\tilde{\alpha}\gamma\mu\alpha$) darlegen, sie ohne Vorurteile prüfen
und, so gut er konnte, sagen müssen, was gegen sie spricht"[175].
    Damit fordert Origenes, daß, wer erkennen will, zunächst grundsätzlich der zu
erkennenden Sache $\epsilon\acute{\upsilon}\gamma\nu\omega\mu\acute{\omega}\nu\omega\varsigma$ d.h. wohlwollend, gelassen, besonnen, verständig

---

[167] Vgl. Greg. Thaum. pan. Orig. 7 (SC 148,134-140 Crouzel).
[168] Vgl. 3,12,32f.
[169] Vgl. 3,37,29-35.
[170] Vgl. praef. 5,15-24.
[171] Vgl. z.B. 6,49,1-6; 6,50,6-13; 6,74,25-28.
[172] Vgl. 5,57,24. Vgl. zu diesen Begriffen Grant, Earliest Lives 121-123.
[173] Vgl. zu diesem Abschnitt Pichler, Streit 199-220 bes. 206-209.
[174] Vgl. z.B. 1,23,7; 2,8,3.
[175] 1,71,15-17. Vgl. das Urteil von Bareille, Celse 2099: "Celse pèche par défaut de respect
et de mesure et par excès de raillerie et d'invectives." Vgl. auch Crouzel, Philosophie 77f
und Oschwald, Self-evident truth 149.

und ohne Vorurteile gegenübertreten muß[176]. Dem zuwider ist das sich Bestim-
men-lassen von Gefühlen, das Origenes "unwissenschaftlich und unphilosophisch"
nennt[177]. So schreibt er: "Rechthaberei und Voreingenommenheit sind gefährlich,
denn sie bewirken, daß man selbst das, was völlig evident ist, nicht mehr sieht, nur
um nicht die Überzeugungen aufgeben zu müssen, an die man gewöhnt ist und die
die Seele ganz tief geprägt und geformt haben. Eher dürfte wohl ein Mensch seine
Gewohnheiten in anderen Bereichen aufgeben, auch wenn er sich schwer von ihnen
trennt, als im Bereich seiner Überzeugungen"[178]. Das hier beobachtete Phänomen
führt dazu, daß ein Mensch sich nicht auf von außen kommende Argumente einläßt
und diese wirklich prüft, sondern statt dessen versucht, sie von vornherein als
keiner Untersuchung wert abzuwehren. Daher kann Origenes Celsus vorwerfen,
er bekämpfe im Grunde nicht das Christentum und das, was die Heilige Schrift
ihrer eigenen Intention nach meint, sondern einzig und allein seine eigenen Vorurteile[179].

Zur Kennzeichnung des Gemeinten verwendet Origenes zwei Begriffe, die
häufig vorkommen und einerseits das Wesen der geforderten Sachlichkeit,
andererseits die ihr entgegengesetzte Haltung beschreiben. Mit "wahrheitsliebend"
($\varphi\iota\lambda\alpha\acute{\eta}\vartheta\omega\varsigma$) wird eine Haltung beschrieben, die im Wegsehen von sich selbst und
im Ausgerichtetsein auf die Wahrheit besteht, und das auch dort, wo diese
Wahrheit den eigenen Vorstellungen zuwiderläuft oder von den Gegnern der
eigenen Überzeugung geäußert wird[180]. So nimmt Origenes für sich in Anspruch,
daß er wahrheitsliebend alle Angaben und vor allem die Ansichten der Philosophen
prüfe und daß er aus derselben Haltung heraus auch zugebe, wenn diese etwas
Richtiges erkannt haben[181]. Er legt Wert darauf, die Wahrheitsliebe der biblischen
Schriften und ihrer Verfasser immer wieder zu betonen und sie im einzelnen nachzuweisen[182]. Dagegen muß Celsus vorgeworfen werden, sich letztlich nicht

---

[176] Vgl. 1,71,15. Das Wort kommt 33 mal in Cels. vor, genannt seien nur die wichtigsten
Belege aus dem ersten Buch: 1,12,13; 1,26,40; 1,31,8; 1,42,19; 1,53,16; 1,62,22.
[177] Vgl. 1,71,14: $\iota\delta\iota\omega\tau\iota\kappa\acute{o}\varsigma$ und $\alpha\varphi\iota\lambda\acute{o}\sigma\sigma\varphi\sigma\varsigma$ $\pi\acute{\alpha}\vartheta\sigma\varsigma$. In 3,43,32 wird die Haltung des Celsus
ausdrücklich als $\alpha\gamma\nu\omega\mu\sigma\nu\tilde{\omega}\nu$ bezeichnet.
[178] 1,52,1-6. Es geht hier konkret um die Juden, nicht um Celsus selbst, aber der ganze
Abschnitt will doch grundsätzliche Aussagen machen.
[179] Vgl. 4,17,10-12.
[180] Vgl. zu diesem Begriff Oschwald, Self-evident truth 67 Anm.35.159.
[181] Vgl. 1,57,17f; 4,30,59-61; 5,54,7-11; 5,62,19f.
[182] Vgl. 1,63,6-8; 2,15,3-12; 2,24,7f; 2,34,39; 3,28,33f; 3,47,20f; 4,45,1f; 6,16,13f.

wirklich um die Wahrheit zu kümmern[183], sondern rechthaberisch zu streiten. Der Begriff "Rechthaberei" (φιλονεικία) wird bei Origenes häufig genannt und gilt als große Gefahr für eine rationale Argumentation. Gemeint ist eine Haltung, bei der zwar Argumente genannt werden, aber keine wirkliche Wahrheitssuche stattfindet, da das Kriterium der Argumente nicht die Wahrheit, sondern der Widerspruch gegen die gegnerischen Argumente ist. So kann Celsus vorgeworfen werden, er äußere nur aus Rechthaberei Argumente, die er selbst nicht für tragfähig halte[184].

Es gibt für eine sachgemäße Argumentation bestimmte methodische Schritte, denen sie folgen muß. Im Zusammenhang mit der celsischen Behauptung, die Juden hätten sich zu Unrecht einen Stammbaum angemaßt, schreibt Origenes: "Wenn er den Stammbaum verständig (εὐγνωμόνως) widerlegen wollte, dann hätte er die Verpflichtung gehabt, ... das Ganze Punkt für Punkt darzulegen und zuerst anzugeben, was er selbst für das Wahrscheinlichste halte (ἢ ἐνόμιζε πιθανότητι), und dann ernsthaft die Widerlegung anzugehen im Namen der Wahrheit, die ihm als solche erscheint, und mit Gründen, die für sie sprechen (γενναίως ἀνατρέψαι τῇ φαινομένῃ αὐτῷ ἀληθείᾳ καὶ τοῖς ὑπὲρ αὐτῆς λογίοις τὰ κατὰ τὸν τόπον)"[185]. Nach Ansicht des Origenes müßte eine Argumentation also folgende Elemente beinhalten:

1. Darlegung
   a. des Sachverhaltes bzw., wenn es sich wie hier um einen Text handelt: Zitation des ungekürzten Textes
   b. des eigenen Standortes

2. Begründung der eigenen Überzeugung bzw. Widerlegung der gegnerischen Aussage
   a. ernsthaft
   b. mit wirklichen Argumenten

---

[183] Vgl. 2,3,27-30; 4,46,11-13; 6,77,43f.
[184] Vgl. 7,54,12f; 4,36,37f und die schon zitierte Stelle 1,52,1. Von sich selber sagt Origenes immer wieder, er argumentiere nicht aus Rechthaberei, vgl. 5,24,4f; 7,46,3; 7,49,1; 8,76,20.
[185] 4,35,9-15.

Wer nur Gründe sucht, um den Gegner niederzuzwingen, ihm aber nicht zuhört, zeigt damit, daß es ihm letztlich nicht um Erkenntnis geht[186]. Origenes findet bei Celsus einen Haß gegen das Christentum, der es diesem unmöglich macht, Argumente wirklich zu prüfen, und der ihn erkenntnismäßig weit unter sein Niveau fallen läßt[187]. Er wirft Celsus immer wieder vor, mit zweierlei Maß zu messen, d.h. denselben Sachverhalt, den er bei anderen Völkern bejaht und als Zeichen von Weisheit interpretiert, bei den Juden und Christen abzulehnen[188].

Zur Sachlichkeit aber würde gehören, daß man die Schriften und Argumente des Gegners wohlwollend prüft und sich bewußt auch mit den Fakten auseinandersetzt, die unter Umständen die Sache des Gegners fördern könnten. Dagegen ist es unsachlich, diese Fakten einfach zu unterschlagen. Hier sieht Origenes Defizite bei Celsus, dem man vorwerfen muß, daß er die ihm bekannten christlichen Schriften selektiv liest. Wenn er etwas findet, was sich für einen Angriff auf die Person Jesu Christi auswerten läßt, zitiert er die betreffende Stelle als Argument für seine Ansicht, stützt sie jedoch den christlichen Standpunkt, unterschlägt er sie[189]. Er reißt biblische Zitate aus ihrem Zusammenhang und zitiert sie in einer für seine Zwecke veränderten Form[190].

Es ist interessant, daß in *Cels.* die Berufung auf die Bibel nicht in erster Linie von dem Christen Origenes ausgeht (dieser ist sich durchaus bewußt, daß ein Schriftbeweis für den Heiden keine Beweiskraft hat), sondern von Celsus. Er beruft sich häufig auf die Schrift, um die Absurdität des christlichen Glaubens nachzuweisen[191]. Origenes akzeptiert die Schrift als Diskussionsgrundlage, aber er besteht darauf, daß sie eine Einheit ist, die nicht zerstört werden darf, indem man willkürlich Aussagen auswählt und andere verschweigt. Man kann die Bibel

---

[186] Vgl. 2,3,22-30; 2,4,4.

[187] Vgl. 3,53,19-22. Vgl. auch 2,11,43f und 6,16,19f: der Haß verunmöglicht es Celsus, eine objektive Untersuchung vorzunehmen. Vgl. Oschwald, Self-evident truth 158f.

[188] Vgl. 1,14; 3,27; 8,45,20-29 und Fernandez, Origen's Presentation 115-118. Allerdings muß Origenes indirekt zugeben, daß Celsus nicht die schlimmsten Vorwürfe gegen das Christentum (thyesteische Mahlzeiten, wahllose Unzucht) aufgegriffen hat, da er ihm nur vorwerfen kann, er handle *ähnlich* wie jemand, der so etwas behaupte, vgl. 6,27,24-34 und 6,40,1-6 und Harnack, Mission 1,519 mit Anm.1.

[189] Vgl. 2,33,9-11; 2,34,23-34; 6,75,6-11. Vgl. Fernandez, Origen's Presentation 118-120; Crouzel, Philosophie 76.

[190] Vgl. 1,13,1-12; 2,24,6-22 und Pichler, Streit 200-203 mit weiteren Beispielen. Vgl. auch Krause, Stellung 60.

[191] Zur Frage, inwieweit Celsus biblische Texte direkt gelesen hat bzw. inwieweit er sein Wissen aus christlich-theologischer Literatur schöpfte, vgl. Pichler, Streit 43-60.

nicht nur dann verwenden, wenn man meint, in ihr etwas zu finden, was dem christlichen Glauben entgegensteht, und gleichzeitig alles überlesen, was geeignet wäre, ihn zu begründen; ein solcher Umgang mit Dokumenten zeugt von Voreingenommenheit und Unsachlichkeit[192].

Zu der geforderten Unvoreingenommenheit des Wissenschaftlers gehört nach Ansicht des Origenes eine Kontrolle des eigenen Vokabulars. Zu vermeiden sind versteckte Wertungen, die nicht begründet werden, und Begriffe, die nicht allgemein anerkannt sind. So sagt Origenes ausdrücklich, er vermeide den Begriff "Prophet" und ersetze ihn durch den neutraleren Begriff "Geschichtsschreiber der Juden", um auf keinen Fall voreingenommen zu erscheinen[193]. Der Begriff "Prophet" ist offenbar schon mit einer religiösen Wertung befrachtet und daher für eine sachliche Diskussion nicht mehr geeignet.

Gerade der hohe Anspruch, den Origenes an die Sachlichkeit und Unvoreingenommenheit einer öffentlichen Auseinandersetzung stellt, läßt allerdings die Frage unabweisbar werden, ob er selbst sich an diese Maßstäbe gehalten hat. Liest man seine Ausführungen in *Cels.*, so hat man den Eindruck, daß er Celsus und dessen Äußerungen oft sehr unsachlich beschimpft. Er nennt das, was sein Gegner vorbringt naiv ($\epsilon \dot{\upsilon} \eta \theta \eta \varsigma$)[194], oberflächlich ($\dot{\epsilon} \pi \iota \pi \dot{o} \lambda \alpha \iota o \varsigma$)[195], lächerlich ($\kappa \alpha \tau \alpha$-$\gamma \dot{\epsilon} \lambda \alpha \sigma \tau o \varsigma$)[196], einfältig ($\dot{\eta} \lambda \dot{\iota} \theta \iota o \varsigma$)[197] und verrückt ($\dot{\epsilon} \mu \beta \rho \dot{o} \nu \tau \eta \tau o \varsigma$)[198]; die Art seiner Argumentation bezeichnet er als unnützes Geschwätz reden ($\phi \lambda \upsilon \alpha \rho \dot{\epsilon} \omega$)[199]. Er wirft ihm vor, sich darauf zu beschränken, Witze zu reißen und die Auseinandersetzung mit dem Christentum nicht wirklich zu führen[200]. Der Eindruck einer gewissen Aggressivität des Origenes Celsus gegenüber ist unabweisbar.

Prüft man, in welchen Zusammenhängen diese polemischen Äußerungen des Origenes auftreten, so ist auffallend, daß sie fast immer mit dem Vorwurf, nicht

---

[192] Vgl. 2,45,7-14; 4,45,1-4; 4,46,13-17. Wenn man den Vorwurf des Origenes nicht als reine Polemik interpretieren will, muß man wohl konstatieren, daß Origenes selbst davon ausging, daß Celsus vollständige Bibeltexte zur Verfügung hatte.

[193] Vgl. 1,14,22-24,

[194] Vgl. 2,44,1; 4,3,24.

[195] Vgl. 2,45,1.

[196] Vgl. 4,84,20.

[197] Vgl. 5,39,8.

[198] Vgl. 5,39,8.

[199] Vgl. 2,74,5; 4,7,1.

[200] Vgl. 6,74,20-22. Vgl. Voulgarakis, Das spöttische Duell 269, der eine noch erheblich längere Liste der Schimpfwörter, mit denen Origenes seinen Gegner belegt, aufführt.

wirklich zu begründen, im Zusammenhang stehen. Das bedeutet, daß sie eher die Funktion eines Gegenangriffs als die eines eigenen Angriffs haben. Origenes ist ein Mann, der sehr genau prüft und immer versucht, möglichst viele verschiedene Ansichten zu hören. Das wird in seinen Bibelauslegungen deutlich, an deren Ende es stereotyp heißt, man solle, wenn jemand anders eine bessere Auslegung vorträgt, seine eigene (d.h. die des Origenes) lassen und sich der besseren zuwenden[201]. Dieselbe Haltung finden wir im vorliegenden Werk, wo er ausdrücklich den Worten des Celsus zustimmt: "Wir bemühen uns, nichts, was gut gesagt ist, zu befeinden, und wenn die, die außerhalb unseres Glaubens stehen, etwas gut ausdrücken, so wollen wir nicht mit ihnen streiten und auch nicht versuchen zu widerlegen, was doch richtig ist"[202]. Alles in allem ist Origenes ein "außergewöhnlich fairer Diskussionspartner. Die Wahrheit war für ihn zu wichtig, als daß er nicht erkannt hätte, daß die Lehre des Celsus in gewissen Punkten vernünftig war"[203].

Von daher ist dem Urteil Labriolle's zuzustimmen, daß Origenes sich in der Kontroverse durch eine eher unkämpferische Argumentationsweise auszeichnet[204]. Dies ist besonders in den ersten Kapiteln von *Cels.* deutlich zu spüren. In 1,1-5 werden die Vorwürfe, die Christen versammelten sich heimlich, ihr Glaube sei barbarischen Ursprungs und ihre Moral nicht neu, weitgehend hingenommen. Erst der Vorwurf der Zauberei in 1,6 wird von Origenes energisch zurückgewiesen, offenbar, weil hier zum ersten Mal eine wirklich theologische Frage berührt wird. Mit der Behauptung, daß die Christen ihre Kraft Dämonen verdanken, "verleumdet er [Celsus] das Wort"[205]. Mit dieser Formulierung gibt Origenes preis, wo für ihn der Hauptvorwurf liegt, der Celsus zu machen ist, und was ihn persönlich so empört. Indem Celsus die Kraft, die in den christlichen Verkündern wirksam ist, zwar als solche wahrnimmt, aber sich weigert zuzugeben, daß sie von Jesus Christus ausgeht, sondern ihr einen dämonischen Ursprung zuschreibt, verleumdet

---

[201] Vgl. z.B. comm. in Rom. 5,8 (FC 2/3,144 Heither): *"Si quis autem aliquid melius senserit, non pigeat his omissis illa recipere."*

[202] 7,46,1-4. Vgl. auch 7,49,1-3 und 3,16,7f, wo Origenes "aus Liebe zur Wahrheit" auch das anführt, was zu Celsus' Gunsten spricht und seine letzten Worte in 8,76,19-21, wo er auch für eventuell existierende weitere Werke des Celsus seine Bereitschaft signalisiert, diese unvoreingenommen zu prüfen und das Wahre in ihnen anzuerkennen.

[203] Patrick, Apology 118.

[204] Vgl. Labriolle, Réaction païenne 138: "La tendance *irenique* est très marquée chez lui" (kursiv bei Labriolle).

[205] 1,6,5: συκοφαντεῖν τὸν λόγον.

er den Logos, der in Jesus Christus präsent ist. Die eigene Haltung der Wahrheit gegenüber und die eigene Bereitschaft, diese Wahrheit auch beim Gegner anzuerkennen, weil es nicht um persönliches Rechthaben geht, sondern um eine gemeinsame Erkenntnisbemühung, erzeugt ein Gefühl der Gereiztheit angesichts eines Gegners, der meint, das Christentum durch Nicht-Ernstnehmen bekämpfen zu können[206]. Hinzu kommt als emotionaler Faktor, daß Origenes offenbar eine sehr persönliche Liebe zu Jesus Christus besaß, die daran Anstoß nahm, wenn über diesen und den mit ihm verbundenen christlichen Glauben in oberflächlicher oder gar herabsetzender Art und Weise gesprochen wurde[207].

Zur Sachlichkeit und damit zu einer ernsthaften Auseinandersetzung gehört die Bereitschaft, dem Gesprächspartner dieselben Vorgaben einzuräumen, die man der eigenen Überzeugung zugesteht. Es ist unsachlich, wenn an der gegnerischen Position Dinge kritisiert werden, die in der eigenen Weltanschauung fraglos akzeptiert werden. Konkret bedeutet das, daß es in jeder Auseinandersetzung so etwas wie eine ausdrücklich oder stillschweigend festgesetzte Einigkeit darüber gibt, was als Argumentationsbasis angesehen werden kann und worauf sich deshalb beide Gegner beziehen können. In den meisten Fällen wird diese Argumentationsbasis dadurch festgesetzt, daß die Gesprächsteilnehmer durch ihr Verhalten und ihre Worte Standards setzen und damit dem anderen ihre Bereitschaft signalisieren, diese Standards auch bei ihm anzuerkennen. Wenn ein Gesprächsteilnehmer ein Gespräch damit beginnt, daß er den anderen anschreit und beleidigt, kann er nicht, wenn dieser in gleicher Form antwortet, erstaunt sein und sich über den Gesprächston wundern. Wenn jemand für seine Meinung auf Wunder rekurriert, kann er das Wunderargument bei seinem Gesprächspartner nicht als irrational zurückweisen.

Die Argumentationsbasis kann also sehr unterschiedlich bestimmt sein; in einem mythischen Weltbild gilt anderes als Argument als in einem neuzeitlichen oder in der Postmoderne. Das ändert aber nichts an dem grundsätzlichen Postulat, daß ein Argument, das ich selbst vorbringe, mich gleichzeitig verpflichtet, ein strukturgleiches meines Gegners ebenfalls zu akzeptieren.

Origenes sagt ausdrücklich: "Eine außerordentliche Bosheit ist in einer Argumentation dann gegeben, wenn jemand den Lehren seiner Gegner den

---

[206] Vgl. 4,62,1-4, wo Origenes Celsus vorwirft, er handle die so schwierige Frage nach dem Ursprung des Bösen "in wenigen Sätzen" ab.
[207] Vgl. Labriolle, Réaction païenne 138-142; Crouzel, Origène 81-83.

Vorwurf macht, sie seien nicht richtig; das, was er zum Vorwurf macht, aber in viel höherem Maße auf seine eigenen Lehren zutrifft"[208]. Er weist immer wieder auf Berührungen zwischen Christentum und heidnischer Philosophie hin, so z.B. wenn er ausdrücklich sagt: "Dies ist nicht nur der Lehre der Christen eigen, sondern auch der der Philosophen"[209]. Gerade wenn es Übereinstimmungen zwischen dem Christentum und der Philosophie gibt, dann muß aber auch gelten, daß dasselbe nicht im Christentum falsch und bei Platon wahr sein kann. Es ist unsachlich, wenn Celsus eine Lehre bei Platon akzeptiert, dieselbe Lehre aber bei den Christen verspottet[210]. Ähnliches gilt auch für das Judentum; auch ihm gegenüber kann der Christ auf Dinge verweisen, die der Jude im Christentum bzw. wenn sie von Jesus Christus berichtet werden, ablehnt, aber bei seinen eigenen Propheten glaubt[211].

Origenes bringt die Forderung nach Äquivalenz daher sehr oft als Antwort gegen Angriffe des Celsus. Es kann dabei um einfache praktische Vorgänge gehen[212], aber auch um zentrale theologische Probleme wie die Theodizee. Die Frage, warum Gott die Welt nicht bessert, läßt sich auch an Celsus stellen. Das Problem ist kein spezifisch christliches, und die Beantwortung dieser Frage kann nicht von den Christen verlangt werden, wenn man selbst keine Antworten hat[213]. Auch der Vorwurf, das Christentum habe Geheimlehren und seine Wunder seien nur Erfindungen ($\pi\lambda\acute{\alpha}\sigma\mu\alpha\tau\alpha$), wird zurückgewiesen mit der Frage nach den Maßstäben des Celsus. Eine wirklich sachliche Auseinandersetzung würde erfordern, solche Maßstäbe zu entwickeln, sie offen zu nennen und dann objektiv an alle Phänomene anzulegen. Wenn "Geheimlehren" etwas Schlechtes sind, wären sie es auch in der Philosophie, dort sind sie aber, wie Origenes weiß, gerade den fortgeschrittenen Schülern vorbehalten, werden also sehr hoch geschätzt. Sind sie also etwas Gutes und Sinnvolles, dann muß es auch dem Christentum erlaubt sein, Lehren zu haben, die "die große Menge nicht erreichen"[214]. Ähnlich ist zu fragen nach dem Maßstab, den Celsus anlegt, wenn er selbst schlecht bezeugte Götter-

---

[208] 6,53,40-43.

[209] 1,7,12f.

[210] Vgl. 4,20,14-22. Es geht um die Vorstellung von einer periodischen Reinigung der Erde durch Wasser bzw. Feuer. Vgl. auch 4,30,21-25; 4,38,18-21; 5,57,9-16.

[211] Vgl. 1,43,8-35.

[212] Vgl. 1,65,25-30: ein Lehrer hat das Recht auf Unterhaltszahlungen durch seine Schüler.

[213] Vgl. 4,4,1-11; 6,53,38-43; dazu Pichler, Streit 217f.

[214] 1,7,12. Vgl. zu den Geheimlehren im Christentum die beiden Kapitel 1,7 und 3,19.

mythen glaubt, die Wunder im Christentum, für die es Zeugen gibt, aber ablehnt[215].

Eine große Rolle spielt die Forderung nach gleicher Behandlung bei der Verteidigung der biblischen Schriften. Celsus äußert mehrfach den in der Antike allgemein empfundenen Eindruck[216], die Bibel sei stilistisch und inhaltlich primitiv und für eine allegorische Auslegung, die ja gerade das kunstvolle Verflochtensein mehrerer Sinnebenen voraussetzt, absolut ungeeignet[217]. Demgegenüber fordert Origenes, daß es den Christen ebenso wie allen anderen Völkern erlaubt sein müsse, ihre Überlieferungen allegorisch zu deuten und so ihren tieferen Sinn zu erheben[218].

2.2.3.3 Kohärenz[219]

Ein weiteres wichtiges Kriterium, dem eine Begründung genügen muß, ist das der Kohärenz ihrer Aussagen. Eine religiöse oder philosophische Lehre stellt einen Begründungszusammenhang dar, dessen Wahrheit durch das Zusammenwirken zahlreicher Argumente erwiesen wird. Erst aus der Prüfung aller Einzelargumente kann ein Urteil über die Gesamtlehre mit Gründen erfolgen. Voraussetzung für ein solches Urteil ist jedoch, daß die Einzelargumente sich nicht untereinander widersprechen. Wo das der Fall ist, ist eine kritische Stellungnahme nicht mehr möglich, denn wo alles wahr ist, d.h. sowohl A als auch Nicht-A gelten, kann nicht mehr diskutiert werden[220].

Für Origenes spielt der Maßstab der Kohärenz neben dem der Wahrscheinlichkeit und der Sachlichkeit eine große Rolle. Er weist sowohl auf die Kohärenz der christlichen Lehre hin als auch auf den Mangel an Kohärenz in den Ausführungen des Celsus und verwendet in diesem Zusammenhang die auch in der Rhetorik wichtigen Begriffe "Folgerichtigkeit" ($\dot{\alpha}\kappa o\lambda o\upsilon\vartheta i\alpha$) und "Ordnung" ($\tau\dot{\alpha}\xi\iota\varsigma$). Mit dem Begriff der Folgerichtigkeit kann eine rein logische Folgerichtigkeit bezeichnet werden, aber auch eine notwendige Folge in der Ordnung der Natur. Der beide

---

[215] Vgl. 3,27,10-29; 8,45,20-29.

[216] Vgl. z.B. Augustinus, Conf. 3,5 (CC 27,30f Verheijen).

[217] Vgl. 1,20,19-24; 4,49,1-3.

[218] Vgl. 4,38,18-21; 4,49-50.

[219] Vgl. zu diesem Abschnitt auch 3.2.3 Sprachliche und begriffslogische Analyse.

[220] Vgl. Kreiner, Demonstratio religiosa 17.

Vorstellungen verknüpfende Gedanke ist der, "daß es einen Zusammenhang der Natur gibt, der sich im Denken spiegelt und der berücksichtigt werden muß, wenn man richtig und logisch denken will"[221]. Eine ähnliche Vorstellung liegt dem Begriff der Ordnung einer Argumentation zugrunde. Die Einzelargumente gewinnen nur dann Überzeugungskraft, wenn sie von dem, der sie vorbringt, in eine angemessene Ordnung, d.h. in einen Zusammenhang gebracht werden können. Auch dieser Zusammenhang ist keine autonome Leistung der menschlichen Vernunft, sondern hat ein Fundament in den Dingen selbst[222].

Wenn Origenes von ἀκολουϑία und τάξις spricht, handelt es sich also um Zusammenhänge, die zwischen Dingen oder Ereignissen bestehen und die beachtet werden müssen, wenn etwas Einzelnes richtig gewertet werden soll. Gleichzeitig ergibt sich aus diesen in der Natur oder in der Geschichte vorfindbaren Zusammenhängen die Anforderung an das menschliche Denken bzw. an die sprachliche Äußerung des Denkens, die ihm vorgegebene Ordnung wiederzugeben. Begründungen erfüllen dann das Kriterium der Kohärenz, wenn sie sowohl in sich eine geordnete Folge von Gedankenschritten darstellen, die widerspruchsfrei ist, als auch die in der äußeren Welt vorgegebene Ordnung und Folgerichtigkeit angemessen abbilden.

Origenes unterscheidet in *Cels.* grundsätzlich "Beweise aus der Schrift" und "Beweise aus der Folgerichtigkeit von Argumentationen"[223]. In beiden Fällen spielt der Zusammenhang der Argumente eine entscheidende Rolle. Für Origenes ist die Bibel kein Konglomerat von unverbundenen Einzelerzählungen, sondern ein gestaltetes Ganzes. Daher findet er in den biblischen Schriften einen deutlich erkennbaren Zusammenhang, den es zu beachten gilt[224]. Aber auch in einem einzelnen biblischen Buch oder an einer Einzelstelle muß der Zusammenhang berücksichtigt werden[225]. So ergibt der Gesamtzusammenhang der Urgeschichte in der Genesis, daß es sich bei Adam nicht um eine Einzelpersönlichkeit, sondern um den Menschen überhaupt handelt. Deshalb sind Angriffe gegen diesen Bericht,

---

[221] Mortley, Gnosis 511. Vgl. auch den ganzen Zusammenhang 510f. Mortley bezieht sich zwar hauptsächlich auf Klemens von Alexandrien und Gregor von Nyssa, geht aber davon aus, daß das Gesagte für die gesamte patristische Philosophie von Bedeutung ist.
[222] Vgl. Lausberg, Handbuch § 443-452 und Neuschäfer, Origenes als Philologe 239.
[223] Vgl. 4,9,11-13: ἀποδείξεις τῶν τε ἀπὸ τῶν ϑείων γραμμάτων καὶ τῶν ἀπὸ τῆς ἐν τοῖς λόγοις ἀκολουϑίας.
[224] Vgl. 4,20,22-25.
[225] Vgl. 6,25,29-35.

die sich nur auf einzelne Aussagen beziehen und das Ganze nicht in den Blick
nehmen, gegenstandslos[226]. Auch die christliche Lehre von der Menschwerdung
hat Konsequenzen, die in einer sinnvollen Argumentation beachtet werden müssen.
Wenn Jesus Christus wahrer Mensch war, dann mußte er sich auch der
menschlichen Ordnung entsprechend verhalten, und es kann ihm nicht gerade diese
Anpassung als ungöttlich zum Vorwurf gemacht werden[227]. Origenes spricht an
einer Stelle mit Bezug auf das Leben Jesu von "dem Engel, der den richtigen
Ablauf der Ereignisse (ἀκολουθία τῶν πραγμάτων) wahren muß"[228]. In der
Leidensgeschichte ist für eine richtige Auslegung die Ordnung der Aussprüche Jesu
(τάξις τῶν λελεγμένων) zu beachten[229]. Überhaupt kann in bezug auf die Predigt
Jesu von der "Folgerichtigkeit seiner Worte" gesprochen werden, die das eigentlich
Überzeugende für seine Zuhörer war[230].

Bei den "Beweisen aus der Folgerichtigkeit von Argumentationen" handelt es
sich, anders als bei den Schriftbeweisen, um Argumentationen, die ihre Plausibilität
keiner zusätzlichen Autorität verdanken, sondern ausschließlich ihrer logischen
Stringenz. Es kann nachgewiesen werden, daß die christliche Lehre einen Zusammenhang hat, der es ermöglicht, auch schwierige Einzelfragen durch Einordnung
in diesen Zusammenhang einer Klärung näherzubringen[231].

Beachtung der Kohärenz der auszulegenden Texte und Erstellen eines eigenen
kohärenten Textes sind also die Postulate, die Origenes aufstellt. Während er sich
um das erste immer wieder bemüht, sieht er sich aufgrund der spezifischen Art
seines Werkes nicht in der Lage, das zweite zu leisten. Denn er steht nach eigener
Aussage vor dem Dilemma, seinen Aussagen entweder die in der Natur der Dinge
begründete Folgerichtigkeit zugrundezulegen oder die Ordnung, die er in der
Schrift des Celsus vorfindet. Er entscheidet sich mit Rücksicht auf seine Adressaten
für eine Antwort in der Reihenfolge der celsischen Angriffe, "damit es nicht so
aussieht, als ob wir absichtlich, weil wir nichts zu erwidern wissen, die Haupt-
angriffspunkte übergehen"[232]. Gleichzeitig macht aber schon diese Unter-

---

[226] Vgl. 4,40 bes. 4,40,18-20.
[227] Vgl. 1,66,35-39.
[228] 1,61,12-14.
[229] Vgl. 2,25,12f.
[230] Vgl. 2,39,4-10.
[231] Vgl. 6,48,12f.
[232] 1,41,1f.

scheidung deutlich, daß Origenes der Meinung ist, daß Celsus die in der Natur der Dinge begründete Folgerichtigkeit nicht beachtet.

Celsus achtet in seinen Angriffen auf das Christentum nicht auf einen Zusammenhang seiner Ausführungen, sondern bringt seine Anschuldigungen gegen das Christentum in völlig willkürlicher Reihenfolge vor. Origenes wirft ihm vor, weder den Aufbau der Schrift, vor allem der Berichte der Evangelien, zu beachten, noch in seinem eigenen Werk ein erkennbare Ordnung im Sinne einer Gliederung zu haben; im Gegenteil finden sich in seinem Werk völlig sinnlose Wiederholungen, ja sogar Widersprüche[233]. Diese Mängel zeigen, daß es sich beim *Alethes Logos* nicht um eine durchdachte sachliche Argumentation handelt, sondern um den unreflektierten Ausdruck von Gefühlen[234].

2.2.4 Die Problematik jeder Begründung

Zu Beginn dieses Abschnitts über den Begründungsanspruch des Origenes wurde schon darauf hingewiesen, daß Origenes einer Begründung des christlichen Glaubens nicht ohne Skepsis gegenübersteht[235]. Dies soll jetzt noch einmal von einer anderen Seite aus betrachtet werden. Origenes fordert zwar, wie gezeigt wurde, sehr energisch, daß Behauptungen mit Argumenten begründet werden, die die Kriterien der Wahrscheinlichkeit, Sachlichkeit und Kohärenz erfüllen, sieht aber gleichzeitig auch, daß die dabei zugrundegelegten Maßstäbe rhetorischer Natur sind und als solche Wahrheit nicht unbedingt verbürgen. Er empfindet deutlich, daß in jeder Begründung auch eine Schwäche liegt, denn indem ich begründe, gebe ich zu, daß die in Frage stehende Sache begründungsbedürftig ist; das vollkommen Evidente und Unbezweifelbare braucht keine Begründung.

Es besteht daher die Gefahr, daß eine Begründung den Glauben in einen rein menschlichen Disput verwickelt, in dem der Verdacht aufkommen könnte, daß dieser Glaube nicht mehr nur auf göttlicher Kraft, sondern auf der Überzeugung durch Beredsamkeit beruht. Origenes befindet sich mit dem Werk *Cels.* in der

---

[233] Vgl. 2,46,10-14; 4,53,1-3.
[234] Vgl. 1,40; 2,46,16-21. Inwieweit Origenes mit seiner Beurteilung des unsystematischen Charakters des celsischen Werkes recht hat, ist in dieser Arbeit nicht zu analysieren, vgl. zur Frage der Gliederung des *Alethes Logos* Borret, Contre Celse 5,29-121 bes.118-121 und Ullmann, Gotteserkenntnis 186.
[235] Vgl. oben 40f.

paradoxen Situation, daß er sowohl den Glauben begründen als auch die Tatsache betonen muß, daß dieser nicht von Begründungen abhängt. Letzteres wird geleistet, indem immer wieder darauf hingewiesen wird, daß die Erstverkündiger des Christentums, d.h. die Apostel und Evangelisten, über keine Bildung verfügten und nicht in der Lage waren, ihre Rede entsprechend den Regeln der Rhetorik zu verfassen.

In *Cels.* finden wir daher eine doppelte Beurteilung der Rhetorik. Sie kann ein Mittel sein, das dem, der sich seiner bedient, ermöglicht, souverän mit Sprache umzugehen. In diesem positiven Sinne wird Moses als Mann mit rhetorischen Fähigkeiten bezeichnet, da er "wie ein Redner" bewußt doppeldeutige Ausdrücke verwandt habe, um so sowohl einfachen wie gebildeten Gläubigen mit seinen Schriften einen angemessenen Inhalt zu bieten[236]. Die Rhetorik steht in diesem Fall nach Meinung des Origenes im Dienst der Wahrheit und ist aus diesem Grund positiv zu bewerten.

Dagegen wird die Art, wie Celsus Dinge verschweigt, aber andeutet, er wüßte noch mehr zu sagen, als unzulässiger rhetorischer Kunstgriff charakterisiert, der verbergen soll, daß er nichts mehr zu sagen weiß[237]. In diesem negativen Sinn ist Rhetorik ein Mittel, zu verdecken, daß man die Wahrheit nicht kennt oder sie nicht äußern will. Im Hinblick auf diese "schlechte Rhetorik" spricht es für die Wahrheit einer Sache, wenn man nachweisen kann, daß der, der sie vorbringt, rhetorisch ungeschult ist. Daß die Jünger Jesu rhetorische Kunstgriffe nicht kannten, ist nach Origenes ein Argument für die Wahrheit der christlichen Lehre, da aus diesem Grund bei dem, was die Evangelien berichten, keine Gefahr besteht, daß es sich nur um "Scheingründe" handelt[238].

Man findet bei Origenes sehr kritische Stellungnahmen zu einer rein rhetorischen ἀκολουθία, im Sinne einer kunstvollen Sprache und eines komplizierten, auf genau einzuhaltenden Regeln beruhenden Satzbaus. Diese kritischen Äußerungen stehen fast immer im Zusammenhang mit der ästhetischen Beurteilung der biblischen Schriften. Origenes muß zugeben, daß die normativen Texte des Christentums den literarischen Ansprüchen seiner Zeit nicht genügen können[239]. Die Bibel ist ein-

---

[236] Vgl. 1,18,11-18.
[237] Vgl. 2,13,1-10. Ähnlich auch 5,53,8-12.
[238] Vgl. 3,39,12-26.
[239] Zur Primitivität der Bibel vgl. Oschwald, Self-evident truth 62f.

fach (ἁπλοῦς)[240] und schlicht (ἀφελής)[241]. Gleichzeitig aber ist sie, das ergibt sich in gewisser Weise aus den beiden anderen Prädikaten, völlig aufrichtig (ἄδολος)[242]. D.h. Origenes wertet die literarische Minderwertigkeit der Bibel nicht als Mangel, den man entschuldigen muß, sondern im Gegenteil als Argument dafür, daß der Anspruch der Bibel auf einem anderen Gebiet liegt. An mehreren Stellen führt er die Unfähigkeit der biblischen Schriftsteller, ihre Lehre in einer schulmäßigen Ordnung vorzutragen, als Beweis dafür an, daß ihre Überzeugungskraft nicht rhetorischer Bildung, sondern göttlicher Einwirkung entsprach[243].

Von daher ist die Beurteilung der Rhetorik als Wissenschaft, wie sie von Origenes vertreten wird, sehr ambivalent[244]. Eine gute Zusammenfassung zu diesem Punkt bietet wieder Gregor Thaumaturgos in seiner Lobrede: "Also nicht nur das Sichtbare und Hervorstechende, das manchmal trügerisch und spitzfindig ist, sondern den Gehalt der Dinge sollten wir gründlich erforschen, so lehrte er, und jedes einzelne Ding "rundherum abklopfen, ob" an dem Klang "nicht vielleicht etwas Schlechtes" sei. Erst wenn wir uns davon selbst überzeugt hätten, sollten wir auf solche Weise auch dem Äußeren zustimmen und dann über jeden einzelnen Gegenstand unsere Meinung sagen. So wurde der Teil unserer Seele, der fähig ist, über Ausdrücke und Worte zu urteilen, der Vernunft entsprechend ausgebildet. Er urteilte nicht wie unsere wackeren Redekünstler danach, ob die Sprache etwas Griechisches oder Barbarisches an sich habe; das sei ein unwichtiges und unnötiges Studium"[245]. Origenes unterschied also die rhetorische Eleganz des Stils, die er für überflüssig hielt, da sie der Bibel fehlt[246], von der inhaltlichen Überzeugungskraft der vorgebrachten Gründe, die es auch im Christentum zu prüfen gilt. So kann Origenes sogar sagen: "Und wenn wir ... durch Disputieren, Erörtern, widersprechend und durch Widerlegung irgendwelche Leute zum Glauben hinwenden können, und wenn wir sie überzeugen ..., die wahre Philosophie Christi

---

[240] Vgl. 7,59,14. Vgl. auch 4,87,32-34, wo es heißt, daß Celsus der Bibel ihre Einfachheit vorwerfe.

[241] Vgl. 3,39,23.

[242] Vgl. 3,39,22.

[243] Vgl. 1,62,21-75; 3,39,23-26; 3,68,1-11; weitere Belege bei Neuschäfer, Origenes als Philologe 255 Anm.55.

[244] Vgl. Roberts, Philosophical Method 41.

[245] Greg. Thaum. pan. Orig. 7 (SC 148,140 Crouzel). Übersetzung nach Guyot (FC 24, 167). Die Anführungszeichen finden sich so bei Guyot im Text und machen auf eine Anspielung aus Platon aufmerksam, vgl. ebd. Anm.14.

[246] Zum Stil des Origenes selbst vgl. Crouzel, Philosophie 125-128.

und die wahre Frömmigkeit von Gott anzunehmen, dann scheinen wir aus der Dialektik oder Rhetorik ... Söhne gezeugt zu haben"[247]. Die Rhetorik ist also als Mittel gut und für die Glaubensverkündigung einzusetzen, sie darf aber nicht zum Selbstzweck werden und die Evidenz der Botschaft verdunkeln.

Origenes kennt drei Ebenen, auf denen menschliche Erkenntniskraft angesiedelt sein kann:
1. Die Dummheit oder das Vorurteil: es werden keine Gründe genannt.
2. Die Ebene der Wahrscheinlichkeit: es muß begründet werden.
3. Die Ebene der Wahrheit: es sind keine Gründe mehr nötig.

Origenes bewegt sich in *Cels.* auf der zweiten Ebene, legt aber Wert darauf, dies immer wieder deutlich zu sagen und damit zu betonen, daß es noch eine höhere Ebene gibt und daß diese höhere Ebene normativ ist.

---

[247] Hom. in Gen. 11,2 (SC 7bis, 284 Doutreleau) zitiert bei Kobusch, Initiator 28. Übersetzung nach Kobusch.

3 WEGE DER PLAUSIBILISIERUNG

Wir haben im Vorhergehenden gesehen, daß Origenes in seiner Widerlegung des celsischen *Alethes Logos* großen Wert darauf legt, daß Aussagen begründet werden und zwar mit Argumenten, die das Kriterium der Wahrscheinlichkeit ($\pi\iota\vartheta\alpha\nu\acute{o}\tau\eta\varsigma$) erfüllen. Nur wenn diese gegeben ist, kann davon ausgegangen werden, daß der Hörer erreicht wird und daß Überzeugung entsteht. Origenes bemüht sich daher, in *Cels.* die Wahrscheinlichkeit des christlichen Glaubens darzulegen, und das heißt, Gründe zu nennen, die den Glauben rational verantwortbar machen. Gleichzeitig versucht er zu zeigen, daß den Argumenten des Celsus diese Wahrscheinlichkeit fehlt und daß es daher unvernünftig wäre, ihnen zu folgen.

In diesem Kapitel soll in einem ersten Punkt dargestellt werden, wie Origenes die Plausibilität seiner eigenen Ansicht aufweist, in einem zweiten Punkt, wie er nachweist, daß den celsischen Argumenten diese Plausibilität fehlt.

3.1 Plausibilisierung der eigenen Ansicht

Fragt man, welche Faktoren in einer Wahrscheinlichkeitsprüfung berücksichtigt werden müssen, so findet man, daß Origenes immer wieder die folgenden vier nennt:

1. Die innere Wahrscheinlichkeit der Sache selbst.
2. Die Glaubwürdigkeit derer, die sie vertreten.
3. Die Autorität unabhängiger Fachleute.
4. Die Einbettung der in Frage stehenden Sache in das Ganze der Welt.

Mit den vier genannten Punkten wird ein Sachverhalt nach vier Seiten hin abgesichert bzw. unter vier verschiedenen Rücksichten betrachtet. Dabei ist der erste Punkt, die innere Wahrscheinlichkeit der Sache, insofern am wichtigsten als er Basis ist für alle folgenden Prüfungen. Die Grundfrage lautet: Kann die Sache sich so abgespielt haben oder nicht, handelt es sich bei dem Bericht von ihr um Erfindungen oder um Fakten? Wir können in diesem Zusammenhang von objektiver Evidenz sprechen. Darüber hinaus muß gefragt werden, ob die Sache auch tatsächlich überzeugt hat, d.h. ob es Menschen gibt, die bereit sind, für sie einzustehen. Ich möchte hier von subjektiver Evidenz[1] sprechen. Diese Evidenz wird noch verstärkt, wenn nachzuweisen ist, daß es unabhängige Autoritäten gibt, die die in Frage stehende Sache vertreten. Schließlich gibt es keinen Sachverhalt, der völlig losgelöst von anderen Sachverhalten zu betrachten ist; von daher sind Beispiele und Analogien ein Weg, um Wahrscheinlichkeit aufzuzeigen.

3.1.1 Die Sache selbst

Damit ein Hörer einen Glauben wie das Christentum übernimmt, muß er zu der Erkenntnis kommen, daß die Botschaft, die er hört, überzeugend ist. Ihre Wahrscheinlichkeit wird von ihm vor einem inneren Gerichtshof sehr genau auf ihre Kohärenz geprüft und es wird von dem, der die Glaubensforderung gestellt hat, verlangt, daß er mögliche Brüche eigens begründet. Es müssen Fragen wie die folgenden befriedigend beantwortet werden: Ist die Erzählung in sich stimmig? Kann sich die Handlung an diesem Ort und zu dieser Zeit zugetragen haben? Passen die Charaktere zueinander bzw. ist es glaubwürdig anzunehmen, daß gerade diese Person etwas Bestimmtes getan oder gesagt hat? Gibt es für das berichtete Geschehen wirklich keine andere, einfachere und d.h. plausiblere Erklärung? Diese Prüfung muß auch dann stattfinden, wenn für die Bekehrung zum Christentum, wie wohl in den meisten Fällen, nicht hauptsächlich intellektuelle Gründe ausschlaggebend sind[2]. Auch das Angezogen-Werden aufgrund ethischer oder sozialer Motive setzt voraus, daß die Botschaft des Christentums als überzeugend und in sich stimmig vernommen wird.

---

[1] Zum Unterschied von objektiver und subjektiver Evidenz vgl. Halbfass, Evidenz 830 und Kulenkampff, Evidenz 429. Besonders Kulenkampff weist deutlich auf die Problematik dieser Unterscheidung hin. Ich möchte die Begriffe dennoch verwenden, ohne allerdings damit Evidenzerlebnisse zum Maßstab von Wahrheit zu machen. Ich würde Kulenkampff uneingeschränkt recht geben, wenn er schreibt: "Evidenz ... ist entweder objektive Evidenz, oder sie ist nicht." Vielmehr geht es mir darum, deutlich zu machen, daß Evidenz immer auf das erkennende Subjekt angewiesen ist, in dem Sinne, daß eine Evidenz, die niemand als solche erkennt, keine ist.

[2] Vgl. Bardy, Conversion 117-161.

3.1.1.1 Historische Fakten

Beim Christentum handelt es sich um eine Religion, die von sich behauptet, daß sie auf historischen Fakten beruhe, und die einen Gott verkündet, von dem gesagt wird, daß er in die Welt eingreife. Gerade diese Verkündigung aber bildete einen Anstoß, den man sich gar nicht groß genug vorstellen kann. So schreibt Voulgarakis: "Zwar erschienen den Heiden die christlichen Dogmen etwas seltsam, doch nahm man deshalb keinen Anstoß daran, die Kontroverse entbrannte erst dort, wo die Christen die Forderung erhoben, diese Glaubenswahrheiten dürfe man nicht allegorisch verstehen, sondern man müsse sie historisch anerkennen. Die Menschwerdung, die Jungfrauengeburt, die Auferstehung usw. hätte man ebensogut in der griechischen Mythologie finden können, worauf die christlichen Apologeten auch mehrfach verwiesen haben. Die Forderung aber, dass alle diese Dinge sich unlängst zugetragen haben sollten und dass der christliche Glaube eben diese geschichtlichen Tatsachen beinhalte, klang in den Ohren der säkularisierten Heiden nicht nur unverständlich, sondern geradezu lächerlich"[3]. In dieser historischen Situation mußte die Auseinandersetzung um den christlichen Glauben auf dem Feld der Fakten geführt werden, d.h. es mußte gezeigt werden, daß es sich bei dem, was im Christentum gelehrt wird, nicht um erfundene Geschichten oder Mythen handelt.

Für Origenes stellt sich daher die Aufgabe, in *Cels.* das historische Fundament des Christentums zu sichern, eine Aufgabe, die ihn möglicherweise weder interessierte noch ihm lag, zu der er aber durch den Charakter dieses Werkes gezwungen wurde. Schon bei flüchtigem Lesen von *Cels.* fällt auf, daß die Beweiskraft empirischer Tatsachen betont wird und damit die Möglichkeit, mit ihrer Hilfe den Glauben zu rechtfertigen[4]. Das, was das Christentum verkündet, sind Tatsachen und als solche prinzipiell nachprüfbar. Origenes besteht Celsus gegenüber auf diesen Tatsachen und hält Unwissenheit über sie für einen Grund, seinen Gegner nicht ernstzunehmen[5].

---

[3] Voulgarakis, Das spöttische Duell 262.

[4] Vgl. dazu die Beispiele bei Gorday, Moses and Jesus 328. Gorday schreibt dazu: "These concerns for historical actuality can be paralleled from other of Origen's late writings, particularly the commentaries on Matthew and Romans, but the basic point here is simply that Origen's apologetic in *Contra Celsum* is fundamentally historical in its orientation - i.e., contingent events and persons are the vehicles for eternal truth precisely because they are *actual.*" (Kursiv von Gorday). Vgl. auch Oschwald, Self-evident truth 69-89.

[5] Vgl. 1,49,19-25.

In der Forschung wurde Origenes lange Zeit ein grundsätzliches Desinteresse an Geschichte bescheinigt. Meinungsbildend waren die sehr einflußreichen Werke von Koch[6], Andresen[7] und Hanson[8], die diese Ansicht vertraten. Allerdings fällt auf, daß sich Andresen für sein Urteil über Origenes nach einigen einleitenden Zitaten aus *Cels.* vor allem auf *princ.* stützt[9] und in Bezug auf *Cels.* zugeben muß, daß Origenes hier auch die geschichtliche Seite des Christentums verteidigt[10]. In neuerer Forschung wird letzteres sogar betont und damit das lange vorherrschende Bild von dem ungeschichtlichen Philosophen Origenes über Bord geworfen. Die historischen Fakten des Lebens Jesu sind Grundlage seiner Philosphie der Geschichte und gleichzeitig Grundlage allen theologischen Denkens[11].

Es muß in diesem Zusammenhang allerdings gesehen werden, daß die Beantwortung der Frage, ob Origenes oder Celsus geschichtlich denkende Menschen sind, abhängig davon ist, was man unter "geschichtlich denken" versteht. Wenn man, wie es Andresen tut, Celsus als Geschichtsdenker herausstellt, so ist gemeint, daß Celsus von seiner geschichtlichen Konzeption her in der Lage ist, das Einzelne zu relativieren und das Kontingente jeder geschichtlichen Erscheinung zu sehen. Das geschichtliche Denken des Celsus ist untrennbar verbunden mit der Überzeugung, daß die Geschichte völlig irrelevant ist für das Absolute[12]. Wenn man dagegen von Origenes die Aussage machen will, er denke geschichtlich, so kann nur

---

[6] Koch, Pronoia 63f schreibt, daß "die Inkarnation an sich als geschichtliche Begebenheit für die spiritualisierende Auffassung Origenes' keine solche entscheidende Rolle wie in anderen theologischen Systemen spielt."

[7] Vgl. Andresen, Logos und Nomos 373-386.

[8] Vgl. Hanson, Allegory and Event 259-288.

[9] Vgl. Andresen, Logos und Nomos 377-379.

[10] Vgl. Andresen, Logos und Nomos 378 Anm.20. Vgl. auch Grant, Earliest Lives 79.

[11] Vgl. Tzamalikos, Concept of time 476, der in der Konklusion seines Werkes über den Zeitbegriff des Origenes schreibt: "We only suggest that the historical fact of the incarnation, passion, death, and resurrection of Jesus stands in the center and determines the care of his thought [Origenes'] in general. He did fulfil the task of a Christian thinker of his era, which was to develop an entirely new conception of history, stemming from the historical events related to the life of Jesus. His entire work shows, in the clearest and strongest terms possible, that he formed a completely new philosophy of history, a meaning for both the origin and the final perspectives of the entire world through the consideration of the historical occurances related to the life of Jesus."

[12] Vgl. Andresen, Logos und Nomos 96, wo es heißt, "daß die Polemik von Kelsos gegen den Gedanken einer 'Herabkunft Gottes' mehr ist als Opposition à tout prix. Sie ist von den letzten Voraussetzungen eines religiösen Denkens her zu verstehen, für das es unmöglich ist, Gott und Geschichte zusammenzudenken." (Anführungszeichen im Original).

gemeint sein, daß er, herkommend vom christlichen Glauben, voll Staunen wahrnimmt, daß es geschichtliche Fakten gibt, die nicht relativ sind, sondern in denen Gott real begegnet.

Origenes benutzt in *Cels.* den Begriff πρᾶγμα, der im Folgenden mit "Sache", "Sachverhalt" oder "Tatsache" wiedergegeben wird, um das, was wirklich geschehen ist, zu bezeichnen. Πρᾶγμα kann im Griechischen einfach ein Ding oder auch eine Handlung meinen, sprachphilosophisch ist es das, was dem Namen zugrundeliegt bzw. das, was mit dem Namen bezeichnet wird[13]. Roberts hat in einer 1971 veröffentlichten Dissertation die These vertreten, daß Origenes in *Cels.* auf stoische Sprachphilosophie zurückgreift und den Begriff πρᾶγμα im Sinne von "Sinn" oder "Bedeutung" benutzt. Der Begriff bezeichne gerade nicht die historischen Fakten[14]. Daher seien alle bisherigen Übersetzungen (Koetschau, Chadwick, Borret) falsch und irreführend, weil sie diesen zentralen Begriff nicht verstanden hätten[15]. Die Ansicht von Roberts wurde meines Wissens bisher nicht rezipiert, im Gegenteil hat Rist an einzelnen Beispielen überzeugend nachgewiesen, daß sie aufgrund sprachlicher Mißverständnisse unhaltbar ist[16]. Die Arbeit von Roberts zeigt, daß es problematisch ist, wenn man sich im Werk des Origenes auf einzelne Stellen und Begriffe konzentriert und den Gesamtzusammenhang einer Schrift nicht berücksichtigt. Außerdem ist es unsachgemäß, davon auszugehen, daß Origenes ein bestimmtes Fachvokabular konsequent verwendet. Er benutzt im Gegenteil eine sehr untechnische Sprache[17], die sowohl von philosophischer Begrifflichkeit als auch von der Sprache der griechischen Bibel beeinflußt ist, ohne daß er sich immer Rechenschaft gibt über die Herkunft seiner jeweiligen Begriffe[18].

Im Prolog sagt Origenes ausdrücklich, daß die πράγματα in sich ein klarer Beweis seien[19], und daß sie aus sich heraus eine Verteidigung des Christentums darstellten, die durch jede Verteidigung mit Worten nur abgeschwächt werde[20], und entsprechend dieser programmatischen Aussage bemüht er sich, sie nach-

---

[13] Vgl. Clem. Alex. strom. 6,17 (GCS 15(2) 509 Stählin); 8,8 (GCS 17(3) 94 Stählin).
[14] Vgl. Roberts, Philosophical Method 130-138.
[15] Vgl. Roberts, Philosophical Method 129f.
[16] Vgl. Rist, Stoic Logic 65-67.
[17] Vgl. Hällström, Fides Simpliciorum 11.
[18] Zur Verwendung des Begriffes πρᾶγμα in der LXX und im NT vgl. Maurer, πρᾶγμα 638-641.
[19] Vgl. praef. 1,10.
[20] Vgl. praef. 3,2.

zuweisen. Ἐξετάζειν τὰ πράγματα[21] heißt die Methode, mit der er das Christentum begründen will.

Origenes hält die historischen Fakten für die unaufgebbare Basis des Christentums, die in einer Apologie zuerst gesichert werden müssen, weil sonst das gesamte auf ihnen zu erbauende Gebäude zum Einsturz verurteilt ist. In der "Natur der Dinge" (φύσις τῶν πραγμάτων) zeigen sich Hinweise auf die Wahrheit des Christentums, so z.B. darin, daß Jesus sich mit seiner Verkündigung trotz sehr schlechter Ausgangsbedingungen durchgesetzt hat[22]. Der Natur der Dinge würde es eigentlich entsprechen, daß gute Ausgangsbedingungen zum Erfolg, schlechte zum Mißerfolg führen. Wenn nun sehr schlechte Bedingungen zu sehr großem Erfolg führen, so ergibt sich aus der Natur der Dinge, daß es Faktoren gegeben haben muß, die über das menschlich Erwartbare hinausführten[23].

Origenes sieht sich also vor das Problem gestellt, die Fakten des Lebens Jesu zu verteidigen und zwar zunächst nicht im Hinblick auf eine mögliche geistige Bedeutung, sondern in ihrer historischen Wirklichkeit oder zumindest Möglichkeit[24]. Diese Verteidigung der historischen Basis des Christentums ist ihm so wichtig, daß er sogar kleine Details des Lebens Jesu von dieser Bemühung nicht ausnimmt, sondern versucht, ihre Historizität nachzuweisen[25]. Dabei geht er so weit, daß er selbst in Fällen, wo wir heute wohl von einer literarischen Dublette sprechen würden, ausdrücklich zwei Ereignisse annimmt. So interpretiert er die Tatsache, daß Matthäus und Markus bei der Auferstehung Jesu von einem Engel berichten (vgl. Mt 28,2; Mk 16,5), Lukas und Johannes dagegen von zweien (vgl. Lk 24,4; Joh 20,12), indem er genau fragt, was von diesen Engeln berichtet wird. Er kommt zu dem Ergebnis, daß der eine Engel den Stein vom Grab wegwälzte, die zwei dagegen zu den Frauen sprachen bzw. im Grab saßen[26]. D.h. Origenes löst die Frage, die sich von den neutestamentlichen Texten her stellt, ob ein oder

---

[21] Vgl. z.B. 1,26,30f; 1,27,1; 1,28,20f.
[22] Vgl. 1,30,1-4.
[23] Vgl. die Argumentation in 1,29-31. Zum Begriff φύσις τῶν πραγμάτων vgl. auch 1,31,23-28.
[24] Vgl. 5,56,12f: ἔκαστον δὲ τούτων νῦν παραδεικνύναι δυνατὸν καὶ γεγενημένον.
[25] Vgl. Oschwald, Self-evident truth 72: "There is no corner of the life of Jesus that is in the Contra Celsum swept clean of the tracks of history by the "broom of allegory". From the virgin birth to the death on a cross and the resurrection, Origen defends every detail of Jesus' life als historical."
[26] Vgl. 5,56,4-12.

zwei Engel waren, dahingehend, daß es mindestens drei gewesen sein müssen, da nur so alle Überlieferungen ihren vollen historischen Wert behalten.

Weiter lehnt Origenes die Theorie des Celsus, daß das Böse auf Erden feststehe und sich niemals vermehre oder vermindere, nicht mit philosophischen Argumenten ab, sondern mit dem Hinweis, daß es sehr wohl Fälle gebe, wo das Böse sichtbar zugenommen habe, und ebenso Fälle, wo es gelang, das Böse zurückzudrängen[27]. Eine ähnliche Art der Begründung finden wir in *Cels.* 4,76-79, wo es um die Stellung des Menschen im Kosmos geht bzw. um die Frage, ob der Mensch einen von Gott gewollten Vorrang vor allen anderen Lebewesen habe. Celsus leugnet das mit dem Hinweis auf die mangelnde natürliche Ausstattung des Menschen, die den hohen Anspruch, er sei von Gott bevorzugt, *ad absurdum* führt. Origenes antwortet auf derselben Ebene, aber er deutet im Gegensatz zu Celsus die Hilflosigkeit und Bedürftigkeit des Menschen als Ansporn für Kreativität und Phantasie. Gottes besondere Vorsehung für den Menschen liegt gerade dahin, daß er ihn einerseits verletzlich geschaffen, ihn andererseits aber auch mit Vernunft und Erfindungsgabe ausgestattet hat. Auf diese Weise ist der Mensch freier und flexibler als das Tier, da er nicht mit Hilfe einer einzigen natürlichen Gabe überlebt, sondern aufgrund der Möglichkeit, seine Vernunft einzusetzen und aus eigener Kraft vorzusorgen[28].

Allerdings liegen die Fakten nie rein vor, sondern sind immer schon mit Deutung vermischt und es ist sehr schwierig, das historische Geschehen von den mit ihm verwobenen Deutungen und Zusätzen zu befreien und als solches zu beweisen[29]. Origenes weiß sehr genau, daß es problematisch ist, kontingente geschichtliche Ereignisse beweisen zu wollen[30]. Es bleibt immer möglich, an ihnen zu zweifeln, sei es, daß man die Quellen für ungenügend oder verdorben hält, sei es, daß man aufgrund der inneren Unglaubwürdigkeit des Berichteten zu dem Ergebnis kommt, das Geschehen könne nicht stattgefunden haben. Origenes, der dieses Verfahren selbst auf die griechische Mythologie anwendet, ist sich bewußt, daß die Evangelien und das von Jesus Berichtete mit dem gleichen Maß gemessen werden müssen, und er ist bereit, das zu tun[31].

---

[27] Vgl. 4,63,12-29.
[28] Vgl. besonders 4,76 und 4,78.
[29] Vgl. 1,42,1-5. Der hier verwandte Ausdruck "ἱστορίαν κατασκευάζειν" meint die Bestätigung, modern könnte man vielleicht sagen, die Verifikation eines Ereignisses. Daß der Beobachter die Beobachtung immer mitbeeinflußt, ist in der Moderne sogar für die Physik erkannt und bedacht worden. Vgl. zu 1,42 auch Pichler, Streit 203-205.
[30] Vgl. 1,42,5-19.
[31] Vgl. 1,42,24-30.

Dabei stellt sich allerdings das Problem, daß geschichtliche Wahrheit und bloße Fiktion oft miteinander vermischt sind. Origenes bringt als Beispiel den von Homer beschriebenen Trojanischen Krieg, der seiner Meinung nach stattgefunden hat, wenn er auch die meisten Begleitumstände, die Homer erzählt, für fiktiv hält. Es ist daher nötig, die Quellen kritisch zu lesen und d.h. vor allem, ihre Intention zu erforschen[32]. Auf diese Weise läßt sich herausfinden, was sie wirklich sagen und auf welcher Realitätsebene sie verstanden werden wollen. So ist Origenes der Meinung, das Sich-Öffnen des Himmels bei der Taufe Jesu sei kein sinnlich wahrnehmbarer Vorgang gewesen, sondern eine geistige Realität, die nur Jesus selbst und Johannes wahrgenommen hätten[33]. Damit will er nicht sagen, es habe sich bei der berichteten Vision nur um eine Einbildung, also um ein Produkt menschlicher Phantasie gehandelt, sondern er ist überzeugt, daß dieses Ereignis real geschah, aber es berührte die betroffenen Menschen nicht so sehr körperlich als vielmehr geistig[34].

Obwohl es für Origenes wichtig ist, die Fakten, und zwar sowohl die in der Bibel berichteten als auch die mit den eigenen Sinnen wahrnehmbaren, vorurteilslos zu rezipieren, so ist er doch der Meinung, daß sie in keinem Fall die ganze Wahrheit vermitteln, d.h. selbst wenn sie feststehen, muß noch nach dem hinter ihnen liegenden Sinn gesucht werden[35]. Die sinnlich wahrnehmbaren Dinge oder die geschichtlichen Fakten bedürfen der Interpretation und d.h. der geistigen Verarbeitung. Die Menschen müssen, "wenn sie zur Natur des Geistigen aufsteigen wollen, mit den Sinnen und dem sinnlich Wahrnehmbaren beginnen, aber sie dürfen auf keinen Fall bei dem sinnlich Wahrnehmbaren stehenbleiben"[36]. Denn: "Oft schrieb das Wort die historischen Tatsachen (ἱστορίαι) nur zu dem Zwecke, um Größeres und im Sinnbild Verborgenes auszudrücken"[37].

---

[32] Vgl. 1,42,29f: ein Zugang muß gefunden werden "εἰς τὸ βούλημα τῶν γραψάντων, ἵν' εὑρεθῇ, ποία διανοία ἕκαστον γέγραπται". Vgl. auch Rayroux, L'Apologétique d'Origène 42.

[33] Vgl. 1,48,62-64.

[34] Vgl. die weiteren Beispiele, die Origenes in 1,48 für solche geistigen Realitäten nennt.

[35] Vgl. 2,6,8-11; 2,69,3-5; Origenes verwendet hier zur Bezeichnung der geschichtlichen Fakten den Begriff ἱστορίαι.

[36] 7,37,21-23. Vgl. Grant, Miracle and Natural Law 198.

[37] 4,44,10-12.

Origenes äußert hier einen Gedanken, der für seine Exegese bestimmend ist und in diesem Zusammenhang auch schon vielfach behandelt wurde[38]: Wenn Gott sich dem Menschen mitteilt, muß diese Mitteilung im Medium des menschlichen Wortes erfolgen, gleichzeitig dieses Wort aber aufsprengen, so daß es zum Träger göttlichen Sinns werden kann. Das bedeutet, daß es legitim ist, bei jedem Wort der Bibel, und, so müßte man von *Cels.* her sagen, bei jeder von Jesus Christus berichteten Tat zu fragen, was in ihnen von Gott her dem Menschen mitgeteilt werden soll. In dieser theologischen Reflexion kennt Origenes den oben angedeuteten Grenzfall, daß ein Bericht nur dazu dient, die göttliche Mitteilung zu transportieren, aber in sich selbst bedeutungslos ist[39].

Die Fakten sind also nicht in sich wichtig, sondern nur als Medium der Begegnung von Gott und Mensch. Diese Begegnung ist primär ein geistiger Vorgang, da Gott Geist ist. Die Heilsgeschichte, inklusive der Geschichte Jesu Christi und der Kirche, bildet, vorausgesetzt daß der Mensch aus seiner innersten Person heraus antwortet, den Raum, in dem diese Begegnung geschehen kann. Wo die menschliche Antwort nicht erfolgt, können die äußeren Fakten zwar wahrgenommen werden, aber sie vermitteln kein Heil.

Während Origenes in vielen anderen Werken gegen Litteralisten innerhalb der Kirche kämpft, gegen Leute, die sich weigern, nach einem tieferen Sinn im Wort der Bibel und in den Fakten des Lebens Jesu zu forschen, muß er sich in *Cels.* gegen eine Bestreitung dieser Fakten selbst zur Wehr setzen. Daher bildet *Cels.* in gewisser Weise ein Korrektiv gegenüber anderen Origenes-Texten, die fast nur den geistigen Sinn der christlichen Verkündigung betonen. In *Cels.* wird deutlich, daß Origenes die Fakten, wenn sie bestritten werden, sehr ernst nimmt.

3.1.1.2 Evidenz

Wenn Origenes auf historische oder empirische Fakten verweist, verweist er auf etwas, von dem er annimmt, daß es, einmal wirklich wahrgenommen, evident ist.

---

[38] Zur Exegese und Hermeneutik des Origenes vgl. Gögler, Theologie; Lubac, Histoire, Torjesen, Hermeneutical Procedure und den Forschungsüberblick Heither, Origenes als Exeget.

[39] Vgl. außer der zitierten Stelle 4,44,10-12 vor allem princ. 4,2,5 (712-714 Görgemanns/Karpp); 4,2,9-4,3,15 (726-780 Görgemanns/Karpp).

Die Fakten tragen ihre Wahrheit in sich und offenbaren sie jedem, der bereit ist, sie offen zu sehen.

Die Berufung auf Evidenz wird in der modernen Wissenschaftstheorie sehr kritisch gesehen bzw. oft sogar abgelehnt, da bei einer Begründung mit Evidenz nicht die logische Beziehung eines Urteils zu anderen als wahr akzeptierten Urteilen analysiert wird, sondern die Beziehung des Urteils zur Sache selbst[40]. Die Berufung auf Evidenz setzt also einen korrespondenztheoretischen Wahrheitsbegriff voraus und muß sich dieselbe Frage stellen lassen, die auch an diesen Wahrheitsbegriff gestellt werden kann, nämlich die Frage nach dem übergeordneten Maßstab, der es ermöglichen könnte, zwei so unterschiedliche Dinge wie einen Sachverhalt und ein Urteil miteinander in Beziehung zu setzen. Indem ich urteile, etwas sei evident, mache ich eine Aussage über Wirklichkeit, von der ich behaupte, sie sei nicht mehr zu hinterfragen und brauche nicht mehr begründet zu werden, d.h. ich breche in gewisser Weise den Diskurs ab.

Im argumentativen Vokabular des Origenes entspricht unserem Begriff der Evidenz der Begriff der ἐνάργεια[41]. Ἐναργής ist zurückzuführen auf ἀργής bzw. ἀργός (leuchtend, glänzend, hell) und bedeutet im Griechischen "das, was im Lichte steht", was klar und deutlich ist. Entsprechend müßte man ἐνάργεια mit Klarheit, Offenheit, Deutlichkeit übersetzen[42]. Da Origenes diesen Begriff häufig benutzt, um mit ihm gegen Celsus zu argumentieren, scheint es nicht sinnlos, zu fragen, was er genau sagen will, wenn er etwas als ἐναργής bezeichnet. Gleichzeitig muß geprüft werden, welche Funktion dieser Begriff hat, ob mit ihm eine Diskussion abgebrochen wird, indem auf nicht mehr Hinterfragbares verwiesen wird, oder ob ein Argument vorgebracht wird, das der Hörer prüfen kann und soll.

Origenes verwendet ἐναργής als Prädikat für Sachverhalte gedanklicher oder auch empirischer Art, also in Wendungen wie "x ist ἐναργής" bzw. wenn das Substantiv verwandt wird "x kommt ἐνάργεια zu", nicht aber als rhetorischen

---

[40] Vgl. Röd, Grund 643; Kulenkampff, Evidenz 426. Halbfass, Evidenz 829 definiert: "E. bezeichnet die in der Geschichte der Philosophie gleichermaßen zentrale wie umstrittene Instanz der offenkundigen, unmittelbar einleuchtenden Selbstbezeugung wahrer Erkenntnis und der immanten Legitimation von Urteilen."
[41] Vgl. zu diesem Begriff Oschwald, Self-evident truth 80-87.
[42] Vgl. Lampe, Patristic Greek Lexicon 465: "A selfevident truth". Der Begriff ist innerhalb der Patristik typisch für Origenes, Lampe verweist nur auf Eusebius und ihn. Der Begriff wird allein in Cels. 64 mal gebraucht.

Fachbegriff zur Charakerisierung eines Stilmittels. In letzterem Zusammenhang kann ἐνάργεια die Veranschaulichung eines Gegenstandes mittels Schilderung zahlreicher Einzelheiten bedeuten. Der Gegenstand wird "ins Licht gestellt", d.h. es wird versucht, ihn dem Hörer so vor Augen zu stellen, daß die Zeit übersprungen wird und dieser sich als Augenzeuge fühlt und entsprechend reagiert[43]. In dieser Verwendung finden wir bei Origenes weder den Begriff noch die mit ihm bezeichnete Sache; er versucht niemals, durch detaillierte Schilderungen etwa des Lebens Jesu Wirkungen bei seinen Zuhörern zu erzielen.

Origenes verwendet ἐνάργεια/ἐναργής weniger rhetorisch-technisch, was aber nicht heißt, daß der Begriff bei ihm keinen genau bestimmbaren Platz im Argumentationszusammenhang hat. Wenn sich Argumentation, wie schon gezeigt wurde, auf das Wahrscheinliche richtet, das dem anderen als solches gezeigt werden soll, dann finden wir in vielen Fällen bei Origenes zunächst das Argument, daß die Sache selbst, so wie sie sich dem unbefangenen Betrachter zeigt, dazu geeignet ist, eine bestimmte Überzeugung zu vermitteln. Um zu plausibilisieren, verweist Origenes also zunächst auf die dem Gegenstand von sich her innewohnende Aussagekraft. Es gibt Sachverhalte, die so geartet sind, daß sie unsere geistige Zustimmung fordern, da in ihnen Wahrheit unmittelbar aufscheint; es geht von ihnen etwas aus, auf das wir nur mit dem Urteil "das ist wahr" antworten können.

Wenn das Gesagte gilt, müßte Evidenz etwas sehr Einfaches, weil Selbstverständliches, sein und die Berufung auf sie jedes Problem klären. Ein möglicher Einwand gegen die Behauptung eines Faktums als evident ergibt sich aber, wenn man zeigen kann, daß es sehr wohl Menschen gibt, die das angeblich evidente Faktum leugnen und urteilen, es sei nicht wahr. Dieser Einwand wird verschärft, wenn es sich nicht nur um einzelne Menschen handelt, sondern wenn auf größere Gruppen von Menschen verwiesen werden kann, die das in Frage stehende Faktum nicht akzeptieren. Celsus argumentiert daher gegen die Evidenz der Taten und Wunder Jesu mit dem Faktum des Unglaubens eines großen Teils der Hörer[44]. Origenes antwortet, indem er in Erinnerung ruft, wie Gott sich auch schon früher durch Moses Israel klar (ἐναργέστατα) gezeigt habe, wie aber das

---

[43] Vgl. Lausberg, Handbuch § 810: "Die evidentia (Quint.8,3,61; 9,2,40) ist die lebhaft-detaillierte Schilderung eines rahmenmäßigen Gesamtgegenstandes ... durch Aufzählung (wirklicher oder in der Phantasie erfundener) sinnenfälliger Einzelheiten ... der Redner versetzt sich und sein Publikum in die Lage des Augenzeugen." Weitere Belege ebd.
[44] Vgl. 2,74,9f.

Volk ungläubig geblieben sei[45]. Er will damit sagen, daß der Einwand nicht anzuerkennen sei, weil Israel schon immer, selbst nach dem Urteil seiner eigenen Ur-
kunden, die Tendenz gehabt hat, sich vor den Fakten zu verschließen. Evidenz
bedeutet nicht, daß derjenige, dem sie begegnet, gezwungen ist, das in Frage
stehende Faktum auf jeden Fall anzunehmen, wohl aber ist sie ein Anruf an die
Freiheit des Menschen, sich der Wirklichkeit zu öffnen. Es kann Sachverhalte
geben, die (objektiv) evident sind, aber subjektiv nicht als solche erkannt werden.
Denn Erkenntnis wird nie nur vom Objekt bestimmt, sondern immer auch vom
erkennenden Subjekt, das als solches fehlbar ist. Der Mensch kann sich irren und
er kann in die Irre führen[46]. Nicht-Wahrnehmen-Wollen von Evidenz hat seinen
Grund im Erkenntnissubjekt, in dessen Vorurteilen und Voreingenommenheiten.
Daraus folgt, daß es kein Beweis gegen die Evidenz einer Sache ist, wenn es
Menschen gibt, die sie nicht deutlich erkennen. Evident sein heißt erkennbar sein,
nicht aber von allen erkannt werden. Für das Erkennen von Evidenz ist vor allem
die Bereitschaft erforderlich, von Vorurteilen und ungeprüft übernommenen
Traditionen zu lassen und sich offen der Wirklichkeit zuzuwenden[47]. In dieser
Hinsicht wirft Origenes denen, die den christlichen Glauben ablehnen, vor, so sehr
am Überkommenen zu haften, daß sie die Wahrheit der neuen Lehre einfach nicht
wahrnehmen bzw. sie, wo sie sich ihr nicht entziehen können, durch Verleum-
dungen zu entschärfen und abzuwehren suchen[48].

Mit dem Verweis auf etwas, was "klar" ist, wird ein Anfang gesetzt, hinter den
zurückzufragen der Sprecher nicht mehr bereit ist. Von bestimmten Sachverhalten
wird behauptet, daß sie nicht begründet werden können bzw., was wichtiger ist,
nicht begründet zu werden brauchen, da sie jedem Menschen guten Willens von
vornherein einleuchtend sind[49]. Origenes argumentiert von der Voraussetzung her,
daß es solche Sachverhalte geben muß, weil sonst jede Auseinandersetzung in
einem unendlichen Regreß versanden würde, und er wirft Celsus vor, aus rein
rhetorischen Gründen Dinge, die ἐναργής sind, dennoch zu problematisieren.

---

[45] Vgl. 2,74,10-27.
[46] Vgl. Kulenkampff, Evidenz 426: "Nur unter der Bedingung der Irrtumsmöglichkeit, der
Fehlbarkeit des erkennenden Subjekts kann Evidenz, verstanden als spezifischer
Gegebenheitsmodus der Wahrheit, zum Problem werden."
[47] Vgl. 1,52.
[48] Vgl. 2,16,31-35.
[49] Vgl. Strawson, Analyse und Metaphysik 126: "Es gibt Dinge, die ich *zu gut* kenne, um
gültige Gründe dafür zu haben, daß ich sie für wahr halte; zu gut, um sie *aus Gründen* für
wahr zu halten" (kursiv im Original).

Wenn wir untersuchen, was Origenes als ἐναργής bezeichnet, so finden wir, daß er häufig mit diesem Begriff auf ein empirisches Faktum hinweist, das nachprüfbar ist: "als ob nicht ein evidenter Beweis in den Tatsachen läge"[50]. Er sagt von sich selbst, und der Satz klingt wie ein feierlicher Schwur: "Denn Gott ist Zeuge für unser Gewissen, daß wir nicht mit falschen Angaben, sondern mit Evidenz verschiedenster Art (διὰ ἐναργείας ποικίλης) die göttliche Lehre Jesu darlegen wollen"[51]. Der Kontext zeigt, daß Origenes an dieser Stelle empirisch nachweisbare Fakten erfundenen Geschichten gegenüberstellt und für das Christentum entschieden behauptet, daß dieses auf Fakten beruhe. Diese Faktizität ist die Voraussetzung dafür, daß das Christentum seinen Anspruch auf universale Geltung zu Recht erheben und damit den Gehorsam aller Menschen einfordern kann. In diesem Kontext hat die Berufung auf Evidenz die Funktion, die Basis oder den kleinsten gemeinsamen Nenner zu schaffen, den niemand, Gutwilligkeit vorausgesetzt, leugnen kann. Origenes ist offensichtlich sicher, daß es bestimmte Fakten gibt, die auch die Gegner des Christentums zugeben müssen. Sie können sie höchstens umdeuten, indem sie die in ihnen aufscheinende göttliche Macht als Zauberei verleumden[52]. Umgekehrt spricht es gegen die griechische Volksreligion, die Celsus an manchen Stellen emphatisch preist, daß ihre Faktizität immer zweifelhaft war, was Origenes mit dem Verweis auf die philosophische Religionskritik des Demokrit, des Epikur und des Aristoteles belegt[53].

Interessant ist nun, was Origenes im Einzelnen für evident hält. Hier ist an erster Stelle die Person Jesu Christi selbst und der von ihr erhobene Anspruch zu nennen. Die Macht Jesu zeigt sich jedem, der nicht blind ist[54], denn in ihm ist Gott in Wahrheit und Evidenz gekommen[55] und d.h., wie Origenes an einer anderen Stelle sagt, neben Gott selbst und den Propheten zeugt ebendiese Evidenz für die Göttlichkeit Jesu[56], wenn er Taten vollbringt, die ohne göttliche Vollmacht nicht zu erklären sind. Origenes nennt außerdem die moralische Vollkommenheit

---

[50] Praef. 1,9f: ὡς οὐκ ὄντος ἐναργοῦς ἐλέγχου ἐν τοῖς πράγμασι. Vgl. Rist, Stoic Logic 66f.

[51] 1,46,25-28.

[52] Vgl. 2,16,31-34.

[53] Vgl. 8,45,24-29.

[54] Vgl. praef. 3,1-3.

[55] Vgl. 4,19,3f.

[56] Vgl. 5,51,19-24.

Jesu als ein Faktum, dem niemand widersprechen kann, und fordert Celsus auf, er möge klar (ἐναργῶς) eine böse Tat Jesu nennen, wenn er dazu in der Lage sei[57].

Auch die meisten weiteren Beispiele, die Origenes nennt, stehen in direkter Beziehung zur Evidenz Jesu Christi. Vor allem sind die Prophezeiungen, die sich auf ihn beziehen, evident[58]. So ist die Prophezeiung, daß der Messias in Bethlehem geboren werden wird (vgl. Mi 5,2), evident, d.h. auch ohne vorausgesetzten Glauben nachprüfbar, was sich daran zeigt, daß die Juden, zumindest in der Zeit bevor diese Weissagung von den Christen auf Jesus bezogen wurde, ebenfalls Bethlehem als mutmaßlichen Geburtsort des kommenden Messias lehrten[59]. Dafür daß Jesus dieser Prophezeiung entsprechend tatsächlich in Bethlehem geboren wurde, spricht außer dem Bericht der Evangelien die Tatsache, daß man den Ort nach wie vor besichtigen kann und daß auch "die dem Glauben Fremden" die dort gezeigte Höhle als Geburtsstätte Jesu anerkennen[60]. Als weiteres Beispiel einer deutlichen Prophezeiung (προφητεία ἐναργής) nennt Origenes die messianische Weissagung über Juda im Jakobssegen, die auf Jesus zu beziehen ist[61].

Die Wunder Jesu sind ebenfalls evident, so daß ihre Tatsächlichkeit sogar von seinen Gegnern anerkannt werden muß. Auch wenn diese die Wunder als Zauberei interpretieren, so bestätigen sie doch gerade durch diese Umdeutung das Faktum als solches[62]. In diesen Zusammenhang gehört auch die Aussage des Origenes, daß evidentermaßen der Name Jesu auch jetzt noch (d.h. zur Zeit des Origenes) die Kraft hat, Dämonen auszutreiben[63].

Ebenso evident und d.h. nicht zu leugnen ist der Tod Jesu. Jesus wurde öffentlich gekreuzigt und ebenso öffentlich als Toter vom Kreuz herabgenommen. Von daher ist es unmöglich, seine Auferstehung mit der Behauptung, er sei gar nicht tot gewesen, zu entschärfen. Eine solche Behauptung ist plausibel, wenn der angeblich Auferstandene gar nicht nachweisbar tot war; bei einem Menschen, dessen Sterben von sehr vielen beobachtet werden konnte, ist sie abzulehnen. Hier unterscheidet sich Jesus deutlich von anderen, die von sich behaupten, gestorben

---

[57] Vgl. 2,41,1-6.
[58] Vgl. 1,52,9-13.
[59] Vgl. 1,51,21-30.
[60] Vgl. 1,51,11-21.
[61] Vgl. 1,53,1 und den gesamten Abschnitt 1,53.
[62] Vgl. 1,52,1-13; 2,16,31-34; 2,52,2-9.
[63] Vgl. 1,25,24-27.

und auferstanden zu sein, deren Tod aber von niemand, schon gar nicht von unabhängigen Zeugen bestätigt wird[64].

An der Kirche hält Origenes zwei Dinge für unmittelbar evident: die erstaunlich große Zahl ihrer Anhänger und deren ungewöhnliches Verhalten. Die schnelle Ausbreitung des christlichen Glaubens ist eine Tatsache, die nicht zu übersehen ist und die nach Ansicht des Origenes nicht anders zu erklären ist als durch göttliche Kraft[65]. Weiter kann auf die moralische Integrität der Christen verwiesen werden als auf ein Phänomen, das innerhalb der heidnischen Umwelt auffällig ist[66].

Ein weiterer Punkt, den Origenes mehrmals anspricht und der in der gesamten frühen Kirche als starkes apologetisches Argument galt, ist das Schicksal der Juden. So sehr es uns heute widerstrebt, dieses Argument anders als unter der Rubrik "frühchristlicher Antijudaismus" wahrzunehmen, so ist es doch für das Verständnis der frühen Kirche sehr wichtig. Schon für das Neue Testament spielt die Erfahrung der Eroberung und Zerstörung Jerusalems durch die Römer eine nicht zu unterschätzende Rolle[67]. Das Ereignis wurde in ursächlichen Zusammenhang mit dem Tod Jesu gebracht und im Sinne eines Gerichtes Gottes über Israel gedeutet. Durch dieses Geschehen wird die Würde Jesu Christi sichtbar, die sich darin zeigt, daß Gott seine Hinrichtung so furchtbar straft. Origenes schreibt: "Es ist festzustellen, daß die Juden nach der Ankunft Jesu völlig verlassen sind und nichts mehr von den ihnen seit alters her heiligen Dingen haben. Es gibt auch keinen Hinweis dafür, daß bei ihnen noch irgendetwas Göttliches vorhanden ist"[68]. Für Origenes ist dieses Argument deshalb so zwingend, weil er auf der anderen Seite die Erwählung Israels für ebenso deutlich an historischen Fakten ablesbar hält. Ihre Gebräuche und Gesetze zeigen deutlich, daß sie sich von allen anderen Völkern grundlegend unterscheiden, und sowohl was die Erkenntnis der Wahrheit angeht als auch was die Ethik betrifft, vor ihnen einen Vorrang haben[69].

---

[64] Vgl. 2,56,9-32; vgl. auch 3,23,16-25: Jesus wurde wirklich gesehen und zwar von glaubwürdigen Zeugen. Dieser Aspekt wird von Origenes sehr betont, vgl. Fédou, Christianisme 110.

[65] Vgl. 1,43,35-45; 3,24,13-19; 3,78,7-9.

[66] Vgl. 2,10,48-51; 2,56,32-38. Genaueres zu diesen beiden Punkten vgl. unten 4.7 Das Argument des Erfolges.

[67] Vgl. Mk 12,9par.

[68] 2,8,32-35. Vgl. auch 4,22,16-19; 4,32,44-46; 8,42,18-35; 8,69,33-35, wo es ebenfalls heißt, die Juden seien von Gott verstoßen aufgrund ihrer Sünde an Jesus, und comm. in Matth. 14,19 (GCS 40 (10¹), 329-332 Klostermann).

[69] Vgl. 4,31. Zum Verhältnis des Origenes zu den Juden vgl. Bammel, Juden; Vogt, Juden.

Immer wieder wird dem Christentum bis heute der Vorwurf gemacht, es habe nichts verändert bzw. die Ankunft Gottes auf Erden hätte deutlicher sichtbar sein müssen. Auch Celsus erhebt diesen Vorwurf, wenn er meint, ein in die Welt kommender Gottessohn hätte aufstrahlen müssen wie die Sonne (d.h. völlig klar erkennbar sein)[70]. Origenes weist diesen Vorwurf scharf zurück. Es ist für alle Menschen erkennbar, daß das Kommen Christi mit einer nie dagewesenen Zeit des Friedens und der Einheit aller Völker verbunden ist. Während es vorher viele Königreiche gab, gibt es jetzt nur ein Reich und damit ideale Bedingungen für eine weltweite Mission[71]. Origenes will an dieser Stelle offenbar sagen, daß das alles kein Zufall ist, sondern ein von Gott gewirktes, allen Menschen sichtbares Zeichen. Während andere Kirchenväter das römische Reich als Herrschaft des Antichrist verurteilen, ist es für Origenes ein Werk der Vorsehung Gottes, daß Christus gerade zu dieser Zeit kam[72].

Mit dem Begriff der Evidenz wird die empirische Seite der Erkenntnis betont (evident ist, was man sehen und nachprüfen kann), und mit einer gewissen Verwunderung nimmt der moderne Leser die Unbefangenheit zur Kenntnis, mit der Origenes davon überzeugt ist, daß der Glaube an die christliche Botschaft durch zahlreiche solche Fakten gestützt ist. Origenes geht davon aus, daß ein Mensch, dessen Blick nicht durch Voreingenommenheit getrübt ist, am Leben Jesu und an der Kirche die Wahrheit des christlichen Anspruchs ablesen kann. Er gibt zwar zu, daß eine so umfassende Sicht nur wenigen möglich ist, aber das ändert nichts an der grundlegenden Tatsache, daß die Fakten in sich ein Hinweis auf Gott sind. Es gibt Tatsachen, die innerweltlich so unwahrscheinlich sind, daß die einzig plausible Erklärung ihr Gewirktsein durch Gott ist. Dies gilt, und darauf wird weiter unten noch einmal ausführlicher einzugehen sein, vor allem für die Evidenz, die von der Gestalt Jesu von Nazareth ausgeht[73].

---

[70] Vgl. 2,30,1-3.9-11.

[71] Vgl. 2,30,12-34; in 2,30,32 ist nicht sicher, ob kausal (der Friede entstand durch die Ankunft Jesu) oder temporal (der Friede entstand bei der Ankunft Jesu) zu übersetzen ist. M.E. ergibt sich aus dem Zusammenhang, daß beides stimmt und möglich ist, da einerseits Jesus der Friedensfürst ist, der den Frieden schafft, andererseits aber auch Gott die Welt so lenkt, daß Jesus bei seiner Ankunft die besten Bedingungen für die Verbreitung seiner Lehre vorfindet.

[72] Vgl. Harnack, Mission I,24f; Peterson, Monotheismus 83; Fédou, Christianisme 532f; Trigg, Origen 236.

[73] Vgl. unten das Kapitel 4.5 Die Einzigartigkeit Jesu Christi.

3.1.2 Die Glaubwürdigkeit der Zeugen[74]

In vielen Fällen, gerade wenn es um historische Berichte geht, muß mit Erfahrungen, die andere gemacht haben, argumentiert werden. D.h. es muß außer der Plausibilität der Sache auch die Wahrhaftigkeit und die intellektuelle Kompetenz dessen oder derer, auf die das Argument zurückgeht, begründet werden. Sind die berichtenden Zeugen glaubwürdig? Sind sie Menschen, denen man vertrauen kann? Wie ist ihr Lebenswandel? Origenes fordert seinen Leser zu dieser Prüfung ausdrücklich auf und sagt, er solle "so gut er kann, aus dem was geschrieben steht [gemeint ist: in den Schriften der Bibel], die Absicht der Verfasser, ihre Gewissenhaftigkeit und ihre Gesinnung erforschen; er wird dann finden, daß es Männer sind, die sich glühend für das, was ihnen überliefert wurde, einsetzen, ja einige von ihnen berichten sogar, sie hätten die berichteten Dinge selbst gesehen"[75].

Die Auseinandersetzung mit der Kompetenz vor allem der Erstzeugen ist umso notwendiger, als das Christentum gerade auf diesem Gebiet angreifbar ist und auch angegriffen wird. Denn ein Mann wie Celsus weiß, daß es sich, um eine Weltanschauung oder Religion abzulehnen, empfiehlt, nicht nur die Sache selbst zu bestreiten, sondern auch die Glaubwürdigkeit derer, die sie vertreten, indem man sich zu erklären bemüht, in welchem Irrtum oder welcher Täuschung diese befangen sind, so daß sie zu der Meinung kommen konnten, das von ihnen Geglaubte sei wahr. Origenes ist in diesem Zusammenhang mit dem Vorwurf konfrontiert, beim Christentum handle es sich um Erfindungen, die die nach dem Tode Jesu enttäuschten Jünger aufgebracht hätten, um ihre eigene Blamage zu kaschieren[76].

Dieser Vorwurf ist einer der Fälle, in denen ein vorurteilsloser Blick auf die geschichtlichen Fakten zur Entkräftung genügen würde, denn es gibt mehrere gewichtige Gegeneinwände gegen diese Theorie. Der erste Gegeneinwand beruht auf einem geschichtlichen Faktum, das von Celsus nicht nur zugestanden, sondern in anderen Fällen sogar gegen die Christen verwandt wird, nämlich die mangelnde Bildung ihrer Verkündiger[77]. Dieses Argument wird schon in Apg 4,13 angeführt und findet sich nach Origenes bei Hieronymus, Rufin und Augustinus[78]. Wenn

---

[74] Vgl. Mosetto, Miracoli 95f.106f; Verweyen, Gottes letztes Wort 338f.
[75] 4,53,11-15.
[76] Vgl. 2,15,1-3 und 2,16,1-6.
[77] Zu den Berufen der Apostel vgl. 1,62,7-20.
[78] Vgl. Harris, Ancient Literarcy 302 mit Anm.74.

man das Bildungsdefizit der ersten Jünger in Betracht zieht, dann ist die Hypothese der Erfindung wenig wahrscheinlich. Um eine einigermaßen glaubwürdige Geschichte zu erfinden, braucht man nach antiker Überzeugung rhetorische Bildung und mannigfache Kenntnisse, die Männer dieser sozialen und bildungsmäßigen Schicht nicht haben konnten. Mit anderen Worten: die Apostel waren sicher nicht in der Lage, eine solche Geschichte zu erfinden. Die in der Bibel bezeugte Unwissenheit und mangelnde Schulbildung der Jünger Jesu ist ein Argument für die Wahrheit ihrer Aussagen[79]. Dies gilt allerdings nur dann, wenn auf der anderen Seite sicher ist, daß die Augenzeugen trotz ihres Mangels an Bildung kompetent waren, den berichteten Vorgang zu beurteilen; Origenes weist daher auch den Vorwurf, es handle sich bei Maria Magdalena um eine Geistesgestörte, energisch als unbewiesen zurück[80].

Zweitens ist die Erfindungshypothese deshalb nicht plausibel, weil das Verhalten der Jünger psychologisch völlig unverständlich wird, wenn man sie voraussetzt. Denn es ist davon auszugehen, daß eine Gruppe von Männern, die, nachdem sie irrtümlich einem falschen Messias nachgelaufen ist, eine Geschichte zu ihrer Rechtfertigung erfinden würde, in der sie selbst möglichst positiv dargestellt würde. Es ist unwahrscheinlich, daß Menschen, die sich verteidigen wollen und zu diesem Zweck eine Schrift in die Welt setzen, sich in dieser Schrift selbst als feige und ängstlich darstellen. "Denn wenn sie nicht wahrheitsliebend gewesen wären, sondern wie Celsus glaubt, eigene Erfindungen ($\pi\lambda\acute{\alpha}\sigma\mu\alpha\tau\alpha$) aufgeschrieben hätten, so hätten sie wohl nicht aufgeschrieben, daß Petrus verleugnet hat, oder daß die Jünger Jesu Ärgernis genommen haben. Wer hätte denn, auch wenn dies wirklich geschehen war, eine anders lautende Aussage widerlegen können?"[81] Das Bild, das die Evangelien von den Jüngern Jesu und besonders von den Aposteln zeichnen, ist ein starker Gegeneinwand gegen die These, sie hätten diese Texte in apologetischer Absicht erfunden.

Auch haben sie Vorkommnisse, die zwar nicht für sie selbst, aber doch für Jesus nachteilig waren oder zumindest nachteilig wirken konnten, aufgeschrieben. Dafür gäbe es, wenn es sich um Erfindungen handelt, keinen denkbaren Grund[82]. Daher sagt Origenes im Zusammenhang mit der Bitte Jesu, der Kelch möge an ihm vorübergehen (vgl. Mt 26,39): "Als hätten die Jünger diesen Satz erfunden, sagt

---

[79] Vgl. 3,39,12-21; 8,47,19-24. Vgl. auch Gallagher, Divine Man 84.
[80] Vgl. 2,60,18-23.
[81] 2,15,10-13. Vgl. Grant, Miracle and Natural Law 199; Patrick, Apology 204.
[82] Vgl. 2,24,1-13; 3,28,33-36.

der Jude bei Celsus zu ihnen: 'Nicht einmal indem ihr zu Lügen eure Zuflucht nahmt, konntet ihr eure Erfindungen glaubwürdig verhüllen.' Darauf ist zu erwidern, daß ein müheloser Weg, solche Dinge zu verhüllen, darin bestanden hätte, sie von Anfang an gar nicht aufzuschreiben. Wenn die Evangelien darüber nichts enthielten, wer könnte uns dann vorhalten, daß Jesus solche Worte während seines irdischen Lebens gesprochen habe? Celsus übersieht, daß es unmöglich ist, von denselben Leuten zugleich anzunehmen, sie hätten sich in Jesus getäuscht, als sie glaubten, er wäre Gott und von den Propheten angekündigt, und sie hätten Dinge von ihm erfunden, von denen sie mit Sicherheit wußten, daß sie nicht wahr waren. Entweder sind also ihre Angaben nicht erfunden, sondern drücken ihre Überzeugung aus und sie haben nicht gelogen, als sie sie aufschrieben, oder was sie aufschrieben, ist gelogen und steht im Widerspruch zu ihrer Überzeugung; dann sind sie auch nicht getäuscht worden, als sie Jesus für Gott hielten"[83].

Drittens muß in jeder Argumentation der Argumentierende nicht nur von der Glaubwürdigkeit der von ihm vertretenen Sache, sondern auch von sich selbst, und d.h. von seiner Wahrhaftigkeit überzeugen[84]. Er muß dem Zuhörer dabei vor allem vermitteln, daß er selbst an die Wahrheit dieser Sache glaubt[85]. Von dorther ist das Verhalten der Juden, die bereit sind, für ihren Glauben zu sterben, ein starkes Argument[86]. Anders liegt der Fall dagegen bei Platon, der zwar mit Worten überzeugt (οὐκ ἀπιθάνως μὲν εἰρημένα), aber durch seine Lebensführung den Eindruck seiner Worte zunichtemacht; seinen Worten glaubt man entnehmen

---

[83] 2,26,1-14. Interessant ist, daß auch in ganz modernen Werken ähnlich argumentiert wird. So hält Merklein, Jesusgeschichte 14 die Taufe Jesu für historisch, weil sie so viele theologische Probleme aufwirft, daß ihre Erfindung sehr unwahrscheinlich wäre.

[84] Die Wichtigkeit dieses Punktes innerhalb einer modernen Argumentationstheorie wird aufgezeigt von Völzing, Begründen 63-67. Völzing weist darauf hin, daß die Kategorie der Wahrhaftigkeit im Habermasschen idealen Diskurs, der von vornherein durch die Aufrichtigkeit aller Diskursteilnehmer und durch deren ausschließliches Ausgerichtetsein auf das bessere Argument definiert ist, keine Rolle spielt, daß sie aber in realen Diskussionen sehr wichtig ist und immer mitgeprüft wird und werden muß.

[85] Das ist traditionelles Gedankengut der griechischen Rhetorik: neben der Sache selbst (αὐτός ὁ λόγος) muß auch der Redner als Person überzeugend wirken, er muß sich selbst als glaubwürdig präsentieren können, vgl. Wörner, Pistis 14 und Kennedy, Art of Persuasion mit Verweis auf Aristot. rhet. 1356a10ff.

[86] Vgl. 3,3,14-24. Vgl. auch 3,2,10-12: die alttestamentlichen Propheten waren von ihren Voraussagen überzeugt, was man daran sieht, daß sie diese aufschrieben.

zu können, daß er etwas vom dem einen wahren Gott weiß, sein Götzendienst aber zerstört diesen Eindruck und steht im Widerspruch zu seinen Worten[87].

Im Christentum gibt es im Gegensatz zu vielen heidnischen Berichten bei den entscheidenden Ereignissen des Lebens Jesu Augenzeugen, auf deren Aussage sich der Glaube der Späteren stützt[88]. Diese Augenzeugen sind dadurch beglaubigt, daß sie bereit waren, für die Wahrheit ihres Zeugnisses zu sterben. Es ist sehr unwahrscheinlich, daß jemand für eine Sache stirbt, von der er weiß, daß sie falsch ist, zumal wenn er sich dem Tod durch Widerruf entziehen könnte[89]. Daher schreibt Origenes: "Ein klarer und evidenter Beweis ist meiner Meinung nach das Verhalten der Jünger, die sich einer Lehre verschrieben, die für ihr eigenes Leben sehr gefährlich war. Hätten sie die Auferweckung Jesu von den Toten nur erdichtet, so hätten sie diese nicht so eindringlich verkündet; sie hätten auch weder andere darin bestärkt, den Tod zu verachten, noch hätten sie es selbst als erste getan"[90]. Daraus folgt nach Origenes, daß die Apostel an ihre Botschaft glaubten. Es handelt sich, unabhängig von der tatsächlichen Wahrheit des Berichteten, jedenfalls nicht um Erfindungen ($\pi\lambda\acute{\alpha}\sigma\mu\alpha\tau\alpha$). "Für jeden, der vorurteilslos urteilt, ist es evident, daß sie [gemeint: die Evangelisten] von dem, was sie geschrieben haben, überzeugt waren, da sie so viel ertrugen für den, von dem sie glaubten, daß er der Sohn Gottes war"[91].

3.1.3 Die Unterstützung durch Autoritäten[92]

Die Glaubwürdigkeit einer in Frage stehenden Angelegenheit wird weiterhin dadurch verstärkt, daß anerkannte Autoritäten zitiert werden können, die die eigene Ansicht teilen. Dieses Argument ist besonders wirkungsvoll, wenn man sicher sein kann, daß der Gegner sich auf gar keinen Fall in Widerspruch zu einer bestimmten Autorität gestellt sehen will; man kann ihn dann zwingen, der eigenen Ansicht beizustimmen, wenn man zweifelsfrei nachweisen kann, daß diese Autorität derselben Meinung ist wie man selbst.

---

[87] Vgl. 6,17,7-13.
[88] Vgl. 3,23,21-25; 3,24,7-9; 4,53,14f.
[89] Vgl. 1,31,1-16; 2,77,25-33; 3,27,17-23. Vgl. Chadwick, Evidences 334.
[90] 2,56,32-38.
[91] 2,10,48-51.
[92] Vgl. Lausberg, Handbuch § 426.

Im Kontext der Auseinandersetzung mit Celsus bedeutet die Argumentation mit Autoritäten für Origenes, die griechische Philosophie und dort wieder vor allem Platon in Anspruch zu nehmen. Allerdings ist auffällig, daß Origenes relativ selten zu diesem Mittel greift. Zwar finden wir in *Cels.* etwa achtzig Zitate aus der klassischen Literatur, aber mehr als die Hälfte von ihnen stammt von Celsus. Bei den übrigen Zitaten, die von Origenes sind, handelt es sich in sehr vielen Fällen um allgemeine Redewendungen, Sprichwörter oder Phrasen, die man mehr oder weniger bei allen Schriftstellern findet und denen kein eigener argumentativer Wert zukommt[93].

Origenes gibt an zwei Stellen zu erkennen, daß die Berufung auf heidnische Autoren in der Kirche seiner Zeit keineswegs unproblematisch war, sondern vielmehr einer Rechtfertigung bedurfte. Ihre Verwendung mußte offenbar gegenüber Kritikern, die diese Form der Apologie ablehnten, verteidigt werden. "Man möge nicht meinen, daß es mit der christlichen Lehre nicht zusammenstimme, wenn ich in meiner Antwort an Celsus die Zeugnisse der Philosophen über die Unsterblichkeit und das Weiterleben der Seele zusammentrage"[94]. Eine Zitation heidnischer Autoren in einem dogmatisch so wichtigen Zusammenhang setzte sich dem Vorwurf mangelnder Unterscheidung aus. Origenes erklärt aus diesem Grund im folgenden, daß er diese Zitate nur anführe, um zu zeigen, daß das Christentum mit der Philosophie "etwas gemeinsam hat"[95], und Celsus, der ein Leben nach dem Tod ablehnt, damit nachzuweisen, daß er sich mit seiner Ansicht nicht nur in Gegensatz zum Christentum, sondern auch zur Philosophie gestellt hat. Die Zitate aus der Literatur sollen aber, wie Origenes betont, keineswegs andeuten, daß auch die Philosophen ein Anrecht auf das selige Leben haben, im Gegenteil verwehrt ihnen dies ihr Götzendienst[96]. Wenn in dieser Weise griechische Autoritäten für die Wahrheit der christlichen Lehre angeführt werden, wird Celsus mit seiner Verspottung des Christentums isoliert, da ihm indirekt gezeigt wird, daß er auch die griechische Tradition gegen sich hat. Von daher meint Origenes: "Es ist nicht unpassend, wenn wir an die Adresse der Griechen gerichtet, auch griechische Geschichten zitieren, damit wir nicht als die Einzigen erscheinen, die eine solche wunderbare Geschichte berichten"[97].

---

[93] Vgl. Bammel, Zitate 2f.
[94] 3,81,1-3.
[95] 3,81,3f.
[96] Vgl. 3,81,4-8.
[97] 1,37,29-31.

Der Autoritätsbeweis kann, wie die beiden obenstehenden Zitate belegen, sowohl zur Rechtfertigung der eigenen Ansicht eingesetzt werden als auch um die Ansicht des Gegners ins Unrecht zu setzen. Origenes verwendet häufiger die zweite Form. So nennt er griechische Schriftsteller, die die Weisheit der Juden ausdrücklich hervorhoben, um die Ansicht des Celsus, daß die Juden nicht unter die weisen Völker zu zählen sind, als ungerechtfertigt zurückzuweisen[98]. Auch für das Alter des Moses wird auf die Autorität griechischer und ägyptischer Geschichtsschreiber verwiesen, die es besser als Celsus wissen[99]. Die Autorität von Platon und der Stoa wird in Anspruch genommen, um zu zeigen, daß schon diese gegen eine ähnliche Ansicht wie die des Celsus über die Beschaffenheit der Seele Stellung genommen haben[100].

In ähnlicher Weise wird die Sage von der Geburt des Eros verwandt, um zu zeigen, daß die antiallegorische Haltung des Celsus, wenn man sie auch auf Platon anwandte, zu absurden Folgerungen führen würde[101]. Eine sehr grundsätzliche Kritik an Celsus finden wir in 1,40, wo dem celsischen Anspruch, alles zu wissen, die sehr viel bescheidenere Haltung des Platon (und Chrysippus) entgegengehalten wird[102].

Zur Bekräftigung seiner eigenen Meinung führt Origenes an einer Stelle ein Hesiodzitat an[103], an einer anderen Stelle ein Platonzitat[104]. Diese Zitate haben aber rein illustrativen Charakter, der eigentliche Gedanke wird nicht von ihnen, sondern von der christlichen Überlieferung her entwickelt.

Die Haltung des Origenes dem Autoritätsbeweis gegenüber ist als ambivalent zu beschreiben. Deutlich wird das an einer Stelle im fünften Buch. Im Zusammenhang mit den Berichten der Evangelien über Engelserscheinungen am Ostermorgen sagt Origenes, daß auch griechische Schriftsteller von wunderbaren Erscheinungen berichten. Um das Argument zu verstärken, setzt er ausdrücklich hinzu, daß er nicht Fabeldichter meine, sondern ernsthafte Philosophen, deren Namen und Werke angebbar sind[105]. Der zu erwartende Schluß: also glaubt an Erscheinungen, weil auch griechische Philosophen sie für möglich halten, entfällt aber, da Origenes gar

---

[98] Vgl. 1,15, vgl. auch 4,51,14-28.
[99] Vgl. 4,11,12-18.
[100] Vgl. 4,56,15-21.
[101] Vgl. 4,39,12-51.
[102] Vgl. 1,40,26-30.
[103] Vgl. 4,79,28-31.
[104] Vgl. 1,25,46-48.
[105] Vgl. 5,57,1-9.

nicht will, daß seine Leser jeden beliebigen Bericht von Erscheinungen annehmen sollen, sondern nur die Berichte über die Erscheinungen des Auferstandenen, und gerade für die fehlt das Zeugnis einer unabhängigen Autorität. Ganz im Gegenteil ändert Origenes plötzlich seine Argumentation und verlangt nun, nachdem er erst auf Autoritäten verwiesen hat, daß man nicht auf diese schaue, sondern die Berichte einzeln genau prüfe, unabhängig davon, von wem sie stammen[106].

Die Argumentation mit der Autorität heidnischer Schriftsteller spielt eine eher untergeordnete Rolle in *Cels*. Das hängt mit der Tatsache zusammen, daß Origenes dieses Werk nicht hauptsächlich für Heiden, sondern für seine christlichen Glaubensgenossen schrieb[107]; für sie aber waren die heidnischen Schriftsteller keine unangefochtenen Autoritäten. Der Autoritätsbeweis hat in diesem Fall eher die Aufgabe zu zeigen, daß die celsische Argumentation selbst auf dem Hintergrund seiner eigenen Weltanschauung fragwürdig ist, da sie auch dort nicht von allen geteilt wird.

3.1.4 Der Horizont der Beispiele[108]

In zahlreichen Fällen weist Origenes, um die Plausibilität des christlichen Glaubens zu begründen, auf Beispiele in Schöpfung oder Geschichte hin. Diese Art der Argumentation findet sich zu allen Zeiten und auch heute noch besonders in umgangssprachlichen Begründungen sehr häufig, da der Mensch spontan versucht ist, ein unbekanntes Phänomen durch "Zurückführung auf Bekanntes und Vertrautes"[109] zu erklären.

Dementsprechend wurde die Funktion von Beispielen auch in der Rhetorik ausführlich bedacht und festgestellt, daß es zu einer guten, d.h. überzeugenden Rede gehört, daß der Redner zu dem in Frage stehenden Gegenstand ähnliche Fälle

---

[106] Vgl. 5,57,18-24.
[107] Vgl. Kapitel 2.2.1 Für wen wird begründet?
[108] Vgl. Perelman, Logik 123-128.
[109] Vgl. Stegmüller, Probleme 1,131. Stegmüller lehnt die Begründung durch Analogien und Beispiele jedoch als "wissenschaftlich unhaltbar" ab, weil Begründung sonst etwas völlig Subjektives würde, da das, was bekannt und vertraut ist, eine Folge von Erziehung, Kultur und Geschichte ist und von Mensch zu Mensch wechselt. Daß gerade in der Bezogenheit auf einen ganz bestimmten Personenkreis auch die Stärke dieser Argumentation liegt, tritt an dieser Stelle nicht in Stegmüllers Blickfeld.

aufzeigt, die dem Zuhörer bekannt sind und zu denen er bereits eine Meinung hat. Ist das Beispiel für den Zuhörer überzeugend, wird er auch im vorliegenden Fall in gleicher Weise urteilen, und genau das ist die Intention des Sprechers[110]. Das Nennen von Beispielen gehört in der Rhetorik zu den sogenannten $\pi\acute{\iota}\sigma\tau\epsilon\iota\varsigma$-Beweisgründen und zwar zu den $\pi\acute{\iota}\sigma\tau\epsilon\iota\varsigma$ $\acute{\epsilon}\nu\tau\epsilon\chi\nu o\iota$, den innertechnischen Beweisen, d.h. denen, die nicht von der Sache, sondern vom Argumentationsvermögen des Sprechers abhängen[111]. Seiner Phantasie sind hierbei keine anderen Grenzen gesetzt als die, daß die zu findenden Beispiele wirklich dazu beitragen müssen, die in Frage stehende Sache zu plausibilisieren. Es handelt sich bei einer Argumentation mit Beispielen um eine reine *ad-hominem*-Argumentation, bei der es weniger darauf ankommt, ob der Sprecher selbst von dem Argument überzeugt ist, sondern ob er glaubt, daß es den Hörer überzeugt.

Daß Gleiches mit Gleichem verglichen werden muß, ist ein Grundsatz, den sowohl Celsus als auch Origenes anerkennen[112]. Es erscheint daher angemessen, wenn für jedes Ereignis, das den Glauben begründen soll, Analogien im vor- und außerreligiösen Bereich gesucht werden. Origenes spricht von der "$\varphi\acute{\upsilon}\sigma\iota\varsigma$ $\tau\hat{\omega}\nu$ $\pi\rho\alpha\gamma\mu\acute{\alpha}\tau\omega\nu$"[113]; diese "Natur der Dinge" ist in sich ein Hinweis auf Möglichkeiten, die sie transzendieren, so wie die ganze Welt ein Hinweis auf Gott ist. So sehr Origenes die Neuheit des christlichen Glaubens und den damit verbundenen Zusammenbruch aller Kategorien auf der einen Seite sieht und betont[114], so sehr ist ihm andererseits die Einheit Gottes und von ihr abgeleitet die Einheit der Welt[115] ein selbstverständlich gegebener Tatbestand. Er verkündet nicht den neuen und fremden Gott Marcions und der Gnosis, sondern den Schöpfer und Erhalter der Welt von Anfang an. So ist sein Denken eher durch Kontinuität als durch Diskontinuität gekennzeichnet. Dinge und Ereignisse verweisen in vielfacher Weise aufeinander, haben in früheren Vorgängen ihr Vorbild und sind selbst Bild für Kommendes. Von diesem allgemeinen Zusammenhang sind auch die Ereignisse, die das Christentum begründen, nicht ausgenommen; auch sie sind nicht analogielos, sondern haben mindestens schattenhaft Vorbilder in Natur und Geschichte.

---

[110] Vgl. Lausberg, Handbuch § 410-425 mit zahlreichen Belegen; außerdem Perelman, Neue Rhetorik 344-346; Wörner, Pistis 15: "die Ähnlichkeit schafft die Pistis".

[111] Vgl. Barthes, Alte Rhetorik 45-49.

[112] Für Celsus vgl. 8,41,15f, für Origenes 1,18,1f.

[113] 1,31,24.

[114] Vgl. unten 4.1 Der richtige Gottesbegriff.

[115] Vgl. unten 4.2 Das Argument aus der Einheit der Welt.

Origenes verwendet Beispiele vor allem dann, wenn er zeigen will, daß Vorwürfe, die Celsus dem Christentum macht, unberechtigt sind, da sich ähnliche Begebenheiten auch im Heidentum finden[116]. Dabei geht es in den meisten Fällen direkt oder indirekt um die Göttlichkeit Jesu Christi, deren Glaubwürdigkeit Celsus zu zerstören sucht, indem er Dinge nennt, die mit der Würde eines "ϑεῖος ἀνήρ" nicht zu vereinbaren sind: Armut, Flucht, Verrat durch Schüler. Origenes bringt als Gegenargument Beispiele, die zeigen, daß ähnliches durchaus auch von anderen Großen der Geschichte berichtet wird. Die Armut Jesu entspricht der des Sokrates und vieler anderer Philosophen[117], seine Weisung an seine Jünger, bei Gefahr zu fliehen, ist dem Verhalten des Aristoteles ähnlich[118], und die Tatsache, daß Jesus den Verrat des Judas nicht verhindert hat, besitzt eine Parallele im Verrat des Aristoteles an Platon bzw. des Chrysippus an Kleanthes[119]. An dieser Stelle wird deutlich, daß die Argumentation anhand von Beispielen eine enge Verbundenheit zu der mit Hilfe von Autoritäten aufweist[120].

Problematisch wird diese Art der Plausibilisierung bei so zentralen christlichen Glaubenssätzen wie der Jungfrauengeburt und des stellvertretenden Sühnetodes Jesu Christi bzw. seiner Auferstehung. Auf diese beiden Beispiele soll im folgenden genauer eingegangen werden.

In seiner Argumentation zur Glaubwürdigkeit der Jungfrauengeburt geht Origenes in mehreren unterscheidbaren Schritten vor[121].
1. Was grundsätzlich schöpfungsgemäß ist, kann, wenn Gott es will, an jeder Stelle dieser Schöpfung bzw. bei jeder Art von Lebewesen vorkommen[122].

---

[116] Vgl. Miura-Stange, Celsus und Origenes 13f; Patrick, Apology 294f.
[117] Vgl. 2,41,6-18.
[118] Vgl. 1,65,9-19.
[119] Vgl. 2,12,13-31.
[120] Vgl. Lausberg, Handbuch § 426.
[121] Vgl. 1,37,11-46. Analysiert wird im folgenden nur die Antwort, die Origenes ausdrücklich für die Griechen gibt und bei der er Beispiele aus der griechischen Tradition verwendet. Dem vorangegangen ist eine Argumentation aus der inneren Wahrscheinlichkeit der berichteten Sache, vgl. 1,32-33 und dazu unten 163-165. und eine an die Juden gerichtete Argumentation, die sich mit der Emmanuelweissagung aus Jes 7,10-14 beschäftigt, vgl. 1,34-35.
[122] Vgl. 1,37,11-15.

2. Im Tierreich gibt es Fälle von ungeschlechtlicher Vermehrung. Damit ist bewiesen, daß die ungeschlechtliche Weitergabe von Leben grundsätzlich innerhalb der Schöpfungsordnung liegt[123].

3. Also ist auch die Jungfrauengeburt schöpfungsgemäß und grundsätzlich möglich[124].

4. Ein Beweis dafür, daß auch die Griechen selbst so urteilen, ist die Geschichte von der wunderbaren göttlichen Zeugung des Platon[125].

Es wäre ein Mißverständnis, wenn man davon ausginge, daß Origenes das Beispiel aus der griechischen Literatur, das er bringt, selbst für wahr hält. Es geht bei dieser Art der Argumentation zunächst weniger um Wahrheit als um grundsätzliche Denkbarkeit. Nicht ob etwas wahr oder falsch ist, ist die Frage, sondern ob es widerspruchsfrei denkbar ist oder in sich paradox. Daß die Frage nach der historischen Faktizität noch zu stellen bleibt, zeigt sich daran, daß Origenes im folgenden den Bericht von der jungfräulichen Geburt Platons als Mythos bezeichnet, d.h. selbst nicht glaubt[126]. Innerhalb der Argumentation für die historische Wahrheit der jungfräulichen Geburt Jesu hat der Verweis auf Platon also nur die Funktion zu zeigen, daß ein solches Geschehen auch für Griechen denkbar ist. Daß es wirklich stattgefunden hat, muß anderweitig begründet werden.

Auch der Tod Jesu und seine Auferstehung sind keine gänzlich analogielosen Geschehnisse. Origenes hält es für erwiesen, daß jeder freiwillige Tod, der "für" andere auf sich genommen wird, heilbringend ist[127]. Das liegt in der "Natur der Dinge"[128], das heißt wohl in der Verbundenheit aller Menschen und der damit gegebenen Möglichkeit der Stellvertretung.

Weil auch in der heidnischen Literatur von einzelnen großen Männern berichtet wird, sie seien für andere gestorben[129] oder sie seien von den Toten auferstanden[130], widerspricht ein solcher Vorgang nicht prinzipiell den Gesetzen der

---

[123] Vgl. 1,37,15-18. Als Beispiel wird tradtionell der Geier genannt,vgl. für weitere Belege Borret, Contre Celse 1,177 Anm.1.

[124] Vgl. 1,37,18-22.

[125] Vgl. 1,37,29-35.

[126] Vgl. 1,37,36. Μύϑος bezeichnet hier nicht wie bei den Rhetorikern etwas, das niemals stattfinden kann, sondern etwas, das niemals stattfand. Dafür wird sonst der Begriff πλάσμα verwandt, aber die Terminologie ist bei Origenes nicht genau abgegrenzt; vgl. Grant, Earliest Lives 121-123.

[127] 1,31,21: "ὑπὲρ τοῦ γένους τῶν ἀνϑρώπων"; 1,31,26: "ὑπὲρ τοῦ κοινοῦ".

[128] 1,31,24.

[129] Vgl. 1,31,29-33.

[130] Vgl. 2,16,24-31.

Logik, sondern ist denkbar. Origenes argumentiert also an dieser Stelle ähnlich wie bei der Jungfrauengeburt. Auch hier folgt der Schluß, daß es, wenn jemand diese heidnischen Beispiele akzeptiert, unsachlich wäre, die analogen Vorgänge im Christentum einfach abzulehnen[131]. Hinzu kommt, daß die Auferstehung Jesu durch glaubwürdige Zeugen berichtet wird, die vor allem das Faktum des Todes, ohne das es keine Auferstehung geben kann, bezeugen können. Damit unterscheidet sich die Auferstehung Jesu von anderen Auferstehungen, bei denen mit Recht daran gezweifelt werden kann, ob der angeblich Auferstandene überhaupt jemals tot war[132]. Auch im Zusammenhang mit der Auferstehung Jesu werden die Beispiele aus der griechischen Literatur also relativiert. Sie können nur zeigen, daß so etwas wie Sühnetod und Auferstehung auch in der griechischen Vorstellungswelt denkbar ist; daß die angeführten Beispiele irgendeinen historischen Wert haben, wird von Origenes damit nicht gesagt.

Beispiele haben innerhalb der Argumentation die Funktion, das Gesagte auf die Vorstellungswelt des Hörers bzw. auf seine schon vorhandenen Überzeugungen zu beziehen. So sagt Origenes im Zusammenhang mit der für ihn sehr wichtigen Lehre, daß das Vorauswissen Gottes die menschliche Freiheit nicht aufhebt: "Um diese Sache verständlich zu machen, ... will ich aus der griechischen Überlieferung den Orakelspruch zitieren, der dem Laios gegeben wurde, indem ich für jetzt davon ausgehe, er sei wahr, denn diese Frage ist für die vorliegende Argumentation unerheblich"[133].

Theologisch ist die Argumentation mit Hilfe von Beispielen aus dem außerchristlichen Bereich sehr gewagt, denn sie stellt die Heilsgeschichte in den Rahmen der allgemeinen Geschichte und die in ihr geschehenen wunderbaren Dinge in den Rahmen der immer und überall vorkommenden Dinge und relativiert sie damit[134]. Diese Vorgehensweise ist für Origenes auf dem Hintergrund seiner Überzeugung von der Einheit der Welt zu rechtfertigen. Wenn alle Wahrheit ihren Ursprung in Gott bzw. im göttlichen Logos hat, dann muß von jedem Einzelereignis gezeigt werden können, wie es sich auf diese Wahrheit bezieht, und wie es mit allen anderen wahren Sachverhalten verbunden ist. Nur unter dieser Voraussetzung ist es dann auch möglich und wahrscheinlich, daß sich für alles, was das

---

[131] Vgl. 1,31,33-37; 2,16,31-37.
[132] Vgl. 2,56,9-32.
[133] 2,20,30-34.
[134] Vgl. die sehr kritische Stellungnahme von Miura-Stange, Celsus und Origenes 137f.

Christentum als höchste Form der Offenbarung lehrt, Parallelen im außerchristlichen Bereich finden lasssen[135].

Eine weitere Methode der Plausibilisierung, die in diesen Zusammenhang gehört, sind Schlüsse der Form "wenn schon p, dann erst recht q" bzw. "wenn schon das weniger Plausible gilt, dann erst recht das mehr Plausible", die auf einer Plausibilitätsdifferenz beruhen, und Schlüsse der Form "wenn p, dann auch q", die auf einer Plausibilitätsparität beruhen[136]. Origenes verwendet diese Art des Schlusses so häufig, daß hier nur einige Beispiele genannt werden können:
Wenn man schon dem Stifter einer philosophischen Schule glauben soll, dann erst Recht Gott[137].
Wenn schon die Bücher des Moses, der viel geringer ist als Christus, alle philosophischen Werke an Wirksamkeit übertreffen, dann (so soll der Leser folgern) erst recht das Wort Jesu Christi selbst[138].
Wenn schon Platon wegen seiner Gottesfurcht zu bewundern ist, dann erst recht die Christen[139].
Wenn der celsische Jude das von Jesus berichtete Geschehen bei der Taufe für unwahr hält, dann muß er erst recht das noch viel Unwahrscheinlichere, das von Jesaja und Ezechiel geglaubt wird (daß diese nämlich Gott gesehen haben), für unwahr halten[140].

---

[135] Vgl. Balthasar, Theologik 1,264: "So betrachtet erscheint die Welt als ein ungeheures Bild und Symbol des göttlichen Wesens, das sich in gleichnishafter Sprache ausdrückt und offenbart. Die Welt als ein solches Feld von Gleichnissen zu lesen wissen, heißt zugleich, sie selber und den darin ausgedrückten Gott, soweit er begriffen sein will, verstehen. Die aufgestellte Proportion: "Materie zu Geist wie Welt zu Gott" bietet in der Tat den umfassendsten Zugang zum Problem der Gotteserkenntnis, und wer sich innerhalb der Welt gedanklich wie existentiell dazu geschult hat, alles Leibliche als ein Gleichnis und Ausdrucksfeld geistiger Wahrheit zu schauen, der wird die beste Vorbedingung mitbringen, die gesamte Schöpfung als das Gleichnis und Ausdrucksfeld des Schöpfers zu deuten." Vgl. auch ebd. 266. Origenes drückt diesen Sachverhalt im comm. in Ioh. 1,26 sehr präzise aus: "δύναται γὰρ ἀναλογίαν ἔχειν τὸ αἰσθητὸν πρὸς τὸ νοητόν" (SC 120,144 Blanc).
[136] Vgl. Kopperschmidt, Methodik 182-186.
[137] Vgl. 1,10,24-26; vgl. auch 1,11,3-5.
[138] Vgl. 1,18,27-30.
[139] Vgl. 1,25,44-52.
[140] Vgl. 1,43,18-29. In 1,43-48 wird in immer neuen Anläufen versucht, die Glaubwürdigkeit Jesu mit Beispielen zu beweisen, die entweder auf Geltungsdifferenz oder Geltungsparität beruhen.

Hin und wieder benutzt Origenes auch ausgeführte Analogien, um im Bild eine gemeinte Sache verständlicher zu machen, so z.B. die Arzt-Analogie und die Speisen-Analogie. Origenes erklärt, daß Christus zum Menschen herabstieg wie ein Arzt zum Kranken. Mit diesem Bild kann er die Erniedrigung Christi deuten, ohne sie als Weg vom Guten zum Schlechteren interpretieren zu müssen[141]. An einer anderen Stelle führt Origenes aus, daß das Verhältnis der Schriften der Philosophen zu den Schriften der Bibel dem Verhältnis von Delikatessen zu gewöhnlicher Nahrung entspricht; beides kann den Menschen ernähren, aber während raffinierte Delikatessen keineswegs allen Menschen schmecken, ist die gewöhnliche Nahrung für alle verträglich[142]. Damit soll ausgedrückt werden, daß die einfache Redeweise der Bibel für die Mehrzahl der Menschen verständlicher und damit leichter zugänglich ist als die Texte der Philosophie, wenn auch zuzugeben ist, daß beide zum Teil Übereinstimmendes lehren.

3.2 Angriff auf die Plausibilität der gegnerischen Ansicht

Nachdem im vorangehenden Abschnitt gezeigt wurde, welche Methoden Origenes benutzt, um seine eigene Ansicht als wahrscheinlich hinzustellen, sollen hier drei weitere Wege aufgezeigt werden, deren Gemeinsamkeit darin liegt, daß die Plausibilisierung der eigenen Sache versucht wird, indem man dem Gegner Mangel an Glaubwürdigkeit nachweist. Origenes bemüht sich um diesen Nachweis auf drei Ebenen, auf der Ebene der Person, der Sache und der Logik, mit anderen Worten: Er weist nach, daß Celsus selbst nicht glaubwürdig, seine Sache nicht überzeugend und das, was er sagt, weder sprachlich noch logisch korrekt ist.

3.2.1 Zerstörung der persönlichen Glaubwürdigkeit des Gegners[143]

Wie wir bereits sahen, muß das Christentum, wenn es überzeugen will, die Glaubwürdigkeit Jesu Christi und der Apostel nachweisen. Diesem Nachweis korrespondiert die Notwendigkeit, die moralische und intellektuelle Prinzipienlosigkeit der heidnischen Gegner nachzuweisen. Wenn beides gleichzeitig geschieht, ist

---

[141] Vgl. 4,15,11-18.
[142] Vgl. 7,59,19-42.
[143] Vgl. Pichler, Streit 196-198.

die Wahrscheinlichkeit groß, daß der Hörer zu dem Ergebnis kommt, daß das Christentum dem Heidentum überlegen ist. Die Wirksamkeit eines solchen Angriffs auf den Gegner beruht auf der vorausgesetzten Überzeugung des Hörers oder Lesers, daß eine Sache von der persönlichen Glaubwürdigkeit derer, die sie vertreten, nicht zu trennen ist, daß es also nicht möglich ist, eine Sache für wahr zu halten, die von moralisch schlechten Menschen vertreten wird.

Die Überzeugung von der engen Verbindung von Person und Sache fanden wir schon bei Celsus, der seinerseits versucht hatte, die Christen und ihren Gründer persönlich anzugreifen, indem er erstere als ungebildeten Pöbel[144] und letzteren als Zauberer[145] bezeichnete. Wenn beides wahr wäre, so der Schluß, der sich jedem Leser nahelegt, dann kann davon ausgegangen werden, daß die von solchen Leuten vertretene Sache keiner näheren Beschäftigung wert ist. Celsus schließt von dem allgemein wahrnehmbaren soziologischen Erscheinungsbild der frühen Kirche auf die Wahrheit bzw. Unwahrheit ihrer Lehren. Ähnlich auch Origenes. Er schließt einerseits von der Vorinformation, die er von der Person des Celsus hat, auf die Lehren, die dieser vertreten müsse, andererseits aber auch von den Lehren, die ihm im *Alethes Logos* schriftlich vorliegen, auf die Person des Verfassers. Letzteres bedeutet, daß der Grund dafür, daß Celsus in so aggressiver Art und Weise Jesus Christus und das Christentum ablehnt, letztlich in ihm selbst zu finden sein müsse, d.h. daß er ein moralisch schlechter Mensch sein müsse.

Der erste Vorwurf, der häufig geäußert wird, lautet, Celsus sei ein Lügner[146]. Wir sahen oben schon, daß Origenes bei Celsus mangelnde Sachlichkeit und Kohärenz zu finden meint[147]. Dies wird nicht nur als Unvermögen, Gedanken klar auszudrücken, interpretiert, sondern als willentliche Irreführung: Wenn Celsus biblische Texte falsch referiert, tue er dies wider besseres Wissen[148]. Auch stelle er das Verhalten, die Aussagen und die Intention der Christen bewußt falsch dar, eine Tatsache, die der Leser nach Ansicht des Origenes leicht nachprüfen kann. So lügt Celsus, wenn er sagt, die Christen wollten gar nicht, daß alle Menschen Christen werden. Die intensive Mission der Kirche beweist deutlich das Gegenteil[149]. Celsus sagt vom Verrat des Judas, daß so etwas nur bei den Christen vor-

---

[144] Vgl. 1,9,3-13; 3,44,3-11; 3,55,4-28.
[145] Vgl. 1,68,7-19.
[146] Vgl. 2,19,13f; 7,11,25f; 8,1,3.
[147] Vgl. oben 2.2.3.2 Sachlichkeit und 2.2.3.3 Kohärenz.
[148] Vgl. z.B. 2,18,20-23; 3,6,15-18; 3,8,1-4; 3,49,1-3.
[149] Vgl. 3,9,1-6.21-23.

gekommen sei, und unterschlägt dabei, daß es zahlreiche Belege in der griechischen Literatur gibt, wo berichtet wird, daß jemand von dem, mit dem er zusammen gegessen hatte, verraten wird[150]. Er behauptet, er habe selbst Propheten gehört und sie hätten ihm, in die Enge getrieben, zugegeben, daß ihre Worte nur Erfindung seien. Das ist offensichtlich eine Lüge, da es erstens keine Propheten mehr gibt und Celsus zweitens nicht in der Lage ist, die Namen dieser Propheten als Beweis zu nennen[151].

Schlimmer aber noch als die Behauptung, Celsus lüge bewußt, wiegt der Vorwurf, Celsus sei Epikureer gewesen[152]. Epikureismus ist für Origenes eine Lehre, die die Vorsehung leugnet und daher als gottlos bezeichnet werden muß[153]. Dies gilt umso mehr, als die Epikureer nach seiner Ansicht einen krassen Eudaimonismus lehren, der sie ausschließlich nach Lustmaximierung streben läßt[154]. Letzteres hat zur Konsequenz, daß die Epikureer im Grunde keine Moral kennen und sich nur aus pragmatischen Gründen, die wiederum der Lust bzw. der Vermeidung von Übel dienen, an die geltenden Normen halten[155].

Von daher ergibt sich aus der Behauptung, Celsus sei Epikureer gewesen, unmittelbar die weitere, er sei kein ernstzunehmender Philosoph. Er arbeite nicht mit philosophischen Argumenten, sondern polemisiere nur und bemühe sich nicht wirklich um Erkenntnis[156]. Damit werden zwei Fronten geschaffen: auf der einen Seite die Christen und alle, die die Wahrheit suchen, auf der anderen Seite Celsus und mit ihm Menschen, denen es nur um möglichst viel Genuß geht. Letzterer Gruppe kann mit Recht jede Kompetenz in religiösen Fragen abgesprochen werden.

---

[150] Vgl. 2,21.

[151] Vgl. 7,11,20-31. Woher die Propheten stammten, die Celsus in 7,9 beschreibt, ist unklar. Handelt es sich um heidnische, montanistische oder großkirchliche Propheten? Da ihre Prophezeiung offensichtlich christlich beeinflußt sind, ist eine heidnische Herkunft eher unwahrscheinlich. Vgl. zu dieser Frage Bardy, Conversion 269-271.

[152] Vgl. 1,8,10f; 1,20,24; 4,75,2.6f; 4,86,16. Vgl. dazu Crouzel, Philosophie 27-31. Zur heutigen Beurteilung der philosophischen Schulzugehörigkeit des Celsus vgl. Borret, Contre Celse 5,129-136 und Pichler, Streit 27-38. Ich möchte mich mit dieser Frage hier nicht beschäftigen, weil sie für die Analyse der origeneischen Argumentation keine Rolle spielt.

[153] Die Tatsache, daß die Epikureer die Vorsehung leugnen, wird in 1,10,20-24; 1,13,21-23 erwähnt; in 1,71,1f; 4,75,11-13; 4,97,1f wird Celsus ausdrücklich Gottlosigkeit (ἀσέβεια) zum Vorwurf gemacht.

[154] Vgl. 2,42,20-22; 3,80,23-27.

[155] Vgl. 7,63, wo behauptet wird, die Epikureer begingen nur darum keinen Ehebruch, weil dieser in der Regel mit Hindernissen und gegebenenfalls auch mit Sanktionen verbunden ist, die die Lust vermindern.

[156] Vgl. 1,71,13f; 2,40,1; 3,21,17-20; 3,76,9f; 4,41,6-8 und Crouzel, Philosophie 72-75.

Eng mit dem Epikureismusvorwurf hängt der Vorwurf zusammen, Celsus sei ein Heuchler, der das, was er sage, nicht wirklich ernst meine. Er verstelle sich und zeige seinen Epikureismus nicht offen, weil er wisse, daß ihm dies bei seinem Publikum schaden würde. Wenn seine Leser wüßten, was er in Wahrheit sei, würden sie seinen Worten nicht glauben; daher versuche er in seinem Kampf gegen das Christentum seine wahren Ansichten zu verbergen[157]. Ausgehend von dieser Konstruktion bemüht sich Origenes, die Argumentationen des Celsus zu analysieren, um seine eigenen Leser auf den verborgenen Epikureismus des Celsus aufmerksam zu machen, der nicht direkt ausgesprochen wird, sich aber ergibt, wenn man seine Gedanken zu Ende denkt. Origenes versucht, Celsus in die Enge zu treiben, indem er ihn vor eine unannehmbare Alternative stellt, nämlich entweder die griechische Religion anzunehmen und damit eine klare Position zu beziehen, gegen die man argumentieren kann, oder seinen Epikureismus zuzugeben um den Preis, sich damit die Sympathie seiner Leser bzw. der öffentlichen Meinung zu verscherzen. Dagegen ist es nicht zu tolerieren, daß Celsus dem Volksglauben aus reinem Opportunismus Zugeständnisse macht und dadurch, daß seine Ansichten nicht zu fassen sind, eine wirkliche Auseinandersetzung unmöglich macht[158].

Die Beschuldigungen des Origenes sind, wenn man sie genauer ansieht, mehr als problematisch. Er geht, obwohl er sich nicht ganz sicher ist über die Person des Celsus, von dessen Epikureismus aus, offenbar weil ihm vom Hörensagen nur zwei Personen mit dem Namen Celsus bekannt sind, die beide Epikureer waren: "Wir haben gehört, daß es zwei Epikureer mit Namen Celsus gegeben hat, einen früheren zur Zeit des Nero, einen anderen zur Zeit Hadrians und später"[159]. Es ist möglich, daß ihm auch diese wenigen Informationen, die er über die beiden Personen hat, von außen gegeben wurden, vielleicht von Ambrosius, als er von diesem den *Alethes Logos* mit der Bitte um Widerlegung erhielt[160]. Ausgehend von dieser Vorinformation sucht er den Epikureismus des Celsus in dessen Werk nachzuweisen, um so das gesamte Werk zu diskreditieren. Gleichzeitig muß er aber zugeben, daß Celsus sich nirgends im *Alethes Logos* selbst als der epikureischen Richtung zugehörig bekennt[161]. Dennoch zieht Origenes aus der Tatsache, daß

---

[157] Vgl. 1,8,10-13; 3,35,10; 3,80,14f.

[158] Vgl. 3,35,1-14.

[159] 1,8,24-26. Man geht heute davon aus, daß es sich bei der zweiten genannten Person um den Celsus des *Alethes Logos* handelt, vgl. Chadwick, Contra Celsum XXIV; Borret, Contre Celse 5,122-129.

[160] Vgl. Borret, Contre Celse 5,131f.

[161] Vgl. 5,3,1-3.

er wenig speziell epikureisches Gedankengut findet, nicht unmittelbar den Schluß, die Information, Celsus sei Epikureer, müsse auf einem Irrtum beruhen. Stattdessen interpretiert er diesen Mangel zuungunsten des Celsus und behauptet, daß sich die Verderbtheit der Epikureer deutlich daran zeige, daß sie sich verbergen müßten. Celsus wird also nicht das vorgeworfen, was er tatsächlich äußert, sondern etwas, was er gar nicht sagt, aber angeblich im Geheimen denkt.

Der Angriff auf die persönliche Glaubwürdigkeit des Celsus ist in *Cels.* zwar zu finden, nimmt aber keinen großen Raum ein. Origenes ist kein ausgesprochener Polemiker und viel zu sehr auf die Sache konzentriert, um die celsischen Schwächen ausgiebig auszunützen. Diese Sachlichkeit des Origenes, die sich nicht um Wirkung kümmert, wird deutlich, wenn er den Angriff auf Celsus und den Vorwurf des Epikureismus im Verlauf seines Werkes teilweise zurücknimmt oder doch zumindest mit einem Fragezeichen versieht[162]. Erste Zweifel am Epikureismus des Celsus finden sich schon im dritten und vierten Buch, und Origenes teilt diese Zweifel seinen Lesern auch durchaus mit. Insofern kann man nicht sagen, daß er den Epikureismus des Celsus unter allen Umständen vertreten will[163]. Er nimmt wahr, daß die Ansichten des Celsus zum Teil nur dann zu verstehen und einzuordnen sind, wenn dieser entweder seinen Epikureismus bewußt verbirgt, oder seine Ansichten im Laufe seines Lebens selbst richtiggestellt hat, oder gar nicht der Epikureer Celsus ist[164]. Origenes kennt sich in den philosophischen Lehren seiner Zeit gut genug aus, um zu erkennen, daß es sich bei dem, was Celsus vertritt, nicht um einen "reinen" Epikureismus handelt, sondern daß dieser zumindest mit Elementen anderer philosophischer Richtungen durchsetzt ist. So ist zu beobachten, daß Celsus "in vielen Fällen Platon folgen will"[165] bzw. diesen "in vielen Fällen sehr hochschätzt"[166]. Im Zusammenhang mit seinen sprachtheoretischen Äußerungen beschreibt Origenes verschiedene Sprachphilosophien, unter anderen auch die epikureische, aber er wirft Celsus in diesem Zusammenhang nicht Epikureismus vor, sondern meint, er würde die Auffassung des Aristoteles vertreten[167]. Auch in diesem Fall nimmt er also den "Nichtepikureismus" des Celsus wahr.

---

[162] Vgl. Labriolle, Réaction paienne 136f.
[163] Vgl. 3,49,26: ἐὰν ἐπικούρειος ὤν; 4,4,7f; 4,36,35-37.
[164] Vgl. 4,54,7-11.
[165] 4,83,38f: ἐν πολλοῖς πλατωνίζειν θέλει. Auch in 6,17,3-6 sieht Origenes deutlich, daß Platon für Celsus normativ ist.
[166] 6,47,14f.
[167] Vgl. unten 109-113.

Der Angriff auf die persönliche Glaubwürdigkeit des Gegners ist für Origenes die selbstverständliche Kehrseite seiner Verteidigung der Glaubwürdigkeit der christlichen Zeugen und seiner Betonung der Einzigartigkeit Jesu Christi[168]. Ebenso wie die persönliche Integrität seiner Verkünder ein Grund für die Wahrheit des Christentums ist, so muß auf der anderen Seite zu zeigen sein, daß das falsche Denken der Nichtchristen ihre Lebensführung beeinflußt bzw. daß eine falsche Lebensführung das falsche Denken erzeugt hat. In diesem Sinne kann es keinen "guten Heiden" geben. Trotzdem wird der Angriff auf die persönliche Glaubwürdigkeit nicht mit aller Schärfe geführt, da es Origenes in *Cels.* weniger um moralische Vernichtung eines Gegners als um ein grundsätzliches Offenhalten von Möglichkeiten zu einem wirklichen Gespräch über Inhalte geht.

3.2.2 Die Unhaltbarkeit der gegnerischen Thesen

Origenes versucht häufig, Celsus zu widerlegen, indem er dessen Gedankenführung *ad absurdum* führt. Dieser indirekte Beweis, der in der Antike als ἀπαγωγή εἰς τὸ ἀδύνατον bezeichnet wurde[169], ist nur dann zwingend, wenn es sich um einen kontradiktorischen Gegensatz handelt, wenn also nur entweder A oder Nicht-A wahr sein kann. In diesem Fall kann der Nachweis, daß A falsch ist, ein Beweis für Nicht-A sein.

In einem weiteren Sinn kann man allerdings auch dann von einer indirekten Beweisführung sprechen, wenn es sich um einen nicht oder nicht sicher kontradiktorischen Gegensatz handelt. Voraussetzung ist in diesem Fall die Erklärungsbedürftigkeit der Welt und allen Geschehens in ihr. Wird diese zugestanden, dann ist es zwar kein Beweis, aber ein Argument für die Wahrheit der eigenen Meinung, wenn nachzuweisen ist, daß die Ansicht des Kontrahenten nicht haltbar ist, weil sie mehr Probleme aufwirft als löst.

Als konkretes Beispiel können die Aussagen des Origenes in 4,74-99 genannt werden. Celsus hatte den Christen vorgeworfen, sie behaupteten "Gott habe alles für den Menschen gemacht", und dieser Aussage die These, "daß das Weltganze ebensogut der unvernünftigen Tiere als der Menschen wegen geschaffen worden

---

[168] Zu Letzterem vgl. unten 4.5 Die Einzigartigkeit Jesu Christi.
[169] Vgl. Lorenz, Beweis 231 mit Verweis auf Aristot. analyt.pr. I,6,28b21; I,23,41a23ff.

sei"[170], entgegengesetzt. Er fügt im folgenden noch die Aussage hinzu, die Vorsehung richte sich auf Tiere und Menschen gleichermaßen[171] und die noch provozierendere, daß auch die Tiere und Vögel Gotteserkenntnis hätten, ja hierin den Menschen überträfen[172].

Origenes weist all das zurück, indem er die mit einer solchen These verbundenen Konsequenzen zeigt. Wäre die celsische Theorie wahr, dann hätten die Vögel klarere Vorstellungen von Gott als Celsus selbst[173], ja sogar als die von ihm als Lehrer verehrten Philosophen, und es wäre für ihn dann gut, bei ihnen und nicht bei der griechischen Philosophie in die Schule zu gehen[174]. Außerdem aber folgte aus der Gotteserkenntnis und der damit verbundenen Wahrsagekunst der Tiere, daß sie imstande sein müßten, Unheil, das sie selbst betrifft, vorauszusehen. Das aber ist offensichtlich nicht der Fall. Also stimmt die celsische These nicht. Die Argumentation verläuft im angegebenen Beispiel wie folgt:

I. (A) Nur der Mensch hat Gotteserkenntnis (wird von Gott geliebt/ unterliegt der Vorsehung/ wird von Gott mit prophetischer Einsicht beschenkt).

(Nicht-A) Nicht nur der Mensch hat Gotteserkenntnis (wird von Gott geliebt/ unterliegt der Vorsehung/ wird von Gott mit prophetischer Einsicht beschenkt),

bzw.: Auch Tiere und Vögel haben Gotteserkenntnis u.s.w.

II. Wenn Nicht-A (Auch Tiere und Vögel ...)
dann B (Tiere und Vögel haben Vorrang vor Platon).

III. Wenn Nicht-A (Auch Tiere und Vögel ...)
dann C (Tiere und Vögel können sich durch Prophetie vor Unheil schützen).

IV. Weil B und C falsch sind, ist auch Nicht-A falsch.
V. Wenn Nicht-A falsch, dann ist A richtig.

Die Schwäche der Argumentation liegt in Schritt IV, da es schwierig ist, die Urteile, B und C seien falsch, ihrerseits wieder zu begründen. Welche Rationali-

---

[170] Beide Aussagen finden sich erstmals in 4,74,1-5.
[171] Vgl. 4,99,2-11.
[172] Vgl. 4,88,6-24.
[173] Vgl. 4,89,18f.
[174] Vgl. 4,89,24-28; 4,97,30-34.

tätsnorm soll hier angelegt werden, was kann eindeutig als widersprüchlich und absurd bestimmt werden? Im ersten Fall (B) wird die Falschheit dieser Aussage dadurch bewiesen, daß man zeigen kann, daß niemand sie faktisch glaubt, da niemand, auch Celsus selbst nicht, die sich aus ihr ergebenden Konsequenzen wirklich zieht. Diese beständen nach Origenes darin, eher bei den Vögeln und Tieren als bei Platon in die Schule zu gehen; dies aber tut niemand. Es handelt sich also um eine reine *ad-hominem*-Argumentation, die in sokratischer Manier dem Gegner zu zeigen versucht, was sich aus seinen Aussagen ergeben würde.

Im zweiten Fall (C) läßt sich die Unhaltbarkeit der Behauptung leicht empirisch nachweisen, da die Tiere, hätten sie eine ihnen selbst bewußte Kraft zur Prophetie (und nur eine solche stellte sie über den Menschen, nicht aber die von Origenes durchaus zugestandene Möglichkeit einer Vogelschau, von der die Vögel selbst nichts wissen[175]), leicht die Gefangenschaft oder den Tod vermeiden könnten. Da ihnen das aber offenbar nicht möglich ist, ist das Argument unhaltbar.

An einer anderen Stelle bemüht sich Origenes zu zeigen, daß die Art des celsischen Umgangs mit dem Alten Testament, wenn sie zu Ende gedacht würde, zur Akzeptanz Jesu Christi als Messias führen müßte. Celsus weiß, offenbar vom Hörensagen ($\dot{\omega}\varsigma\ \varphi\alpha\sigma\iota$), daß Jesus "klein und mißgestaltet und häßlich" war[176] und verwendet dieses Faktum als Argument gegen den christlichen Anspruch, daß Jesus der Sohn Gottes sei. Origenes hält dem entgegen, daß die Aussage von der Häßlichkeit Jesu sich nirgends im Neuen Testament finde, sondern nur beim Propheten Jesaja. Wenn also Celsus diese Aussage über das Aussehen Jesu macht, akzeptiert er damit gleichzeitig, daß es Prophezeiungen gibt, die Hunderte von Jahren vor der Geburt Jesu über diesen ausgesprochen wurden. Dies wiederum "ist ein starker Beweis ($\mu\epsilon\gamma\dot{\alpha}\lambda\eta\ \kappa\alpha\tau\alpha\sigma\kappa\epsilon\nu\dot{\eta}$) dafür, daß derselbe Jesus, der ohne Gestalt zu sein schien, der Sohn Gottes war ..."[177]. Celsus behauptet nach Ansicht des Origenes an dieser Stelle etwas, von dem er meint, es würde seine eigene Ansicht stützten, in Wirklichkeit brauchen die celsischen Aussagen nur zu Ende gedacht zu werden, damit sich ihre Unhaltbarkeit zeigt bzw. sich ergibt, daß sie eher die christliche Ansicht bestätigen. "Es ist klar, daß er [Celsus] gezwungen ist anzuerkennen, daß die Prophezeiungen über Christus sich erfüllt haben, weshalb es nicht länger hingeht, daß er seine Anklagen gegen Jesus fortsetzt"[178].

---

[175] Vgl. dazu unten 148.

[176] Vgl. 6,75,6.

[177] 6,76,12f, vgl. auch den ganzen Zusammenhang 6,76,8-26.

[178] 4,76,23-26. Zum Aussehen Jesu vgl. unten 145f und 172.

Ein weiterer Punkt, an dem Origenes die sachliche Unhaltbarkeit celsischer Aussagen zeigt, ist der in *Cels.* oft erhobene Vorwurf der falschen Prosopopöie. Origenes kennt den Begriff "Prosopopöie" als Fachausdruck für das rhetorische Stilmittel, daß der Sprecher Teile seiner eigenen Argumentation einer fingierten Person in den Mund legt[179]. Dieses Stilmittel ist allerdings nur dann wirkungsvoll, wenn die allgemeine Kennzeichnung dieser Person die ihr beigelegten Worte glaubwürdig erscheinen läßt. Celsus hatte, um zu zeigen, daß der christliche Glaube selbst bei Annahme des biblischen Fundamentes nicht akzeptabel ist, in sein Werk einen Juden eingeführt, der einen Teil der Argumentation gegen das Christentum übernimmt. Die Tatsache, daß die Juden, die mit den Christen dieselben schriftlichen Offenbarungsurkunden teilen, das Christentum ablehnen, beweist in den Augen des Celsus, daß sich der Anspruch Jesu Christi noch nicht einmal vom Alten Testament her belegen läßt.

Origenes bekämpft die celsische Argumentation, indem er nachweist, daß das meiste, was Celsus seinem Juden in den Mund legt, im Munde eines Juden nicht plausibel ist. Das Argument selbst wird also nicht widerlegt, wohl aber wird der angebliche Sprecher abgewiesen, da dieser die Worte, die Celsus ihn sagen läßt, niemals sagen würde[180].

Die richtige Anwendung der Prosopopöie gehörte zur literarischen Ausbildung der Antike, und ihre Kenntnis durfte bei jemandem, der sich rühmte, gebildet zu sein, vorausgesetzt werden. Origenes erwähnt selbst, daß Übungen in dieser Disziplin zum Stoff eines Rhetoriklehrers gehörten[181]. Entscheidend für eine sachgemäße Prosopopöie ist, daß die Ausrichtung der Personen auf bestimmte Ziele und ihr Charakter den ihnen in den Mund gelegten Worten entspricht. So zeugt es von mangelhafter Beherrschung der Prosopopöie, wenn ungebildeten Sklaven philosophische Analysen oder gebildeten Männern Anfängerfragen in den Mund gelegt werden[182].

Origenes sagt zu Beginn des zweiten Buches nicht ohne Ironie, daß offenbar "der, der sich rühmt, alles zu wissen, nicht weiß, was der richtigen Prosopopöie

---

[179] Vgl. zu diesem Begriff Lausberg, Handbuch 820-829; zu seiner Verwendung durch Origenes Neuschäfer, Origenes als Philologe 263-276 bes. 269f und Pichler, Streit 212-214. Der Begriff kommt sehr oft vor, vgl. z.B. praef. 6,3; 1,32,2; 1,34,2; 1,49,12; 1,50,16; 1,71,24; 2,1,13; 7,36,17.23.

[180] Vgl. Neuschäfer, Origenes als Philologe 269.

[181] Vgl. 1,28,1f.

[182] Vgl. 7,36,17-37; 7,37,1-16. Vgl. dazu Neuschäfer, Origenes als Philologe 270, der in Anm. 129 allerdings irrtümlich 6,36 als Beleg angibt.

entspricht"[183]. So ist es falsch, einem Juden die Überzeugung, daß ein Sohn Gottes kommen werde, zuzuschreiben, da er zwar auf einen Messias hofft, aber die Rede vom "Sohn Gottes" ablehnt und einen solchen auch nicht erwartet. Die sich hierin offenbarende Unwissenheit des Celsus ist für die Verteidigung des christlichen Glaubens ein Glücksfall, denn es kann gezeigt werden, daß durch solche Irrtümer die gesamte dem Juden in den Mund gelegte Argumentation unplausibel wird[184]. Ähnlich unwahrscheinlich ist auch die Aussage, die alttestamentlichen Prophezeiungen könnten auf tausend andere mit größerer Wahrscheinlichkeit bezogen werden als auf Jesus, wenn man sie sich im Munde eines Juden vorstellt[185].

Auf den Einwand des celsischen Juden, daß man manches in den Evangelien Berichtete mangels Zeugen nicht oder nur von Jesus selbst, der ja Partei sei, wissen könne[186], antwortet Origenes, daß ein solcher Einwand im Munde eines Juden sinnlos sei, da die Juden selbst an noch viel unwahrscheinlichere Dinge glauben, z.B. daran, daß Moses über Dinge schrieb, die lange vor ihm geschahen, wie etwa die Schöpfung. Ein Jude würde niemals in dieser Weise argumentieren, da er wie die Christen an den den Menschen belehrenden Geist Gottes glaubt[187].

Zusammenfassend ist festzuhalten, daß wir in *Cels.* als zentrales Anliegen des Origenes das Bemühen finden, seinen Lesern zu zeigen, daß die Argumentation des Celsus sachlich falsch ist und in Aporien führt. Das von Celsus vertretene Heidentum hat auf die entscheidenden Fragen des menschlichen Lebens keine Antworten, sondern flüchtet sich in sinnlose Behauptungen, von denen sich zeigen läßt, daß sie, konsequent zu Ende gedacht, zu Aussagen führen, die absurd sind und nicht einmal von ihm selbst angenommen werden.

---

[183] 2,1,11-13.
[184] Vgl. 1,49,10-33, vgl. auch 2,31,15-20.
[185] Vgl. 2,28,10-20.
[186] Vgl. 1,41,12-15; es geht um das Geschehen bei der Taufe Jesu.
[187] Vgl. 1,43-44. bes. 1,44,9-13. Der Vergleich zwischen Moses und Jesus bzw. das Argument, daß die Argumente des celsischen Juden sich genauso gegen Moses richten würden und daß es daher unplausibel ist, wenn ein Jude sie ausspricht, findet sich auch in 2,52-55.

3.2.3 Sprachliche und logische Analyse

Am Beginn jedes Diskurses muß eine Festlegung der verwendeten Begriffe, müssen Definitionen stehen. Diese können selbst festgesetzt werden ("Ich verstehe unter A ...") oder in Beziehung zu einer bestimmten Sprache oder Gruppe stehen. ("Im Deutschen versteht man unter A ..." bzw. "In der platonischen Philosophie versteht man unter A..."); sind sie aber einmal bestimmt, dürfen sie nicht willkürlich geändert werden. Geschieht das doch, so ist damit ein Grund gegeben, die gesamte Argumentation eines anderen wegen begrifflicher Unschärfe zurückzuweisen. Origenes greift in der Auseinandersetzung mit Celsus sehr oft zu dem Mittel, die celsische Argumentation aufgrund sprachlicher oder logischer Mängel abzulehnen und die celsischen Definitionen als willkürlich, da dem allgemeinen Sprachgebrauch entgegengesetzt, zu verwerfen. Diese Form des Angriffs auf die Plausibilität der Thesen des Celsus ist ihm so wichtig, daß er sie an mehreren Stellen in seinem Werk mit sprachphilosophischen Erklärungen ausführlich begründet. Origenes versucht an diesen Stellen zu zeigen, daß Sprache erstens dem Menschen vorgegeben und d.h. nicht beliebig zu ändern ist, und daß sie zweitens verschiedene Ebenen hat, die genau unterschieden werden müssen, will man den Sinn einer Aussage wirklich erfassen. Auf beide Punkte soll kurz eingegangen werden.

Origenes kommt an zwei Stellen auf den Ursprung der Sprache zu sprechen[188]. In 1,24 antwortet er Celsus, der die Benennung des höchsten Gottes für beliebig bzw. nur national bedingt hält, und sagt: "Darauf ist zu sagen, daß die vorliegende Frage das tiefe und unaussprechliche Problem vom Wesen der Namen berührt; ob, wie Aristoteles meint, die Namen auf Übereinkunft beruhen (θέσει sind), oder, wie die Stoiker glauben, natürlich (φύσει) sind, so daß die ersten Laute die Dinge, deren Namen sie waren, nachgeahmt hätten, weshalb sie auch die Grundprinzipien der Etymologie einführten; oder ob, wie Epikur abweichend von den Stoikern lehrt, die Namen daher einen natürlichen Ursprung haben, daß die ersten Menschen bei den Dingen Laute ausgestoßen hätten"[189].

An dieser Stelle werden die beiden Theorien über den Ursprung der Namen erwähnt, wobei Aristoteles als Vertreter des Konventionalismus und die Stoa und der

---

[188] Vgl. neben den im Folgenden besprochenen Stellen 1,24-25 und 5,45 auch mart. 46 (GCS 2(1) 42 Koetschau).
[189] 1,24,7-16.

Epikureismus als je verschieden begründete Theorien einer naturalistischen Sprach-auffassung angeführt werden. Platon wird in diesem Zusammenhang nicht erwähnt, vermutlich, weil er sich in dieser Frage zu differenziert geäußert hat, als daß sich eine bestimmte Richtung eindeutig auf ihn berufen könnte[190]. Origenes aber kommt es hier darauf an, eindeutige Vertreter bestimmter Richtungen zu nennen. Die Frage, die zur Debatte steht, lautet kurzgefaßt: Ist die Sprache θέσει oder φύσει, Setzung oder Natur?[191]

Origenes interpretiert Celsus so, daß dieser eine konventionalistische Sprachauf-fassung vertritt, und das heißt, sich in diesem Punkt Aristoteles anschließt. Daher stellt sich Origenes zunächst die Aufgabe, die Sprachauffassung des Aristoteles mit Argumenten zu widerlegen, um so auch indirekt Celsus zu treffen. Dabei fällt auf, daß Origenes in 1,24 behauptet, Aristoteles vertrete die Ansicht, die Namen seien θέσει, in 5,45 dagegen sagt, Aristoteles nenne sie νόμῳ[192]. Offenbar hält Origenes beide Begriffe im vorliegenden Kontext für Synonyme[193]. Beide sollen ausdrücken, daß die Sprache als ein vom Menschen hervorgebrachtes Verständigungsmittel anzusehen ist, das zu ändern in der Macht der Menschen liegt. Sprache hat in-nerhalb dieses Theorieansatzes keinen Bezug zur Transzendenz und ist deshalb auch kein geeignetes Werkzeug zur Vermittlung zwischen Gott und Mensch.

Genau an diesem Punkt setzt die Kritik des Origenes an der aristotelischen Sprachtheorie ein. Eine Sprache, die der Mensch geschaffen hat, kann den menschlichen Einflußbereich nicht überschreiten; eine direkte Einwirkung der Sprache auf Dinge, andere Menschen oder gar Gott, wie man sie bei Beschwörun-gen oder magischen Handlungen findet, wäre dann unmöglich[194]. Wenn Sprache nicht mehr ist als ein Mittel, das der menschliche Geist zur Verständigung mit seinesgleichen geschaffen hat, wäre ein Wort, das unabhängig von der Rezeption durch einen Empfänger etwas bewirkt, undenkbar. Ein solches Wort aber ist für

---

[190] Nach Fédou, Christianisme 244 geht die naturalistische Sprachauffassung auf Heraklit, die konventionalistische auf Demokrit zurück. Beide werden in Platons Kratylos in ihrem Für und Wider dargestellt. Vgl. Rehn, Logos der Seele 7-40.

[191] In 5,45,7-9 wird dasselbe Problem noch einmal aufgegriffen, Origenes erwähnt aber Stoa und Epikureismus an dieser Stelle nicht mehr, sondern weist nur die Ansicht des Aristoteles zurück. Vgl. hierzu Borret, Contre Celse 1,136 Anm.1.

[192] Vgl. 1,24,10; 5,45,7f.

[193] Nach Steinthal, Sprachwissenschaft 1,76.325 hieß der Gegensatz ursprünglich (d.h. im Zeitalter des Perikles) φύσει - νόμῳ, später (in der alexandrinischen Zeit) bezeichnete man den νόμος selbst als φύσει. Daher wurde der Gegensatz jetzt mit dem Begriffspaar φύσει - θέσει gefaßt.

[194] Vgl. 1,24,16-34.

Origenes aus der biblischen Tradition, aber auch, und nur das führt er gegen Celsus ins Feld, aus seiner ägyptischen und kleinasiatischen Umwelt eine nicht zu leugnende Realität. Origenes argumentiert an dieser Stelle mit der Faktizität von magischen Phänomenen gegen eine Theorie, die seiner Meinung nach an der Wirklichkeit vorbeigeht.

Die entgegengesetzte Theorie, die bei Epikur und in der Stoa vertreten wird, lautet, daß die Sprache in irgendeiner Weise mit dem Menschen gleichzeitig ist, daß sie nicht sein Produkt ist, sondern ihm entweder selbst naturhaft innewohnt, so daß die ersten Menschen Laute (φωνή) äußerten, die den Dingen entsprachen, oder aber daß sie naturhaft mit den Dingen verbunden ist, so daß die Laute die Dinge nachahmen. Erstere Theorie verknüpft Origenes mit dem Namen des Epikur, letztere mit der Stoa[195]. Was Epikur angeht, so können wir die Richtigkeit des origeneischen Berichtes insofern überprüfen, als uns bei Diogenes Laertius die epikureische Sprachphilosophie tradiert ist. Dort heißt es ausdrücklich, daß die Namen nicht θέσει sind, sondern daß die Natur des Menschen bei den verschiedenen Völkern unterschiedliche Eindrücke empfange und diese dann in Lauten äußere[196]. Für Epikur ist noch vor der Sprache und sozusagen als deren Voraussetzung die Verschiedenheit der Menschen zu beachten, die sich aus ethnischen und geographischen Gründen ergibt. Aus diesen Unterschieden resultieren naturnotwendig verschiedene Sprachen, die trotz ihrer Unterschiede alle φύσει sind. Dabei ist zu beachten, daß für Epikur das Naturhafte der Sprache der Sinneswahrnehmung vergleichbar ist und kein im eigentlichen Sinne geistiges Phänomen darstellt[197]. Man hat die Epikureer als die "Nominalisten des Altertums" bezeichnen, da für sie Denken und Sprechen völlig unvermittelte Akte sind; d.h. es gibt nur das äußere Ding und den Laut, aber keine geistigen Vermittlungsstufen[198].

Auch die stoische Sprachtheorie wird von Origenes zutreffend charakterisiert, wenn er die Wichtigkeit der Etymologie für diese philosophische Richtung hervorhebt. Für die Stoa gibt es eine Beziehung zwischen Ding und Namen, die nicht willkürlich vom Menschen gesetzt wird, sondern unabhängig von ihm besteht. Diese Beziehung ist geistiger Natur und kann als solche vom Menschen erforscht

---

[195] Vgl. 1,24,10-16.
[196] Vgl. Diog. Laert. 10,75 zitiert bei Steinthal, Sprachwissenschaft 1,325.
[197] Vgl. Steinthal, Sprachwissenschaft 1,326f; Gögler, Theologie 56f.
[198] Vgl. Kobusch, Sein und Sprache 33.

werden. In der Beschäftigung mit den ἔτυμα, mit dem was wirklich und wahr ist, erhält der Mensch Aufschlüsse über die Wirklichkeit als Ganze[199].

Der Streit darum, ob die Namen φύσει oder θέσει sind, war vor Origenes schon jahrhundertelang ausgefochten worden. Dabei hatte die Begrifflichkeit mehrfach gewechselt bzw. war das gleiche Begriffspaar für unterschiedliche Problemfelder verwandt worden. Der Gegensatz φύσει - θέσει kann einmal auf den Ursprung der Sprache verweisen, φύσει meint dann, daß die Sprache von selbst entsteht bzw. auf außermenschliche Einflüsse zurückgeht, während θέσει bedeutet, daß die Sprache als vom Menschen hervorgebrachtes Verständigungsmittel betrachtet wird. Nur in diesem Sinne nannte nach Gögler Aristoteles die Sprache θέσει, und Origenes, der meinte, dieser vertrete die Theorie einer rein willkürlichen und beliebigen Benennung, hat ihn hier falsch verstanden[200].

Auf der anderen Seite kann es bei der Frage, ob die Namen φύσει oder θέσει sind, um das Problem gehen, ob es so etwas wie eine Richtigkeit von Namen gibt, die diese der Beliebigkeit und willkürlichen Änderung entzieht? Beide Seiten reden dann von ὀνόματα τίθεσθαι, der Streit dreht sich darum, ob der wie und von wem auch immer gesetzte Name der Natur der Sache entspricht[201].

Origenes ist der Meinung, daß ein Name, der einmal gegeben ist, durch diese Setzung φύσει wird. Er bringt als Beispiel die Eigennamen der Menschen, die von anderen Menschen gegeben sind, aber als einmal gegebene dem Träger φύσει zukommen[202]. Für ihn verbindet sich mit dem Begriff θέσει ganz offensichtlich die Vorstellung von Willkür und Beliebigkeit. Θέσει meint für ihn nicht allgemein "aus menschlicher Setzung", sondern bedeutet eine Sprachtheorie, nach der es in der Macht jedes Einzelnen steht, die Dinge zu benennen und diese Benennungen auch wieder zu ändern. Origenes warnt: "... man muß sich in acht nehmen, jedes beliebige Wort auf jede beliebige Sache anzuwenden"[203]. Die Namen sind φύσει und zwar genau deshalb, weil es so etwas wie eine Richtigkeit der Benennung gibt, an der man die Namen, die der Einzelne einer Sache oder Person gibt, messen kann[204]. Über den Ursprung der Namen ist damit noch nichts gesagt. Diesen streift Origenes an anderer Stelle, wo er zwar nicht positiv sagt, woher die Namen

---

[199] Vgl. Steinthal, Sprachwissenschaft 331f; Gögler, Theologie 57f.
[200] Vgl. Gögler, Theologie 54.
[201] Vgl. Steinthal, Sprachwissenschaft 1,78; Borsche, Name 366.
[202] Vgl. 5,45,16-24.
[203] 1,24,38f.
[204] Vgl. Mortley, From Word to Silence 1,155.

kommen, aber doch deutlich zum Ausdruck bringt, daß nicht der Mensch ihr Urheber ist: "Denn auch die Sprachen, die die Menschen verwenden, haben ihren Ursprung nicht von den Menschen"[205].

Origenes besteht Celsus gegenüber mit Nachdruck darauf, daß die Namen φύσει sind, weil nur so ihre Qualität als Prädikatoren, die eindeutig etwas zu- oder absprechen, gewährleistet ist. Wenn derselbe Begriff das eine Mal A und das andere Mal B oder sogar Nicht-A bedeuten kann, je nach Belieben des Sprechers, dann wäre er weder als *Definiens* noch als *Definiendum* geeignet.

Wie sehr sich Origenes um klare Begriffe bemüht und wie sehr er dementsprechend den Relativismus des Celsus ablehnt, wird besonders in 5,27f deutlich. Origenes leugnet nicht, daß es Begriffe gibt, die relativ (πρός τι) sind und deren Bedeutung sich nur aus dem Kontext ergibt, aber er betont, daß dies nicht für alle Begriffe gilt. Besonders im religiös-ethischen Bereich (Origenes nennt als Beispiel Tugenden) gibt es Prädikate, die eindeutig zu- oder absprechen und die unabhängig von Raum und Zeit gelten. Was das Gute ist, was Gott wohlgefällig und gerecht ist, muß für Menschen jeder Zeit und jeden Ortes gelten. Es kann nicht in dem einen Land gut sein, seinen Vater zu ermorden, und in einem anderen ein Verbrechen, es kann nicht bei einem Volk wahre Gottesverehrung sein, ein Krokodil anzubeten, und beim andern ein Sakrileg. Denn daraus folgte, daß dasselbe Tun derselben Person an einem Ort das Gebotene und ethisch Gute, am anderen Ort aber schuldhaft wäre. "Man prüfe, ob sich darin nicht eine ungeheure Verwirrung über [die Begriffe] "Gerechtigkeit", "Heiligkeit" und "Frömmigkeit" bemerkbar macht. Denn die Frömmigkeit wäre nicht deutlich abgegrenzt (διαρθρουμένη) und hätte keine eigene Natur und würde auch nicht die als "fromm" kennzeichnen, die sich ihr entsprechend verhalten. Wenn nun "Frömmigkeit" und "Heiligkeit" und "Gerechtigkeit" relativ (πρός τι) sind, so daß "heilig" und "nicht-heilig" dasselbe wäre, je nach den Verhältnissen und bestehenden Gesetzen, so prüfe man, ob nicht folgerichtig auch die Besonnenheit zu den relativen Begriffen gehören müßte und die Tapferkeit und die Einsicht und die Erkenntnis und die übrigen Tugenden. Das wäre aber doch das Absurdeste, was es geben könnte"[206]. Die Funktion eines Begriffes liegt gerade darin, daß er abtrennt, zergliedert, definiert[207]. Wo er das nicht leistet, weil er auch sein Gegen-

---

[205] 5,45,8f.

[206] 5,28,6-15. In seiner Weigerung, die Tugenden zu relativieren, schließt Origenes sich an stoische Vorstellungen an, vgl. Borret, Contre Celse 3,84f Anm.1.

[207] All das kann der in 5,28,8 verwendete Begriff διαρθροῦν heißen.

teil bezeichnen kann, wird er wertlos und wird Kommunikation sinnlos. Wenn
Begriffe nichts Bestimmtes bezeichnen und alles relativ ist, wird jedes Gespräch
abgebrochen.

In der Auseinandersetzung mit Celsus bezieht sich Origenes zur Rechtfertigung
seiner Ansicht auf den allgemeinen Sprachgebrauch (συνήθεια). Neuschäfer zeigt,
daß συνήθεια in sprachphilosophischen Zusammenhängen in zweifacher Verwendung bei Origenes vorkommt, einmal in der Bedeutung "alltäglicher Sprachgebrauch", dann aber auch, wenn es um Bibeltexte geht, in der Bedeutung "biblischer
Sprachgebrauch". In beiden Fällen wird mit dem Begriff gegen eine willkürliche
Verwendung von Sprache Einspruch erhoben[208]. Auf den biblischen Sprachgebrauch verweist Origenes dreimal zur Unterstützung seiner eigenen Ansicht[209].
Wichtiger noch ist in *Cels.* der Hinweis auf den allgemeinen Sprachgebrauch als
Maßstab, an dem sich jeder Sondergebrauch von Begriffen messen lassen muß.
Eine Begrifflichkeit, die dem allgemeinen Sprachgebrauch widerspricht, ist
abzulehnen[210]. Allerdings darf das, was unter dem allgemeinen Sprachgebrauch
zu verstehen ist, nicht mit einem wörtlichen, buchstäblichen Sinn verwechselt
werden; es gibt Ausdrücke, die jeder als bildhaft versteht und bei denen man
Leuten, die den Christen mit Hilfe dieser Begriffe ein allzu primitives Weltbild
vorwerfen, sagen muß, daß schon der allgemeine Sprachgebrauch diese Ausdrücke
immer bildhaft versteht. Origenes nennt als Beispiel das "Herabsteigen" eines
Höheren zu einem niedriger Gestellten, es geht dabei um einen geistigen Vorgang,
nicht um eine räumliche Bewegung, dies ist auch bei der biblischen Redeweise vom
"Herabsteigen Gottes" nicht anders[211].

Im Hintergrund dieser sprachphilosophischen Auffassungen steht die stoische
Lehre von den sogenannten κοιναὶ ἔννοιαι oder φυσικαὶ ἔννοιαι. Danach gibt es
bestimmte Begriffe, die, man könnte sagen, natural unbeliebig sind und jedem
bewußten Denkakt eines Einzelmenschen vorausliegen. Ihnen entsprechen
Vorstellungen, die allen Menschen, sofern ihr Denken nicht durch Irrtum und
Sünde verzerrt ist, gemeinsam sind und denen sich kein Mensch entziehen kann
(κοιναὶ ἔννοιαι). Diese Vorstellungen sind deshalb so allgemein, weil sie in der
menschlichen Natur begründet und ihr angeboren sind (weil sie φυσικαὶ ἔννοιαι

---

[208] Zum Begriff συνήθεια vgl. Neuschäfer, Origenes als Philologe 143-145. Weitere Belege
zur origeneischen Verwendung des Begriffs vgl. ebd. 143 Anm.36.
[209] Vgl. 4,28,35; 6,62,12; 7,11,18f.
[210] Vgl. z.B. 6,57,9f.
[211] Vgl. 4,12,21-27.

sind)[212]. Inhaltlich sind Gegenstand dieser allgemeinen Vorstellung die Grundnormen der Ethik (das Naturgesetz)[213] und die Idee Gottes als eines immateriellen geistigen Wesens[214]. Diese Begriffe werden vom menschlichen Geist unmittelbar erfaßt (die Stoa spricht von καταληπτικὴ φαντασία[215]) und bilden die Grundlage für jede eigene religiöse oder ethische Entscheidung.

In diesen Bereichen, die der Verfügung des Menschen und der formenden Kraft seines Geistes entzogen sind, gibt es keine Relativität, und dem muß auch die Sprache entsprechen. Origenes versucht daher immer wieder, den Angriffen des Celsus durch eine Klärung von Begriffen zu begegnen, sei es durch Definition, sei es durch Unterscheidung verschiedener Sinnebenen. Da der Frage des richtigen Gottesbegriffes in einem späteren Kapitel noch gesondert nachgegangen werden soll, sollen hier nur einige Beispiele aus anderen Bereichen angeführt werden.

Wenn es darum geht, die Bedeutung von Begriffen festzulegen, so muß zunächst bei jedem Begriff gefragt werden, ob es sich um einen generellen oder um einen singulären Terminus handelt. In den meisten Fällen ist die Antwort klar und unproblematisch, aber es gibt Fälle, wo Mißverständnisse möglich sind, d.h. wo nicht ohne weiteres aus dem Zusammenhang deutlich wird, ob es sich um einen Namen oder um ein Prädikat handelt. Eine solche Stelle finden wir in *Cels.* 4,40, wo es um die Auslegung der biblischen Urgeschichte geht. Celsus interpretiert "Adam" als Eigenname und schließt die Frage an, wieso Gott nicht einmal einen einzigen Menschen dazu bringen konnte, ihm zu gehorchen[216]. Origenes antwortet, indem er zeigt, daß mit "Adam" alle Menschen insgesamt gemeint sind, daß also "Adam" nur als genereller Terminus aufgefaßt werden darf und einfach "Mensch" bedeutet[217]. Dasselbe gilt von Eva, mit der ebenfalls alle Frauen gemeint sind[218]. Durch diese sprachliche Unterscheidung gelingt es, die Urgeschichte von den Schwierigkeiten, die sich ergeben, wenn man sie als historisches Geschehen auffaßt, zu entlasten und sie als allgemeine Aussage über den Menschen aufzufassen. Damit ist zugleich auch der Angriff des Celsus zurückgeschlagen, der versucht

---

[212] Vgl. Borret, Contre Celse 2,394 Anm.1; Berchman, From Philo to Origen 188-190; Banner, Natural Law Concepts 73.

[213] Vgl. 1,4,5f; 1,5,10-13; 8,52,14-16.

[214] Vgl. 3,40; 4,14,28f. Vgl. Banner, Natural Law Concepts 58f.

[215] Vgl. 1,42,3f. In 8,53,47 sagt Origenes ausdrücklich, daß der Begriff stoischen Ursprungs ist. Vgl. Roberts, Philosophical Method 85-88.

[216] Der Angriff des Celsus findet sich in 4,36,6-16.

[217] Vgl. 4,40,16f.

[218] Vgl. 4,40,19f.

hatte, die Urgeschichte in ihrem wörtlichen Sinn lächerlich zu machen. Origenes konnte zeigen, daß dieser Angriff auf einem Mißverständnis seitens des Celsus beruhte.

Überhaupt kann Celsus in vielen Fällen vorgeworfen werden, nicht sorgfältig genug darauf zu achten, wie ein Begriff inhaltlich gefüllt ist, wenn er im Kontext des Christentums verwandt wird. Es muß in jedem einzelnen Fall geprüft werden, ob gleiche Begriffe wirklich das Gleiche meinen; nach Origenes gibt es auch den Fall, daß gewisse Gegenstände (Gegenstand hier im weitesten Sinne des Wortes verstanden; Origenes bringt als Beispiel abstrakte Begriffe wie Gerechtigkeit und Vorgänge wie Beschneidung und Opferkult) zwar gleich bezeichnet werden, aber über eine äußere Ähnlichkeit hinaus nichts miteinander zu tun haben[219]. Die Konnotationen eines Wortes können so verschieden sein, daß man zusätzliche Kennzeichnungen braucht ("die Beschneidung, wie sie bei den Juden geübt wird" oder "Tapferkeit, wie Epikur sie versteht"), um zu verstehen, was gemeint ist. Celsus hatte argumentiert, daß es Beschneidung auch bei anderen Völkern als den Juden gibt und daß somit die Beschneidung keinen Vorrang sichere. Origenes weiß sehr wohl, daß diese Behauptung stimmt[220], aber er wehrt sich, indem er bei dem Begriff "Beschneidung" Konnotationen wie "vom Gesetz vorgegeben", "von Gott eingesetzt" mithören will. Eine Beschneidung, die nicht Bundeszeichen ist, ein Opfer oder Gebet, das sich nicht an den biblischen Gott richtet, ist nicht derselbe "Gegenstand" wie eine Beschneidung, ein Opfer bzw. Gebet, bei dem das der Fall ist. Das eine Wort bezeichnet hier also verschiedene Gegenstände. Verdeutlicht wird dies an "Gerechtigkeit" und "Tapferkeit": "Damit die vorliegende Sache noch besser verstanden wird, ist zu sagen, daß das Wort (ὄνομα) "Gerechtigkeit" bei allen Griechen ein und dasselbe ist. Es wurde aber schon gezeigt, daß die Gerechtigkeit nach epikureischen Verständnis eine andere ist, wieder eine andere nach Meinung der Stoa, wo die Dreiteilung der Seele geleugnet wird, wieder eine andere bei den Platonikern, die sagen, Gerechtigkeit sei das Handeln der einzelnen Teile der Seele aus eigenem Antrieb. Ebenso ist die Tapferkeit eine andere bei Epikur, der Gefahren nur deshalb auf sich nimmt, um größeren zu entgehen, wieder eine andere in der Stoa, die jede Tugend um ihrer selbst willen erstrebt, wieder eine andere bei den Platonikern, die sagen, daß sie die Tugend des affektiven Teils der Seele sei, und sie im Brustkorb lokalisieren"[221].

---

[219] Vgl. 5,47,1-25.
[220] Vgl. hierzu den langen Exkurs in comm. in Rom. 2,13 (FC 2/1,254-300 Heither).
[221] 5,47,8-20.

Neben dem Fall, daß mit einem Wort verschiedene Gegenstände bezeichnet werden, kennt Origenes auch das Phänomen, daß auf einen Gegenstand verschiedene Begriffe angewandt werden können. Ein Gegenstand kann so viele Aspekte haben, daß er, selbst wenn er eindeutig (z.B. mit einem Eigennamen) bezeichnet ist, in unserem Denken nur durch eine Fülle von Prädikaten annähernd erfaßt werden kann. Diese sogenannten ἐπίνοιαι sind Hilfsmittel für den menschlichen Geist, die auf einen Gegenstand oder eine Person hinweisen, ohne daß eine von ihnen die Person oder Sache vollständig ausdrücken könnte. Damit hat Origenes von der Stoa die wichtige Unterscheidung zwischen dem an sich Seienden (ὑπόστασις) und den Inhalten des menschlichen Bewußtseins (ἐπίνοιαι) rezipiert und erkannt, daß beide Seinsweisen nicht ineinander überführbar sind[222]. In *Cels.* 2,64 schreibt er: "Obwohl Jesus einer [ein einziges Wesen] war, war er doch dem Denken eine Vielheit und wurde nicht von allen, die ihn sahen, gleich geschaut"[223]. Er erklärt dies, indem er die verschiedenen ἐπίνοιαι Christi, wie Wort, Licht, Leben, Heil usw. anführt und feststellt, daß sie sich alle auf die eine Person beziehen. Diese kann nicht mit einem einzigen Begriff erfaßt werden, da wir sie in unserem Denken unter verschiedener Hinsicht wahrnehmen. Die ἐπίνοιαι sind alle in der äußeren Wirklichkeit verankert, ihnen entspricht etwas, ohne daß eine von ihnen alles zugleich aussprechen könnte.

An einigen Stellen benutzt Origenes die platonische Methode der Dihairese[224], um die Argumentation sprachlich differenzierter zu führen. So zeigt er z.B. daß die Begriffe "Engel" und "Mensch" Oberbegriffe sind, denen als Unterbegriffe "gute Engel" und "böse Engel" bzw. "gute Menschen" und "böse Menschen" zuzuordnen sind, während es bei dem Begriff "Dämonen" eine solche Untergliederung nicht gibt. Der Begriff "Dämon" ist im biblischen und allgemein im christlichen Sprachgebrauch eindeutig negativ besetzt, und eine Redeweise, die von "guten Dämonen" spricht oder gar Jesus als Dämon bezeichnet, ist zumindest dort, wo der Anspruch erhoben wird, den christlichen Glauben zu referieren, abzulehnen[225].

---

[222] Vgl. Kobusch, Philosophische Bedeutung 95f und ders. Initiator 35f.
[223] 2,64,1f.
[224] Vgl. hierzu Roberts, Philosophical Method 98-101.
[225] Vgl. 8,25,15-23. Die Ansicht, daß der Begriff "Dämon" immer negativ gebraucht wird, findet sich auch 1,31,35f; 5,5,21-31; 8,39,12-20. Anders dagegen in der Sprachwelt des Celsus und überhaupt des griechischen Denkens, vgl. Borret, Contre Celse 1,160 Anm.1.

Sehr deutlich wird die Methode der Dihairese auch in 6,65, wo Origenes auf Celsus antwortet, der behauptet hatte, Gott sei auch nicht mit dem Wort (λόγος) zu erreichen. Origenes hält die Aussage in dieser allgemeinen Form für nicht haltbar und zeigt das, indem er unterscheidet: "Wenn mit Wort nur das Wort in uns, sei es das nur innere oder das hervorgebrachte gemeint ist, sagen auch wir, daß Gott nicht mit dem Wort zu erreichen ist. Wenn wir aber die Stelle bedenken: "Im Anfang war das Wort, und das Wort war bei Gott, und Gott war das Wort", dann sind wir der Ansicht, daß Gott mit diesem Wort erreichbar ist"[226]. Beim Begriff "Logos" muß grundsätzlich unterschieden werden, um welchen Logos es sich handelt:

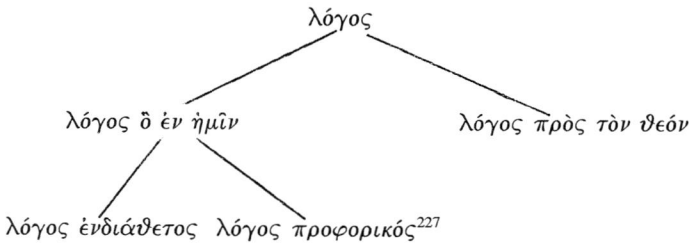

$$
\begin{array}{c}
\lambda\acute{o}\gamma o\varsigma \\
\diagup \qquad \diagdown \\
\lambda\acute{o}\gamma o\varsigma\ \mathring{o}\ \mathring{\epsilon}\nu\ \mathring{\eta}\mu\hat{\iota}\nu \qquad\qquad \lambda\acute{o}\gamma o\varsigma\ \pi\rho\grave{o}\varsigma\ \tau\grave{o}\nu\ \vartheta\epsilon\acute{o}\nu \\
\diagup \quad \diagdown \\
\lambda\acute{o}\gamma o\varsigma\ \mathring{\epsilon}\nu\delta\iota\acute{\alpha}\vartheta\epsilon\tau o\varsigma \quad \lambda\acute{o}\gamma o\varsigma\ \pi\rho o\varphi o\rho\iota\kappa\acute{o}\varsigma^{227}
\end{array}
$$

Origenes ist sehr sensibel, was die richtige Verwendung von Sprache angeht. Das Argument, daß etwas "nur ein Wort" ist, dem in der Wirklichkeit nichts entspricht und das daher ruhig verwendet werden kann, lehnt Origenes ab: "Beim Glück des Kaisers schwören wir nicht wie auch bei keinem anderen, den man für einen Gott hält. Mag auch, wie manche sagen, das Glück des Kaisers nur ein Wort (ἐκφορὰ μόνον) sein ... so schwören wir nicht bei etwas, was gar nichts ist, wie bei etwas, das Gott ist oder wenigstens vorhanden und fähig etwas zu tun"[228]. Etwas, das nichts ist, als seiend zu behandeln, ja im gegebenen Fall sogar als göttlich, ist ein Mißbrauch von Sprache, deren eigentliche Aufgabe es ist, Wirklichkeit auszudrücken.

---

[226] 6,65,8-1
[227] Vgl. zu dieser Unterscheidung Roberts, Philosophical Method 100.151; Kobusch, Sein und Sprache 363f.
[228] 8,65,26-30; ἐκφορὰ meint Wort, ist aber nicht wie Logos ganz auf den Sinn bezogen, sondern drückt mehr das Geäußertwerden von Sprache aus.

Origenes ist überzeugt, daß Begriffe in einer realen Beziehung zu der be-
zeichneten Sache stehen und nicht beliebig sind[229]. In 4,81 wirft er Celsus vor,
Begriffe, die nur im Zusammenhang mit geistigen Wesen sinnvoll sind, univok auf
Tiere zu übertragen. Begriffe wie "Stadt", "Verfassung", "Obrigkeit" und
"Herrschaft" können nur metaphorisch ($\kappa\alpha\tau\alpha\chi\rho\eta\sigma\tau\iota\kappa\hat{\omega}\varsigma$) auf Gegebenheiten in der
Tierwelt (Ameisen- und Bienenstaaten) angewandt werden[230]. Die eigentliche und
die uneigentliche Verwendungsweise ist bei Begriffen immer zu unterscheiden.
Origenes erkennt beide Verwendungsweisen als legitim an, wirft Celsus jedoch
vor, sie nicht sinnvoll zu verwenden. Eine Argumentation, die beweisen soll, daß
der Mensch keine Vorzugsstellung innerhalb der Schöpfung hat, wird unsachlich,
wenn sie Begriffe, die sich auf menschliche Einrichtungen beziehen, im eigentlichen Sinn auf Tiere überträgt und dann behauptet, das, was den Menschen auszeichnet, auch im Tierreich gefunden zu haben. Origenes lehnt es also nicht ab,
Begriffe im übertragenen Sinn zu gebrauchen, aber er fordert, daß man diese
Verwendungsweise als solche kennzeichnet und nicht für Argumentationen heranzieht, die nur bei eigentlicher Verwendung der gleichen Begriffe Sinn hätten.

Neben dem Nachweis der sprachlichen Unkorrektheit, den Origenes in *Cels.*
häufig führt, und innerlich mit ihm verbunden, finden wir an mehreren Stellen in
Cels. das Argument, die Aussagen des Celsus seien deshalb nicht akzeptabel, weil
sie gegen logische Gesetze verstießen. Da einer der Vorwürfe, die den Epikureern
immer wieder gemacht wurden, war, sie würden die elementarsten Regeln der
Logik nicht beachten, ist es möglich, daß der Vorwurf der mangelnden Logik, den
Origenes Celsus macht, zugleich die These, daß Celsus Epikureer ist, belegen
soll[231].

Origenes selbst verwendet, wie beobachtet wurde[232], in *Cels.* häufig Erkenntnisse der stoischen Logik und kritisiert Celsus dementsprechend von dieser Position
aus. Ein Gesetz der stoischen Logik lautet, daß ein Satz unter ein und derselben
Hinsicht nur entweder wahr oder falsch sein kann. Gehört er zur Kategorie der
wahren Sätze, so kann er streng logisch nicht "wahrer" sein als andere Sätze
derselben Kategorie. Auf dieser Grundlage kann Celsus vorgeworfen werden, daß

---

[229] Vgl. Crouzel, Philosophie 30f.
[230] Vgl. 4,81,29-32. Vgl. zu den Begriffen $\kappa\upsilon\rho\acute{\iota}\omega\varsigma$ und $\kappa\alpha\tau\alpha\chi\rho\eta\sigma\tau\iota\kappa\hat{\omega}\varsigma$ Neuschäfer,
Origenes als Philologe 221-223. Vgl. auch comm. in Rom. 4,9 (FC 2/2,272 Heither).
[231] Vgl. Rist, Stoic Logic 68.
[232] Vgl. Roberts, Stoic Logic, Rist, Stoic Logic.

dieser Prädikate steigert, die nicht zu steigern sind, und so zeigt, daß er nicht in der Lage ist, philosophisch korrekt zu denken[233].

Ein anderes Beispiel finden wir in 2,20, wo es um die Frage geht, ob Voraussagen über zukünftige Ereignisse diese so konditionieren, daß sie notwendig eintreten, unabhängig von der freien Entscheidung des Menschen. Origenes folgt an dieser Stelle der Argumentation des Chrysipp, der eine solche Notwendigkeit ablehnt, allerdings ohne dessen Namen ausdrücklich zu nennen[234]. Zukünftige Ereignisse sind immer nur möglich, niemals notwendig, und aus diesem Grund ist ein Schluß, der von der Voraussage auf das Ereignis schließt, immer ein "Trugschluß" (σόφισμα), "ein fauler Schluß" (ἀργὸς λόγος), wie Origenes mit dem entsprechenden Fachausdruck sagt[235]. Da der Argumentation des Celsus ein solcher Trugschluß zugrundeliegt, ist sie als ganze hinfällig.

An einer anderen Stelle weist Origenes nach, daß die Argumentation des Celsus logisch falsch ist, weil dieser eine Schlußregel verwendet, die nicht zu einem wahren oder falschen Satz führt, sondern nur zu einer sinnlosen Aussage. Interessant für die Geschichte der Logik ist, daß Origenes den von ihm vorgefundenen Trugschluß nicht nur beim Namen nennt ("διὰ δύο τροπικῶν"), sondern auch beschreibt und sogar formalisiert[236]. Die Formalisierung lautet in der Form, wie Origenes sie uns bietet:

"Wenn das erste, auch das zweite.
Wenn das erste, nicht das zweite.
Also nicht das erste"[237].

Celsus hatte diesen Schluß auf die biblischen Prophezeiungen angewandt, um zu beweisen, daß es aus logischen Gründen keine Prophezeiung eines sich inkarnierenden Gottes geben kann. Origenes kann anhand von strukturgleichen Gegenbeispielen zeigen, daß die Argumentation logisch nicht schlüssig ist.

In 8,21 zeigt Origenes, daß die Schlußfolgerung des Celsus falsch ist, weil eine entscheidende Prämisse fehlt. Celsus hatte argumentiert, daß man neben dem höchsten Gott auch die anderen Götter verehren müsse und dürfe, da der höchste Gott dies ohne Neid mitansehe. Der Schluß des Celsus lautet:

---

[233] Vgl. 2,7,14-17; 3,42,3-5. Vgl. auch 5,28,10-15 und dazu Borret, Contre Celse 3,84 Anm.1; Rist, Stoic Logic 69.
[234] Vgl. Rist, Stoic Logic 70f.
[235] Vgl. 2,20,27. Vgl. dazu auch Roberts, Stoic Logic 440f.
[236] Vgl. 7,15,15-23. Vgl. dazu Rist, Stoic Logic 73-75; Roberts, Stoic Logic 441f.
[237] 7,15,22f.

1. (explizite Prämisse): Gott ist ohne Neid, d.h. er steht nicht in Konkurrenz zu den Göttern.

2. (implizite Prämisse): der Dienst an den Göttern ist letztlich Dienst an Gott.

3. Schluß: man darf an den öffentlichen Festen teilnehmen, d.h. andere Götter verehren.

Origenes bezweifelt die implizite Prämisse, daß der Dienst an den Göttern Dienst für Gott ist und zeigt, daß aus 1. keineswegs unmittelbar 3. folgt.

Person, Sache und Sprache des Celsus werden von Origenes kritisch untersucht, und dem Leser wird gezeigt, daß er in allen drei Bereichen einer solchen Prüfung nicht standhalten kann. Dabei ergab sich bei der Analyse der Texte, daß die Unterteilung nach Person, Sache und Sprache nicht immer konsequent durchzuhalten war und daß sich zahlreiche Überschneidungen ergaben. Besonders sprachliche und sachliche Argumente gehen oft ineinander über. Wichtig ist Origenes in allen Fällen, daß man zeigen kann, daß die Angriffe auf das Christentum von einem Mann vorgebracht werden, der weder persönlich noch fachlich für eine Auseinandersetzung über Wahrheit qualifiziert ist.

4 ARGUMENTE

Nachdem gezeigt wurde, welche Wichtigkeit Origenes Begründungen zumißt und welche Begründungsstrategien er kennt, sollen in diesem Kapitel die einzelnen Argumente, die sich in *Cels.* finden, näher analysiert werden. Welche Gründe gibt es, das, was in der Verkündigung des Christentums behauptet wird, anzunehmen?

Bei dieser Frage muß der besondere Charakter von *Cels.* berücksichtigt werden. Es handelt sich bei diesem Werk um eine Schrift, deren explizite Intention es ist, gegnerischen Behauptungen zu widersprechen. Das bedeutet, daß die Argumente des Origenes streng genommen keine Argumente, sondern Gegenargumente sind, d.h. Origenes versucht in *Cels.* nicht, den christlichen Glauben in einem eigenen Entwurf darzustellen, sondern er versucht, einen Gegner zu widerlegen und dessen Argumenten zu begegnen. Seine Aussagen sind Antworten und müssen gerade in diesem Antwortcharakter ernstgenommen werden. Das bedeutet, daß die Fragen, auf die Origenes antwortet, immer mitgehört werden müssen. Dabei sind weniger die Fragen, die Celsus, historisch gesehen, tatsächlich stellen wollte, herauszu- arbeiten[1], als vielmehr die, die Origenes von Celsus an das Christentum gestellt hörte und die er als so bedrohlich für den eigenen Glauben betrachtete, daß er eine Widerlegung für angezeigt hielt.

Origenes systematisiert in *Cels.* seine Argumente nicht und zwar, wie er selbst erklärt, um Zeit zu sparen. Er hatte ursprünglich vor, Hauptlehren ($\kappa\epsilon\phi\alpha\lambda\alpha\iota\alpha$) des Celsus und eigene Widerlegung einander systematisch gegenüberzustellen und so sein Werk als "eine in sich geordnete Ganzheit zu gestalten" ($\sigma\omega\mu\alpha\tauo\pi o\iota\hat\eta\sigma\alpha\iota$)[2]. Aus Zeitmangel wählte er dann aber dieselbe Methode, die wir auch in seinen exegetischen Schriften finden, und kommentierte den ihm vorliegenden Text Vers für Vers, bzw. Zeile für Zeile. Dabei berücksichtigt Origenes nicht immer alle Aussagen des Celsus, sondern übergeht ihm unwichtig erscheinende Dinge und führt anderes so breit aus, daß man von Exkursen sprechen muß, deren Zu- sammenhang mit dem zu kommentierenden Text nur noch sehr lose ist. Die Frage, ob Origenes Celsus gerecht geworden ist und ihn wirklich verstanden hat, ist nicht

---

[1] Dazu verweise ich auf die umfangreiche Literatur über Cels., insbesondere auf Andresen, Logos und Nomos.
[2] Praef. 6,13, vgl. 6,11-18; 1,41,1-6.

unmittelbar Thema dieser Arbeit und spielt auch für den Wert seiner Argumente in sich keine entscheidende Rolle; daß er aber Akzente anders setzt als Celsus, dabei für Celsus wichtige Fragen übergeht und die Punkte, die sich leicht für das Christentum auswerten lassen, in den Vordergrund stellt, ist unbestreitbar[3].

Für das Vorhaben, die Argumente des Origenes zu analysieren, hat seine Methode den Vorteil, daß sie uns deutlich erkennen läßt, worauf die Argumente, die er nennt, eine Antwort sein sollen. Sie hat auf der anderen Seite den Nachteil, daß die Argumente oft nicht sehr detailliert ausgeführt sind, sondern nur soweit vorgebracht werden, wie unbedingt nötig ist, um zu zeigen, daß das Christentum in der Lage ist, auf Einwände wie die des Celsus zu antworten.

Für die Darstellung der Begründungen, die Origenes für das Christentum angibt, bietet es sich an, den fundamentaltheologischen Dreischritt Gott - Christus - Kirche zugrundezulegen, da in ihm auch eine logische Folge zum Ausdruck kommt. Es werden also zunächst die Argumente genannt, die sich aus dem jüdisch-christlichen Gottesbegriff ergeben, dann die Argumente, die mit der Person Jesu Christi zusammenhängen, und zum Schluß Argumente, die man aus der Betrachtung der Kirche als Gemeinschaft derer, die glauben, gewinnen kann.

4.1 Der richtige Gottesbegriff

Eine wichtige Rolle spielt in *Cels.* die Frage nach dem richtigen Gottesbegriff bzw. die Frage nach Gottes Erkennbarkeit für den Menschen und nach der Möglichkeit, über ihn in menschlicher Sprache Aussagen zu machen. Von der Beantwortung dieser Frage hängt für die Begründung des Glaubens sehr viel ab, denn nur wenn sie wenigstens teilweise positiv beantwortet werden kann, hat eine solche Begründung einen Sinn. Wenn dagegen Gott prinzipiell unerkennbar und unsagbar wäre, wenn völlige Transzendenz, die jedes Eingehen in die Geschichte ausschließt, unabdingbarer Bestandteil des Gottesbegriffes wäre, so daß man von Gott nichts aussagen könnte als allein die Tatsache seiner Unsagbarkeit, dann wären die Aussagen, die das Christentum von einem sich offenbarenden Gott macht, von vornherein unhaltbar und brauchten im Einzelnen gar nicht mehr geprüft zu werden. Die Frage nach dem richtigen Gottesbegriff ist daher keine Frage, die

---

[3] Vgl. Pichler, Streit 220-237.

Origenes von Celsus aufgezwungen wurde, es handelt sich vielmehr um ein Problem, um das sein eigenes Denken von Anfang an kreist[4].

Drei Ebenen dieser Frage und ihrer Antwort sind zu unterscheiden:
1. Was gehört so unabdingbar notwendig zum Gottesbegriff, daß es, damit überhaupt sinnvoll gesprochen werden kann, vorausgesetzt werden muß? Welche Vorstellungen über Gott sind für jeden Menschen von Natur aus evident?
2. Was kann das philosophische Denken darüber hinaus über Gott aussagen?
3. Worin liegt das Neue der christlichen Lehre über Gott?

4.1.1 Die $\phi\upsilon\sigma\iota\kappa\grave{\eta}$ $\check{\epsilon}\nu\nuο\iota\alpha$ $\tauο\hat{\upsilon}$ $\vartheta\epsilonο\hat{\upsilon}$

Fragt man, welche Prädikate für Gott in *Cels.* vorkommen, so findet man eines, das völlig singulär ist und bei keinem anderen antiken Schriftsteller bezeugt ist, das Prädikat: "der evidente Gott" (ὁ ϑεὸς ἐναργής)[5]. Gott ist evident, im Sinne von für jeden Menschen klar erkennbar. Daher stehen im Gegensatz zu den Philosophen, die diese Klarheit verdunkeln, diejenigen, die "sich mit ganzer Seele bis zum Tod der Klarheit (ἐνάργεια) des einen und über allem waltenden Gottes geweiht haben"[6]. Die Idee eines grundsätzlich für jeden Menschen evidenten Gottes ist für das Denken des Origenes bestimmend, auch wenn er durchaus weiß, daß diese Evidenz im einzelnen Menschen von anderen, sekundären Vorstellungen überlagert sein kann und es bei einer Vielzahl von Menschen auch ist; sie wird aber niemals getilgt. Deshalb erkennt jeder Mensch, wenn ihm die wahre Vorstellung von Gott präsentiert wird, diese als die einzig richtige[7].

Inhaltlich sind die wesentlichen Prädikate, die Gott zugesprochen werden können, ja ihm zugesprochen werden müssen, die Prädikate der Einheit und der Unvergänglichkeit. Origenes nennt als "den natürlichen Gottesbegriff (τὴν φυσικὴν τοῦ ϑεοῦ ἔννοιαν): ganz unvergänglich, einfach, nicht zusammengesetzt und unteil-

---

[4] Vgl. princ. 1,1,1-9 (98-122 Görgemanns/Karpp). Vgl. auch Koch, Pronoia 15: "Er ist der erste - Klemens vielleicht ausgenommen -, der von kirchlichem Standpunkt aus die Probleme des Gottesbegriffs aufwirft und sie in annehmbarer Weise zu lösen sucht ..."
[5] Die Verbindung von ϑεός und einem Derivat von ἐναργής findet sich in Cels. dreimal; vgl. 2,40,13; 5,3,21; 8,59,17f. Vgl. auch Oschwald, Self-evident truth 87-89.
[6] 2,40,13f.
[7] Vgl. 3,40,15-18.

bar"[8]. Dabei implizieren die genannten Prädikate, daß Gott unkörperlich ist, denn hätte er einen Körper, so wäre er weder unvergänglich noch einfach noch unzusammengesetzt noch unteilbar. Dies ist insofern wichtig, als sich aus dem hier genannten "natürlichen Gottesbegriff" ein Maßstab für alles weitere Sprechen über Gott ergibt, den Origenes nicht noch einmal in Frage stellt oder in Frage stellen läßt. Dieser Maßstab läßt ihm eine Diskussion mit epikureischen oder stoischen Gottesvorstellungen als sinnlos erscheinen, da diese den Begriff "Gott" in einer Weise füllen, daß der Grundkonsens über die Verwendung des Wortes "Gott" verlassen wird[9]. Origenes kritisiert am epikureischen Gottesbegriff, daß Gott als ein aus Teilen zusammengesetztes Wesen gedacht wird, am stoischen die Vorstellung eines körperlichen, und das heißt wandelbaren und vergänglichen Gottes. Es gibt Prädikate, die einem Subjekt nur um den Preis eines völligen Identitätswechsels gegeben werden können. Diesen Fall hält Origenes für gegeben, wenn der Gottesbegriff mit den Prädikaten "vergänglich" und "aus Teilen bestehend" belegt wird.

Der Gottesbegriff ist nicht leer, und das hieße im Grunde beliebig füllbar, sondern es gibt Kriterien, in welchen Zusammenhängen er sinnvoll gebraucht werden kann. Origenes ist der Meinung, daß es vorkommt, daß Menschen etwas verehren, was ihrer eigenen Einbildung entspringt und "von Gott nur den Namen hat"[10].

Weiter ist im Naturgesetz, das zugleich das Gesetz Gottes ist, grundgelegt, daß Gott geschlechtslos und zeitlos ist: "Wenn es aber bei anderen Dingen vernünftig ist, das Naturgesetz, das das Gesetz Gottes ist, dem geschriebenen Gesetz vorzuziehen, das die Menschen im Gegensatz zum Gesetz Gottes erlassen haben, wie sollte man das nicht noch mehr bei den Gesetzen tun, die Gott selbst betreffen ... Wir werden die nicht als Götter ehren, bei denen das weibliche oder männliche Geschlecht eine Rolle spielt ... Wir werden keinen 'neuen Gott', der früher nicht Gott war und den Menschen nicht bekannt war, als seiend anerkennen"[11]. Beides ergibt sich aus den schon zitierten Grundvoraussetzungen: ein Gott, der ganz und

---

[8] 4,14,28-30. Ähnlich auch 7,38,1f.

[9] Vgl. 3,75,15-32 und 4,14,22-27. Vgl. auch Borret, Contre Celse 2,217f Anm.2 und 1 und Crouzel, Philosophie 29.40f.

[10] 8,16,13. Vgl. auch 1,24,39f, wo von denen die Rede ist, die "den Namen 'Gott' in uneigentlicher Verwendung auf die unbelebte Materie übertragen".

[11] 5,37,18-36.

unteilbar ist, kann nicht männlich oder weiblich sein, weil das eine Begrenzung seiner selbst wäre; ein Gott, der unvergänglich ist, kann nicht anfangen zu sein.

Die Tatsache, daß wesentliche Elemente des Gottesbegriffs nicht nur für jeden Menschen erkennbar sind, sondern sogar zur natürlichen Grundausstattung seines Denkens gehören, läßt die Tatsache, daß faktisch viele Menschen Gott nicht erkennen, zum Problem werden. Immer wieder zitiert Origenes Röm 1,18-21: "Der Zorn Gottes wird vom Himmel herab offenbart wider alle Gottlosigkeit und Ungerechtigkeit der Menschen, die die Wahrheit durch Ungerechtigkeit niederhalten. Denn was man von Gott erkennen kann, ist ihnen offenbar. Seit Erschaffung der Welt wird seine unsichtbare Wirklichkeit an den Werken der Schöpfung mit der Vernunft wahrgenommen, seine ewige Macht und Gottheit. Daher sind sie unentschuldbar. Denn sie haben Gott erkannt, ihn aber nicht als Gott geehrt und ihm nicht gedankt. Sie verfielen in ihrem Denken der Nichtigkeit, und ihr unverständiges Herz wurde verfinstert"[12]. Aus diesen Worten des Paulus ergeben sich nach Ansicht des Origenes zwei Konsequenzen: 1.) Der Schluß von der Schöpfung auf den Schöpfer ist für einen richtig denkenden Menschen so zwingend, daß davon ausgegangen werden muß, daß sich ein Mensch, der diesen Schluß nicht zieht, in einer Situation des Unheils, ja der Krankheit befindet[13]. 2.) Ein Christ muß aufgrund des Pauluswortes: "das Erkennbare an Gott ist offenbar" (so Röm 1,18 wörtlich übersetzt) davon ausgehen, daß die Philosophen, auf die Origenes Röm 1 vor allem bezieht, eine (theoretisch) richtige Gotteserkenntnis haben, da sonst Paulus unrecht hätte[14]. Diese Gotteserkenntnis bleibt aber unvollkommen, wenn sie das Leben nicht wirklich prägt. Bei der Mehrzahl der Philosophen ist dieser Fall gegeben: Sie haben die richtige Erkenntnis, aber verwirklichen sie nicht in ihrem Leben und Handeln. Daß das so ist, liegt nicht an der fehlenden Offenbarkeit Gottes, sondern an einer inneren Schwäche, die durch die Leidenschaften verursacht wird[15].

---

[12] Röm 1,18-21 wird zitiert in 3,47,21-30; 4,30,61-66; 6,3,8-25; 6,4,6-22; 6,20,23f; 6,59,22f; 7,37,18f; 7,46,36-49.

[13] Vgl. 8,38,17-22. Origenes benutzt hier den Begriff βλάβη, der Schaden, Nachteil, Unheil, Verderben, Schande bedeuten kann.

[14] Vgl. 3,47,20-30; 4,30,59-66; 6,3f; 7,46f.

[15] Vgl. 6,66f besonders 6,67,22-34.

4.1.2 Die Möglichkeit der philosophischen Gotteserkenntnis

Mit großer Entschiedenheit und Selbstverständlichkeit verwirft Origenes materialistische Gottesvorstellungen, wie er sie in einigen philosophischen Richtungen, aber auch in der heidnischen Volksreligion vorfindet, als einer vernunftgemäßen Gottesvorstellung nicht entsprechend. Doch das eigentliche Problem, das sich ihm in der Konfrontation mit der mittelplatonischen Philosophie seiner Zeit stellt, ist ein anderes. Ist der christliche Gottesbegriff nicht seinerseits zu sinnlich-konkret, zieht er Gott nicht in einer Art und Weise auf die Erde herab, die die Würde und Transzendenz Gottes nicht genügend wahrt? Muß nicht eine rational verantwortbare Theologie sich ihrer Grenzen und der Grenzen menschlicher Sprache immer bewußt bleiben, und das bedeutet konkret, kann sie anders von Gott sprechen als in apophatischen Aussagen? Um diese Fragen geht es vor allem im sechsten Buch von *Cels*. Da hier ein zentraler Punkt innerhalb der Auseinandersetzung erreicht ist[16], sollen sie etwas ausführlicher und auch unter Berücksichtigung der celsischen Ausführungen dargestellt werden.

Celsus stellt die Behauptung auf: "Den Ort jenseits aller Himmel hat keiner der Dichter jemals besungen, noch wird ihn jemals einer in angemessener Weise besingen. Denn die farblose und gestaltlose und unberührbare Wesenheit, welche wirklich ist, läßt sich nur durch den Führer der Seele, den Verstand betrachten"[17]. Gott ist mit den Sinnen nicht zu erreichen, er ist absolut transzendent und als geistige Wirklichkeit, wenn überhaupt, nur mit dem Verstand ($\nu o \hat{v} \varsigma$) zu erfassen. Alle Aussagen, die von ihm in Anthropomorphismen sprechen, sind religionsphilosophisch gesehen defizient, da sie die Würde und Erhabenheit Gottes schmälern. Dementsprechend spottet Celsus über die Gottesvorstellung der Christen, die meinen, im Anschluß an die Bibel zahlreiche Aussagen von Gott machen zu können, und dabei ein wirklich angemessenes Gottesbild in geradezu lächerlicher Weise verfehlen. Celsus hält dem entgegen: "Es ist nicht richtig ($o \dot{v} \vartheta \acute{\epsilon} \mu \iota \varsigma$), daß der erste Gott müde wird, mit den Händen arbeitet oder Befehle erteilt"[18]. "Er hat

---

[16] Vgl. Daniélou, Origène 114, der im Hinblick auf die Bücher 6 und 7 von Cels.sagt: "Nous sommes ainsi au point culminant du dialogue des deux penseurs, et aussi au point culminant d'un des problèmes les plus passionnément discutés de la pensée religieuse: celui des rapports de la mystique naturelle et de la mystique surnaturelle, de l'extase platonicienne et de l'extase chrétienne."

[17] 6,19,26-30. Celsus zitiert hier Plat., Phaidr. 247c (76 Kurz).

[18] 6,61,19f. $\Theta \acute{\epsilon} \mu \iota \varsigma$ bedeutet das heilige Gesetz, das, was von Natur her gilt.

auch keinen Mund und keine Stimme"[19]. "Gott hat auch nichts anderes von dem, was wir kennen"[20]. "Er hat auch den Menschen nicht als sein Bild geschaffen; denn Gott ist weder wie dieser, noch irgendeiner anderen Gestalt gleich"[21]. Weiter wirft Celsus den Christen vor, sie glaubten, daß "Gott eine Gestalt oder Farbe habe"[22], und sagt: "auch an der Bewegung hat er keinen Anteil"[23] und auch "an der Wesenheit ($o\dot{v}\sigma\acute{\iota}\alpha$) nimmt er nicht teil"[24]. Daraus folgt: "Er ist auch nicht mit dem Wort zu erreichen"[25] und "er ist nicht mit einem Namen zu bezeichnen"[26].

Aus der hier gegebenen Übersicht geht deutlich hervor, daß Celsus den Standpunkt vertritt, daß jedes Prädikat, auf Gott angewandt, unzutreffend ist. Das gilt selbst für das allgemeinste Prädikat, das der $o\dot{v}\sigma\acute{\iota}\alpha$. Auch an der $o\dot{v}\sigma\acute{\iota}\alpha$ nimmt Gott nicht teil, d.h. auch $o\dot{v}\sigma\acute{\iota}\alpha$ kann von Gott nicht ausgesagt werden. Von daher ergibt sich fast naturnotwendig, daß er überhaupt nicht mit Worten ($\lambda\acute{o}\gamma o\iota$) oder Namen ($\dot{o}v\acute{o}\mu\alpha\tau\alpha$) (hier im Sinne von Sätzen und Begriffen) zu erfassen ist.

Origenes geht auf die ihm begegnende Transzendenztheologie sehr differenziert ein, indem er sich bemüht, das Richtige dieser Theologie zu bewahren, ohne dabei die christliche Vorstellung eines sich auf die Welt einlassenden Gottes preiszugeben[27].

Dabei versucht er in zweierlei Hinsicht über die ihm gestellten Anfragen nachzudenken. Er bemüht sich einerseits zu sagen, wie und unter welchen Bedingungen menschliches Wort Gott erreichen kann, und er zeigt andererseits, daß dieser erste Vorgang nur möglich ist, wenn Gott das menschliche Wort benutzt, um von sich aus den Menschen zu erreichen.

---

[19] 6,62,6,

[20] 6,62,13f.

[21] 6,63,13f.

[22] 6,64,3f. Vgl. 6,19,26-30 und Anm. 17. Origenes selbst hatte Gestalt und Farbe für Gott schon abgelehnt in princ. 1,1,6 (110 Görgemanns/Karpp). Aber auch andere frühchristliche Schriftsteller lehnen Gestalt und Farbe für Gott ausdrücklich ab. Für Belege vgl. Pannenberg, Aufnahme 34-36.

[23] 6,64,4.

[24] 6,64,14.

[25] 6,65,7.

[26] 6,65,17.

[27] Daß Origenes mehr als andere christliche Autoren seiner Zeit die philosophischen Gottesprädikate zugunsten der biblischen Aussagen zurückdrängt, betont Mortley, Gnosis 531-535.

In bezug auf Gott müssen verschiedene Ebenen der Sprache unterschieden werden. Vor allem muß in jedem einzelnen Fall und bei jeder Aussage berücksichtigt werden, ob ein wörtlicher ($\kappa\upsilon\rho\acute{\iota}\omega\varsigma$) oder metaphorischer ($\kappa\alpha\tau\alpha\chi\rho\eta\sigma\tau\iota\kappa\tilde{\omega}\varsigma$ bzw. $\tau\rho\sigma\pi\iota\kappa\tilde{\omega}\varsigma$) Sprachgebrauch vorliegt[28]. Dies ist für ein sachgemäßes Verständnis der Bibel unerläßlich, denn es führt, wie auch Origenes sieht, zu Absurditäten, wenn man die biblischen Anthropomorphismen wörtlich versteht. Celsus mit seinem Versuch, den biblischen Schöpfungsbericht durch ein bewußt primitiv-wörtliches Verständnis als rational nicht akzeptierbar hinzustellen, wird scharf zurückgewiesen[29]. Einem solchen Verständnis muß entgegengehalten werden, daß mit ihm die Intention der Bibel verfehlt wird. Sie will keineswegs, wenn sie von Gottes Ruhe (vgl. Gen 2,2) oder Arbeit (vgl. Gen 1,26f; 2,7 vgl. auch Ijob 10,8; Ps 119,73) berichtet, ihm einen Körper zusprechen. Nur wenn Gott aber einen Körper hätte, wäre die Voraussetzung dafür gegeben, daß diese Prädikate im wörtlichen Sinn angewandt werden könnten[30].

Betrachtet man die biblischen Anthropomorphismen, so können drei Verständnisebenen unterschieden werden[31]:

1. Vieles ist von Gott tatsächlich nicht oder nur uneigentlich aussagbar. Die Aussage, daß Gott Körperteile hat, ist, wenn man "Körperteile" dem allgemeinen Sprachgebrauch entsprechend versteht, sinnlos.

2. Es gibt Aussagen, die man zu Recht von Gott machen kann. Tugend, Seligkeit, Göttlichkeit können sinnvoll von ihm ausgesagt werden.

3. Auch diese Aussagen enthalten allerdings immer ein größeres Maß an Unähnlichkeit als an Ähnlichkeit: "Wenn wir aber den Ausdruck: 'was wir kennen' im höheren Sinn auffassen, da alles, was wir kennen, geringer ist als Gott, so ist es nicht unvernünftig, wenn auch wir annehmen, daß Gott nichts hat von dem, 'was wir kennen'"[32]. Wenn als Maßstab nicht mehr unsere normale Sprache, sondern die göttliche Erhabenheit und Transzendenz zugrundegelegt wird (das ist nach Crouzel mit "im höheren Sinn auffassen" ($\dot{\upsilon}\varphi\eta\lambda\acute{o}\tau\epsilon\rho\sigma\nu$) gemeint[33]), dann muß zugegeben werden, daß Gott all unser Denken und Sprechen übersteigt.

---

[28] Vgl. 6,61,20-36; 6,64,11-13.
[29] Vgl. 4,37.
[30] Daß Gott kein Körper ist, wird in 6,70,7-21 betont.
[31] Vgl. zum Folgenden 6,62,14-24.
[32] 6,62,18-21.
[33] Vgl. Crouzel, Connaissance 89.

Begriffe sind nicht univok auf Gott anwendbar (darin gibt Origenes Celsus recht), aber die Äquivozität geht auch nicht so weit, daß ihr Gebrauch im Zusammenhang mit Gott völlig sinnlos wäre. Die Leistungsfähigkeit metaphorischer Sprache beruht gerade darauf, daß Geistiges mit Begriffen ausgedrückt wird, die der gewöhnlichen Sprache entstammen und normalerweise sinnlich wahrnehmbare Dinge bezeichnen[34]. Dadurch entsteht gleichzeitig Vertrautheit und Fremdheit: der Mensch verbindet einerseits etwas mit den seinem normalen Leben entnommenen Begriffen, andererseits weiß er aber auch, daß diese nur innerhalb der irdischen Wirklichkeit im eigentlichen Sinn gebraucht werden können und auf Gott (bzw. das Geistige allgemein) bezogen nur uneigentlich verwendet werden.

Bei der Aussage des Celsus, daß Gott nicht mit einem Namen zu bezeichnen ist[35], versucht Origenes ebenfalls zu differenzieren. Dabei setzt er die Definition von "Name" voraus, wie wir sie in der Schrift "Vom Gebet" vorliegen haben, daß nämlich der Name die Eigenschaften seines Trägers ausdrückt[36]. In diesem Sinne kann man, hier gibt Origenes Celsus recht, Gott nicht mit einem Namen benennen, da "kein Wort ($\lambda \acute{\epsilon} \xi \iota \varsigma$) und keine Bezeichnung ($\sigma \eta \mu \alpha \iota \nu \acute{o} \mu \epsilon \nu o \nu$) die Eigenschaften ($\grave{\iota} \delta \iota \acute{o} \tau \eta \tau \alpha$) Gottes vollständig ausdrücken können"[37]. Es gilt aber im Grunde schon von den uns umgebenden Dingen, daß ihr Wesen mit der Sprache nur unzureichend zu erfassen ist: "Wer kann denn den Unterschied zwischen der Süßigkeit einer Dattel und der Süßigkeit einer Feige benennen? Wer kann die Eigenschaften ($\grave{\iota} \delta \iota \alpha$ $\pi o \iota \acute{o} \tau \eta \varsigma$) eines jeden Dinges mit einem Namen unterscheiden und angeben?"[38]. Namen können zwar etwas von den Eigenschaften eines Gegenstandes aussagen, aber diesen nicht völlig erfassen. Letzteres gilt schon bei Gegenständen der materiellen Welt, ersteres, d.h. daß überhaupt etwas ausgesagt wird, gilt nach Origenes sogar von Gott. Auch auf Gott angewandt haben Prädikate einen Sinn, d.h. sie können Erkenntnis vermitteln, die ohne sie, mit einer nur apophatischen Theologie, nicht gegeben wäre[39].

Mit diesen Überlegungen setzt sich Origenes deutlich von seinem philosophischen Umfeld ab und nimmt in Kauf, daß sein eigenes Denken einen Teil seiner Geschlossenheit verliert. Indem er auf der einen Seite die Einheit und Einfachheit

---

[34] Vgl. 6,70,9-11.

[35] Vgl. 6,65,17.

[36] Vgl. or. 24,2 (GCS 3(2) 353 Koetschau).

[37] 6,65,17-19.

[38] 6,65,20-23.

[39] Vgl. 6,65,24-28; vgl. Crouzel, Connaissance 89f.

Gottes als gegeben annimmt, auf der anderen Seite aber eine völlige Eigenschafts-
losigkeit Gottes negiert, ja sogar ausdrücklich von den Eigenschaften Gottes
spricht[40], versucht er sowohl wesentliche Elemente des philosophischen Gottesbegriffs zu bewahren, als auch die biblisch bezeugte Nähe Gottes zur Welt und die
Möglichkeit, ihn zur Sprache zu bringen, festzuhalten[41].

Dennoch gibt Origenes der ganz grundsätzlichen Aussage des Celsus recht, daß
Gott "auch nicht mit dem Wort (λόγος) zu erreichen ist", sofern mit λόγος die
menschliche Sprache gemeint ist[42]. Ein wirkliches Erreichen Gottes, das über eine
gewisse Annäherung hinausgeht, ist menschlicher Sprache und menschlichem
Denken aus sich heraus nicht möglich. Versteht man aber unter λόγος den
göttlichen Logos, von dem Joh 1,1 spricht, dann muß der Aussage des Celsus
widersprochen werden. Dieser Logos hat nicht nur die Kraft, Gott zu erreichen,
sondern er ist darüber hinaus in der Lage, diese Kenntnis weiterzuvermitteln[43].

Damit weist Origenes mit wenigen Worten auf sein Konzept von Gottesprädi-
kation bzw. religiöser Sprache hin und nimmt dadurch das bisher Gesagte zwar
nicht zurück, aber relativiert es. Auch wenn menschliche Sprache wirkliche
Aussagen über Gott machen kann (und das behauptet Origenes, wie gezeigt wurde,
mit Entschiedenheit), ist dieser Vorgang immer umfangen von einem zuvorkom-
menden Handeln und Sprechen Gottes, das unser Handeln und Sprechen erst
ermöglicht. Das bedeutet, daß der erste Schritt nicht darin besteht, daß der Mensch
mit seinem Denken und seiner Sprache Gott zu erfassen trachtet, sondern daß Gott
in seinem Logos auf den Menschen zugeht.

Es ist also nicht nur möglich, über Gott in menschlicher Sprache Aussagen zu
machen, sondern unter einem anderen und für Origenes vielleicht wichtigeren Gesichtspunkt gilt auch das Umgekehrte: die Begriffe haben ihren eigentlichen Ursprung und Ort in Gott und werden auf die irdische Wirklichkeit nur uneigentlich
angewandt. Die Übertragung findet in diesem Fall nicht vom Menschen und seiner
Sprache auf Gott, sondern von Gott und seinem Wort auf den Menschen hin statt.

---

[40] Vgl. 6,65,19.
[41] Vgl. Pannenberg, Aufnahme 35f.
[42] Vgl. 6,65,7-10.
[43] Vgl. 6,65,10-16. Berchman, From Philo to Origen 125 faßt zusammen: "He is not
unknown. He is known to the Son, and indirectly to the human intellect through the agency
of the Son and Holy Spirit ... Origen's God is not the radically transcendent God of the
earlier Platonic-Pythagorean theologies. He is knowable at least to his Son."

Dementsprechend ändert sich, was als eigentlicher und was als uneigentlicher Sprachgebrauch zu gelten hat.

Origenes selbst verdeutlicht dies in der Antwort, die er auf die Behauptung des Celsus: "an der Wesenheit nimmt Gott nicht teil"[44] gibt. Er nennt zwei Beispiele, die beide verdeutlichen sollen, daß zumindest für einige Begriffe gilt, daß sie im eigentlichen Sinn auf Gott bzw. den Logos angewandt werden und erst in zweiter Linie (uneigentlich) auf die irdische Wirklichkeit. Das erste einfachere Beispiel ist der Begriff "Gerechtigkeit". Man kann nicht sagen, daß dieser Begriff auf Christus anwendbar ist, daß "Christus an ihm teil hat", wie Origenes sich ausdrückt, vielmehr ist er selbst die Gerechtigkeit, und alles irdisch Gerechte kann von ihm aus in abgeleiteter uneigentlicher Verwendungsweise mit diesem Begriff bezeichnet werden. Dieses Beispiel ist insofern einfach, als sich die Aussage "Christus ist die Gerechtigkeit" im Neuen Testament findet[45]. Schwieriger ist der Begriff οὐσία, und nur eine sehr umfangreiche Untersuchung, die Origenes in *Cels.* nicht bieten will, könnte etwas über ihn sagen[46]. Im vorliegenden Zusammenhang ist nur festzuhalten, daß auch für diesen Begriff davon auszugehen ist, daß er im eigentlichen Sinn von Gott ausgesagt wird und nur von da aus abgeleitet, von allen anderen Dingen. Origenes differenziert hier noch einmal, wenn er die Hypothese ausspricht, daß Gott der Vater als Ursprung von allem noch jenseits der οὐσία ist[47], während der Logos derjenige ist, von dem dieser Begriff in vollem Umfang ausgesagt werden kann.

Es muß allerdings an dieser Stelle betont werden, daß Origenes beide Formen der Übertragung kennt und weiß, daß sie sich in der konkreten menschlichen Sprache immer durchdringen. Das Wissen, daß es sich bei der Sprache, ja bei der erfahrbaren Wirklichkeit überhaupt, um etwas Abgeleitetes handelt, verhindert eine Absolutsetzung des menschlichen Denkens. Die Wirklichkeit, auf die die Begriffe hinweisen, ist größer als das Erfahrbare. Andererseits ist die Sprache aber auch menschliches Mittel, um Wirklichkeit zu erkennen und zu vermitteln. Da sie das einzige Mittel ist, ist es legitim, mit ihrer Hilfe auch zu versuchen, Gott ins Wort zu fassen, selbst wenn das immer nur annäherungsweise gelingen kann.

---

[44] 6,64,14. Zum Folgenden vgl. 6,64,14-28.

[45] Vgl. 1Kor 1,30. Dort heißt es wörtlich von Christus: "ὃς ἐγενήθη σοφία ἡμῖν ἀπὸ θεοῦ, δικαιοσύνη τε καὶ ἁγιασμὸς καὶ ἀπολύτρωσις".

[46] Vgl. 6,64,17-19.

[47] Vgl. 6,64,20: ἐπέκεινα οὐσίας, ähnlich auch 6,64,27f; 7,38,1. Der Ausdruck stammt aus Plat., rep. 509b (544 Kurz). Zu seinem Vorkommen in der mittelplatonischen bzw. frühen patristischen Literatur vgl. Whittaker, Ἐπέκεινα.

4.1.3 Ein Gott der Freiheit - das Neue des biblischen Gottesbegriffs

Was im Zusammenhang mit dem philosophischen Gottesbegriff gesagt wurde, wird deutlicher, wenn wir uns jetzt dem eigentlich Neuen zuwenden, das Origenes Celsus entgegenhält. Wir sahen schon, daß Origenes davon ausgeht, daß im Letzten nicht unsere Sprache Gott erreicht, sondern daß Gott selbst es ist, der uns in seinem Wort entgegenkommt. Das bedeutet für den Erkenntnisprozeß, daß Gott nicht passives Objekt einer menschlichen Bemühung ist, sondern handelndes Subjekt, das selbst Beziehung herstellt. Der Gott des Origenes ist damit als ein Gott der Freiheit gekennzeichnet und d.h. als ein Gott, der dem Menschen, auch dem Zugriff der menschlichen Erkenntnis, nicht einfach zur Verfügung steht; er behält dem Menschen gegenüber immer die Freiheit, zu erscheinen oder sich zu entziehen, eine Freiheit, die es verhindert, daß er jemals zum bloßen Objekt degradiert werden kann. Konkret heißt das: Gott wird nicht gesehen, er läßt sich sehen, er wird nicht gehört, er läßt sich hören usw., und zwar wie, wo und auf welche Art er will: "Denn die göttliche Stimme ist von solcher Art, daß sie nur von denen gehört werden kann, bei denen der Redende es will"[48]. Sehr deutlich und ausführlich finden wir diesen Gedanken in einer Homilie zum Lukasevangelium: "Um von anderen wahrgenommen zu werden, tun die körperlichen und sinnenlosen Dinge selber nichts, sondern, ob sie es wollen oder nicht, sobald andere nur ihre Augen auf sie richten, so sehen sie, worauf sie Blick und Betrachtung gewandt haben. Denn was könnte der Mensch oder ein anderes Wesen, das von einem groben Körper eingeschlossen ist, tun, um nicht deutlich gesehen zu werden, wenn er nun einmal gegenwärtig ist? Höhere und göttliche Wesen können im Gegensatz dazu nicht gesehen werden, auch wenn sie gegenwärtig sind, es sei denn, sie wollen es selbst; und es liegt in ihrem Willen, sich sehen zu lassen oder nicht"[49]. Eine wie auch immer geartete Begegnung mit Gott, sei es in Form einer Vision oder einer Audition kann niemals Ergebnis menschlicher Bemühung sein,

---

[48] 2,72,13f. Vgl. Biser, Theologische Sprachtheorie 52, der von Origenes sagt: "Er weiß wie vor ihm nur Philo von Alexandrien und nach ihm erst wieder Nikolaus von Kues um den *Doppelsinn des 'Gott Sehens'*. Denn das Sehen Gottes ist für ihn im Unterschied zum gegenständlichen Sehen nicht nur eine Funktion der menschlichen Sehkraft, sondern zugleich auch der göttlichen Manifestation. Gott sieht nur der, dem Gott sich zeigt. Während ein Mensch oder eine Sache sich dem wahrnehmenden Blick auf keine Weise entziehen können, wird Gott nur demjenigen sichtbar, dem er sich zu erkennen gibt, weil er ihn 'seines Anblicks für wert hält'. (Kursiv und Anführungszeichen so bei Biser).
[49] Hom. in Luc. 3 (FC 4/1 78f Sieben).

sondern entspringt einzig und allein Gottes Wirken an konkreten einzelnen Menschen.

Die Vorstellung von dem frei handelnden Gott ist für das christliche Gottesbild sehr wichtig, denn nur so wird ein Gott denkbar, der Neues schafft, der die Initiative ergreift und sich auf die Welt einläßt. Für den Menschen bedeutet das, daß mit dem Wirken dieses Gottes zu rechnen ist[50], ein Gedanke, der der mittelplatonischen Philosophie zur Zeit des Origenes fremd war[51]. Gerade diese Vorstellung eines freien Gottes zwingt der christlichen Theologie allerdings auch die Theodizeefrage auf, die bis heute jedes Nachdenken über Gott mitbestimmt und mitformt. Der Schluß: wenn das und das geschieht, dann kann es keinen Gott geben, ist weit verbreitet und findet sich schon deutlich bei Celsus; Aufgabe der Theologie und im vorliegenden Fall Aufgabe des Origenes ist es, nachzuweisen, daß dieser Schluß nicht nur nicht zwingend ist, sondern daß sich sogar zeigen läßt, daß die Welt, so wie sie ist, als Schöpfung eines guten Gottes interpretiert werden kann.

Die Theodizeefrage wird von Celsus in zweierlei Form gestellt. Die erste Frage ergibt sich aus der biblischen Lehre, daß Gott die Welt geschaffen hat, und lautet, Wie verträgt sich das Geschaffensein aller Dinge durch Gott mit der Existenz des Bösen?[52]. Muß Gott nicht konsequenterweise auch als Schöpfer des Bösen gedacht werden? Die zweite Frage ergibt sich aus der Allmacht Gottes, durch die es zum Problem wird, wie Gott das Unrecht, das denen, die an ihn glauben, zugefügt wird (auch das an Jesus geschehene und immer noch in Form von Unglaube und Blasphemie geschehende Unrecht) zulassen kann. Sie lautet: Wieso läßt ein Gott, der das Böse nicht verursacht hat und nicht will, ebendieses Böse zu?[53]

Um die erste Frage zu beantworten, geht Origenes in zwei Schritten vor und stellt sich die Fragen:

---

[50] Vgl. Koch, Pronoia 24: "... für Origenes ist Gott ausgesprochen ein handelnder Gott."
[51] Vgl. zu diesem Abschnitt Roberts, Philosophical Method 179f: "This step in Origen's solution to the metaphysical problem goes beyond Plotinus, Plato, Albinus, and even Celsus, all of whom admit a knowledge of the divine in the light emanating from the Godhead giving to intelligence the power of understanding and to the intelligibles the possibility of being understood. Instead of seeing such knowledge as part of a necessary process of reunification, Origen adds a new dimension in his insistence that such knowledge is impossible without divine help."
[52] Vgl. 6,54,3.
[53] Vgl. 8,39,4-9.

1. was heißt überhaupt "böse"?
2. wer verursacht das Böse?

Zunächst einmal versucht Origenes die Begriffe "gut" bzw. "böse" zu präzisieren und in beiden Fällen eine eigentliche und eine uneigentliche Verwendung zu unterscheiden: "Im eigentlichen Sinn 'gut' sind nach den heiligen Schriften die Tugenden und die ihnen entsprechenden Taten, 'böse' im eigentlichen Sinn das, was ihnen entgegengesetzt ist"[54]. "Man kann aber auch finden, daß in einem uneigentlicheren Sinn das Körperliche und Äußere, das zum natürlichen Leben beiträgt, für gut und sein Gegenteil für böse gehalten wird"[55]. Für beide Verwendungsweisen nennt Origenes Bibelstellen und er gibt zu, daß dieser zweideutige Sprachgebrauch der Bibel, der soweit führen kann, daß Gott von sich sagt: "Ich, der den Frieden macht und das Böse hervorbringt" (Jes 45,7), nicht wenig Verwirrung geschaffen hat[56]. Daher ist eine genaue Unterscheidung der Begriffe für die folgende Frage nach dem Ursprung des Bösen unabdingbar notwendig. Ist vom eigentlich Bösen, d.h. nach der Definition des Origenes von dem, was den Tugenden entgegengesetzt ist, die Rede, dann gilt, daß "Gott das Böse, d.h. die Bosheit und die aus ihr entspringenden Handlungen nicht geschaffen hat"[57]. Hätte er es geschaffen, wäre ein Gericht, bei dem die Guten belohnt und die Bösen bestraft werden, sinnlos, da der Richter zugleich Urheber der zu richtenden Taten wäre. Daß es ein solches Gericht geben wird, steht aber für Origenes fest[58].

Ebensowenig wie Gott kann die Materie als Prinzip des Bösen verstanden werden: "Daß die Materie (ὕλη), die in den sterblichen Wesen wohnt, die Ursache des Bösen sei, ist nach unserer Ansicht nicht wahr"[59]. Ebenso ist auch der Körper in sich nicht sündig[60]. Origenes ist zwar der Meinung, daß es eine Verbindung von Körperlichkeit und Sünde gibt, aber diese besteht nicht darin, daß der Körper in sich sündig oder gar Ursprung der Sünde ist. Vielmehr muß das Verhältnis umgekehrt gedacht werden, die Körperlichkeit ist Folge der Sünde. Deshalb mußte im AT schon für die Neugeborenen ein Sündopfer dargebracht werden (vgl. Lev

---

[54] 6,54,4-6.
[55] 6,55,1-3.
[56] Vgl. 6,55,6-12.
[57] 6,55,16f.
[58] Vgl. 6,55,17-23.
[59] 4,66,8-10.
[60] Vgl. 3,42,13-15. Vgl. Rayroux, L'Apologétique 39 und Koch, Pronoia 101f.

12,6). Die sinnlich wahrnehmbaren Dinge sind vergänglich und uneigentlich und müssen überwunden werden, um zu Gott zu gelangen, aber sie sind nicht böse[61].

Ursprung des eigentlich Bösen ist eindeutig der Mensch, oder genauer das Böse resultiert aus einer Entscheidung freier Vernunftwesen, die sich gegen Gott stellen: "Der Wille (ἡγεμονικόν) des einzelnen ist Grund für die Bosheit, die in ihm ist; diese ist das Böse und böse sind auch die Handlungen, die ihr entspringen, und im eigentlichen Sinne des Wortes (πρὸς ἀκριβῆ λόγον) ist unserer Meinung nach sonst nichts böse"[62].

Nimmt man das Wort "böse" dagegen im dem Sinn, daß mit ihm die physischen Übel bezeichnet werden, dann gesteht Origenes zu, daß Gott diese Übel im Sinne von pädagogischen Maßnahmen, d.h. zur Strafe für die Bösen und zur Übung der Guten geschaffen hat. Bei beiden Gruppen wird durch das Leiden ihr wahres Wesen offenbar. Da dieses Offenbar-werden der Wahrheit aber etwas Gutes ist, muß das physische Übel als etwas, das nur uneigentlich böse ist, bezeichnet werden[63].

Die Problematik des Leidens der Unschuldigen und damit die Aufgabe, Gott wegen dieses Leidens vor der menschlichen Vernunft rechtfertigen zu müssen, wird von Origenes nicht gesehen und ist für ihn offenbar kein drängendes Problem. Diese Haltung teilt Origenes mit seiner Zeit. Dassmann bemerkt dazu: "Eine Märtyrerkirche hatte andere Sorgen als die Rechtfertigung Gottes vor dem Forum menschlicher Anklage"[64].

Fast noch wichtiger als das Problem des Ursprungs des Bösen ist die zweite Frage, warum Gott das Böse zuläßt. Warum hat Gott nicht vom Himmel her eingegriffen, um die Menschheit zu bessern, sondern ist selbst herabgestiegen und hat, so könnte man sagen, durch dieses Vorgehen seine Gottheit kompromittiert? Hat der allmächtige Gott nicht andere, göttlichere Mittel, um den Menschen dazu zu bringen, zu tun, was er will?[65] Origenes beantwortet das, indem er es hinterfragt: "Ich weiß aber nicht, welche Art von Besserung nach Meinung des

---

[61] Vgl. 7,50,3-37.
[62] 4,66,10-13. Vgl. Kobusch, Philosophische Bedeutung 100.
[63] Vgl. 6,55,1-15; 6,56 und 8,31,35-37. Interessant ist die Formulierung in 8,31,36: εἰς γυμνάσιον τοῦ λογικοῦ γένους. D.h. es werden nicht gut und böse einander gegenübergestellt, sondern den Bösen stehen die gegenüber, die vom Logos erfüllt und geprägt sind. Vgl. auch Rayroux, L'Apologétique 39.
[64] Dassmann, Hiob 380f.
[65] Diese Fragen des Celsus finden sich in den in 4,3-7 überlieferten Celsusfragmenten.

Celsus geschehen soll, wenn er voller Unsicherheit fragt: 'War es ihm (Gott) nicht möglich, mit göttlicher Macht zu bessern, ohne daß er dazu jemanden in der Menschennatur sandte?' Wollte er denn, daß die Besserung so geschehe, daß Gott sie mit Vorstellungen erfüllte, das Böse von ihnen vollständig wegnahm und dafür die Tugend einpflanzte? Andere mögen fragen, ob ein solches Verfahren der Natur der Dinge angemessen oder überhaupt möglich wäre. Wir wollen einmal annehmen, es sei so und sei auch möglich: wo bleibt dann der freie Wille ($\tau\grave{o}\ \dot{\epsilon}\varphi$ ' $\dot{\eta}\mu\hat{\iota}\nu$), und wieso wäre die Zustimmung zur Wahrheit lobenswert oder die Absage an die Lüge etwas, das gutzuheißen ist? Aber wenn man auch einmal zugeben wollte, daß dies möglich und geziemend sei, warum sollte da nicht jemand mit mehr Recht und in derselben Weise wie Celsus die Frage stellen, ob es Gott nicht möglich war, die Menschen in seiner göttlichen Macht von Anfang an so zu schaffen, daß sie gar keine Besserung brauchten, sondern sofort sittlich gut und vollkommen waren, und so die Bosheit von Anfang an gar nicht bestand? Solche Überlegungen können einfache und unverständige Leute in ihren Bann ziehen, nicht aber jemanden, der Einsicht in die Natur der Dinge besitzt. Denn wenn man bei der Tugend das Element der Freiwilligkeit wegnimmt, zerstört man ihr Wesen"[66].

Dieser Abschnitt wurde hier in voller Länge zitiert, weil er für die Anthropologie des Origenes von entscheidender Bedeutung ist. Ziel des menschlichen Lebens ist die Tugend ($\dot{\alpha}\rho\epsilon\tau\acute{\eta}$), aber diese Tugend muß Ergebnis einer freien Entscheidung des Menschen sein. Eine Tugend, die unwiderstehlich oder dem Menschen angeboren wäre, wäre nicht mehr Tugend, sondern Natur. Menschliches Leben hat Wegcharakter und in dieser Entwicklungsfähigkeit liegt sowohl die Möglichkeit zum Guten wie zum Bösen[67]. Origenes betont die Freiheit des Menschen so sehr, daß man diese Lehre geradezu als den entscheidend neuen Gesichtspunkt, unter dem er die Wirklichkeit sieht, betrachten kann. "Origenes hat zum erstenmal den Universalitätsanspruch der griechischen Wesensphilosophie zurückgewiesen und gegenüber dem Wesensmäßigen das Willensmäßige, gegenüber der Natur die Freiheit, gegenüber dem Kategorialen das Gnadenhafte zur Geltung gebracht"[68]. Mit dem Menschen ist etwas Neues in die Schöpfung eingetreten, ein Wesen, das Gott darin ähnlich ist, daß es nicht nur bestimmt wird, sondern selbst

---

[66] 4,3,31-49. Vgl. dazu Kobusch, Philosophische Bedeutung 100.
[67] Vgl. 5,21,14-20.
[68] Kobusch, Philosophische Bedeutung 97. Vgl. auch den ganzen Zusammenhang ebd. 97-105 und ders., Initiator 35-42. Zu den Quellen der origenischen Auffassung vgl. Jackson, Sources.

schöpferisch tätig wird und zwar nicht nur im Hinblick auf die Welt, sondern auch im Hinblick auf die Gestaltung seiner eigenen Natur. Der Mensch findet sich nicht vor als ein so und so Bestimmter, sondern er bestimmt sein Wesen selbst[69]. Dieses Vermögen des Menschen ist so wichtig, daß selbst Gott es respektiert: "Es war besser, daß das Kind Jesus dem Anschlag des Herodes auswich und mit seinen Eltern nach Ägypten floh..., als daß die über Jesus wachende Vorsehung die Freiheit des Herodes, der das Kind töten wollte, eingeschränkt hätte"[70].

Aus demselben Grund lehnt Origenes auch die Theorie, daß alles in ewigem Kreislauf wiederkehre, ab; nur wenn unser Leben einmalig ist, kann es sittliche Entscheidung geben[71]. Während Celsus insistiert, Gott müsse, wenn er wirklich allmächtig sei, in der Lage sein, den Menschen zu überzeugen ($\pi\epsilon i\vartheta\epsilon\iota\nu$), ist Origenes der Ansicht, daß die Freiheit des Menschen auch gegenüber der Überzeugungskraft Gottes die Möglichkeit habe, sich zu weigern[72]. Da Gott dem Menschen in einer Art und Weise begegnet, die immer verhüllt ist, ermöglicht er damit dem Menschen, sich zu entziehen oder sich zu unterwerfen. Von daher trifft die Frage des Celsus, ob es Gott nicht möglich sei, den Menschen auf jeden Fall, und das heißt auch (was im Grunde ein Widerspruch in sich ist) gegen seinen Willen zu überzeugen, ins Leere, bzw. wird als sinnlos entlarvt. Nicht ob Gott die Freiheit des Menschen übergehen könnte, ist das Problem, sondern ob er es will bzw. wollen kann. Und diese Frage beantwortet Origenes mit einem klaren Nein: "Wenn man das zugesteht, weiß ich nicht, wie an unserer Willensfreiheit festgehalten werden kann und wie es begründet Lob und Tadel geben kann"[73].

---

[69] Vgl. 3,65-69, wo es um die Frage geht, ob es dem Menschen möglich ist, sich zu ändern, da er sich doch immer schon als ein so oder so Bestimmter vorfindet. Celsus leugnet diese Freiheit des Menschen explizit (3,65,22-26), während Origenes sie verteidigt. Vgl. Kobusch, Philosophische Bedeutung 98.104, der hierin eine Geistesverwandtschaft zwischen Origenes und dem Existenzialismus sieht, und Koch, Pronoia 106.111f.

[70] 1,66,39-44.

[71] Vgl. 4,67, wo an Beispielen gezeigt wird, zu welchen absurden Konsequenzen die Lehre von der Wiederkehr aller Dinge führt.

[72] Vgl. 6,57,11-40.

[73] 4,67,17f; vgl. auch comm. in Rom. 9,39 (FC 2/5,130f Heither): "Die andere Art [der Herrschaft Christi] aber ist die, in der er als der Gute und der Sohn des guten Vaters die vernunftbegabten Geister nicht mit Gewalt zum Gehorsam gegen sein Gesetz bringen will, sondern erwartet, daß sie freiwillig kommen, damit sie willig und nicht gezwungen das Gute suchen. Er will sie mehr durch Lehren als durch Befehlen, mehr durch Einladen als durch Erpressen davon überzeugen."

Dasselbe gilt im Hinblick auf das göttliche Vorherwissen, das Origenes bewußt so konzipiert, daß es die Willensfreiheit des Menschen nicht übergeht. Auch wenn Gott etwas vorherweiß, heißt das nicht, daß der Mensch gezwungen ist, die entsprechende Tat zu begehen, nicht das Vorherwissen bestimmt die Tat, sondern die Tat das Vorherwissen[74]. Eine Tat wird dadurch, daß Gott sie vorherweiß, nicht unabwendbar, sie kann nach wie vor auch nicht eintreten[75], aber da Gott eine größere Einsicht in die Motive und Absichten eines Menschen hat, weiß er, was geschehen wird bzw. wie dieser sich verhalten wird[76].

Neben dem Vorherwissen Gottes kennt Origenes auch eine Vorsehung, d.h. eine Lenkung der Welt. Doch auch diese übergeht die Freiheit des Menschen nicht, denn sie richtet sich im eigentlichen Sinne nur auf die, die sich dieser Lenkung unterstellen. Ein deterministischer Vorsehungsbegriff wird von Origenes abgelehnt, da dessen Konsequenz wäre, daß Gott auch für das Böse die Verantwortung trägt. Gott läßt das Böse zu, aber er ist nicht sein Urheber; die Vorsehung im eigentlichen Sinn bezieht sich nur auf das Gute[77]. Origenes weist den celsischen Gedanken entschieden zurück, daß alles Böse nur relativ gesehen böse sei, weil es von Gottes Vorsehung immer zum Guten eingesetzt werden kann. Zwar gibt er zu, daß das Böse (gemeint ist in diesem Zusammenhang das eigentlich Böse, die Schuld des Menschen) von Gott nochmal in einen Ordnungszusammenhang eingeordnet werden kann, doch ändert dies nichts an seiner Qualifikation; etwas Böses wird nicht gut, wenn es Gutes bewirkt[78].

Die Theodizee des Origenes ist eindeutig vom Freiheitsgedanken her bestimmt: Gott muß das Böse in Kauf nehmen, weil er die freie Liebe seiner Geschöpfe will. Nur eine freie Liebe ist wirkliche Liebe, und ohne diese Freiheit verliert sie ihren Charakter und wird wertlos. Ein zur Tugend konditionierter Mensch ist ein Widerspruch in sich; nur wenn der Mensch auch anders kann, ist seine Entscheidung für Gott eine wirkliche Entscheidung.

In einem etwas anderen Zusammenhang findet sich allerdings eine interessante Stelle, an der Origenes die von ihm so sehr betonte Freiheit des Menschen teilweise wieder zurückzunehmen scheint: "Auch wenn Celsus oder der von ihm

---

[74] Vgl. 2,20,14-18. Vgl. auch Koch, Pronoia 114; Benjamins, Eingeordnete Freiheit 98 und unten 171f.
[75] Vgl. 2,20,82-86.
[76] Vgl. 2,20,88-96, hier bezogen auf das Vorherwissen Jesu, wer ihn verraten werde.
[77] Vgl. 7,68,31-37.
[78] Vgl. 4,70,4-19.

eingeführte Jude meine Worte verspotten, so soll dennoch gesagt werden, daß viele gleichsam unfreiwillig (ἄκοντες) dem Christentum beigetreten sind, weil eine geistige Macht ihr Inneres (ἡγεμονικόν) plötzlich vom Haß auf das Wort zur Bereitschaft, für es zu sterben, umwandelte"[79]. Origenes schwächt an dieser Stelle seine Aussage durch die zögernde Einführung und das "gleichsam" (ὡσπερεί) ab, bzw. macht deutlich, daß es sich um einen Vorgang handelt, der seiner eigenen Theorie widerspricht, dessen Faktizität aber von einem Christen nicht geleugnet werden kann. Es gibt ein Überwältigtsein vom Glauben, das die Freiheit des Menschen aufzuheben scheint. Allerdings muß deutlich gesehen werden, daß dieser Vorgang kein rein intellektueller Vorgang ist. Es wird im Grunde nicht das Überzeugtwerden von einer rationalen Erkenntnis beschrieben, sondern das Aufbrechen einer Liebe, die die Grenzen von Freiheit und Zwang verschwimmen läßt.

Denselben Gedanken äußert Origenes auch in anderen Schriften in bezug auf die Eschatologie und kommt damit einem Einwand zuvor, der sich leicht aus seiner Betonung der Freiheit in *Cels.* ableiten ließe. Wenn Freiheit, und zwar verstanden als Freiheit der Wahl, Grundlage aller Gottesliebe ist, so ist ein endzeitlicher Zustand der ewigen Seligkeit schwer denkbar, da es, wenn es auch in diesem Zustand Freiheit gibt, immer auch, zumindest potentiell, die Möglichkeit des Abfalls und des Bösen geben muß. Origenes hat dieses Problem natürlich auch gesehen, er löst es aber in *Cels.* nicht, sondern läßt die Frage offen, bzw. verweist auf eine zu diesem Thema eigens zu schreibende Abhandlung[80]. Ob man dieses Schweigen allerdings, wie Miura-Stange will[81], so deuten muß, daß Origenes sein Konzept von Willensfreiheit letztlich zugunsten eines ewigen kosmischen Kreislaufs aufgegeben hat, ist sehr fraglich. Eher scheint Origenes in seiner auch sonst zu beobachtenden vorsichtigen Art nicht zu wagen, über Dinge, die nicht eindeutig biblisch zu belegen sind, letzte Aussagen zu machen. Zieht man seine nur lateinisch erhaltenen Kommentare hinzu, so hat er offenbar gelehrt, daß die Willensfreiheit immer erhalten bleibt, aber durch die Liebe so "gebunden" wird, daß kein weiterer Abfall mehr erfolgen wird[82]. Der ganz freie Mensch partizipiert dann an der Freiheit Gottes, die gerade darum vollkommene Freiheit ist, weil ihr die Bedrohung eines Abfalls vom Guten fehlt. In *Cels.* wird derselbe Gedanke

---

[79] 1,46,16-21.
[80] Vgl. 4,69,12-16.
[81] Vgl. Miura-Stange, Celsus und Origenes 76-82.
[82] Vgl. comm. in Rom. 5,10 (FC 2/3,180-184 Heither); comm. in Cant. 1,4,9 (SC 375,224 Brésard/Crouzel).

vorsichtiger ausgedrückt, wenn Origenes den Endzustand als vollkommene Herrschaft des Logos beschreibt. Diese Herrschaft des Logos zeigt sich darin, daß der Mensch in der Lage ist, zu wählen, was er wirklich will und, was noch wichtiger ist, bei dem Gewählten zu bleiben[83]. Dann ist "das Ende der Dinge die Vernichtung der Sünde"[84]. Allerdings läßt Origenes auch hier die Frage offen, ob diese Vernichtung ganz endgültig ist[85].

Origenes stellt der durch Celsus vertretenen mittelplatonischen Gotteslehre einen vom biblischen Denken beeinflußten Gottesbegriff gegenüber, der Gott als frei und lebendig denkt. Damit versieht er die auch von ihm grundsätzlich akzeptierten Transzendenzattribute Gottes mit einem neuen Vorzeichen: Gott ist unerreichbar, (d.h. völlig transzendent), aber er kann sich offenbaren, (d.h. aus eigenem Entschluß in der Welt erfahrbar werden). Dabei zeigt sich, daß für das Denken des Origenes dem freien Gott der freie Mensch entspricht. Nur in einer Welt, in der auch der Mensch frei ist, kann es Gutes und Böses geben und damit Grund für ein Wirken Gottes, das neu und überraschend ist.

4.2 Das Argument aus der Einheit der Welt

Eine weit verbreitete und d.h. auch außerhalb eigentlich philosophischen Argumentierens oft anzutreffende Begründung für den Theismus ist die durch unsere Alltagserfahrung gestützte Überzeugung, daß alles, was ist, eine Ursache haben muß. Da ein infiniter Regreß nicht vorstellbar ist, muß es eine erste Ursache geben, die selber nicht verursacht ist. In philosophisch durchdachter Form tritt das Argument bei Aristoteles auf, wenn er vom "unbewegten Beweger"[86] spricht.

Auch in der christlichen Verkündigung, vor allem bei den Apologeten, finden wir den Rückschluß von der erlebten Weltwirklichkeit auf Gott als den Ursprung von allem[87]. Pannenberg weist kritisch darauf hin, daß "das Rückschlußverfahren als Vorentscheidung über bestimmte Wesenszüge des Gottesbegriffs (wirkte), die

---

[83] Vgl. 8,72,11-15.

[84] 8,72,22f.

[85] Vgl. 8,72,23-25. Vgl. zu diesem Abschnitt Crouzel, Apocatastase 288, der gerade im Anschluß an diese Stelle die wichtige Rolle, die die menschliche Freiheit im Denken des Origenes spielt, betont.

[86] Vgl. Horn, Gottesbeweis 954-956.

[87] Vgl. Pannenberg, Aufnahme 28-39.

somit unabhängig von der geschichtlichen Offenbarung erkennbar zu sein schienen"[88]. Tatsächlich sahen wir ja schon, daß auch Origenes der Meinung ist, daß bestimmte Elemente des Gottesbegriffs unabhängig von jeder Offenbarung erkennbar sind[89]. Mit diesem Vorverständnis soll allerdings weniger die Freiheit Gottes eingeschränkt als vielmehr eine sinnvolle Verwendung des Begriffes "Gott" gewährleistet werden. Darüber hinaus ist Origenes aber auch der Meinung, daß es möglich ist, aus der Welt auf Gott zu schließen, ohne die Freiheit Gottes zu schmälern. Denn die Rückschlußmöglichkeit ergibt sich nicht aus einer wie auch immer gearteten Möglichkeit des menschlichen Geistes, über Gott zu verfügen, sondern aus der Freiheit Gottes so zu handeln, daß in der Welt seine Übereinstimmung mit sich selbst sichtbar wird, und das heißt, daß sichtbar wird, daß dieser Gott kein Willkürherrscher ist.

Denn wenn das christliche Gottesbild richtig ist und Gott wirklich derjenige ist, der die Welt und den Menschen geschaffen hat und auch zur gegenwärtigen Zeit alles mit Weisheit und Liebe regiert, dann müssen diese Eigenschaften der Weisheit und Liebe auch in der Schöpfung und in der Vorsehung wiederzufinden sein. Daraus zieht Origenes die Konsequenz, daß ein Tun, das in sich völlig sinnlos ist und darüber hinaus keinerlei Bezug zum Heil des Menschen aufweist, nicht von Gott stammen kann, da Gottes Handeln immer zum Nutzen des Menschen ist[90]. Mit dieser Argumentation weist Origenes mirakulöse Vorgänge in der heidnischen Mythologie zurück und sagt, daß sie, selbst wenn sie sich wirklich ereignet hätten, aufgrund ihrer Sinnlosigkeit niemals Gott, sondern höchstens einem Dämon zugeschrieben werden könnten. Was Gott tut, ist so beschaffen, daß es vom Menschen als sinnvoll erkannt werden kann. Es gehört zur Göttlichkeit Gottes und begrenzt daher seine Freiheit nicht, daß Gott nur Gutes tun kann. Insofern ist die Allmacht Gottes, wie Origenes sie versteht, nicht Willkür und Beliebigkeit, die auch das Böse einschließt, sondern immer geformt und bestimmt von einer Weisheit und Güte, ohne die Gott nicht Gott wäre[91].

Die Frage nach dem richtigen Gottesbegriff muß an dieser Stelle unter einer ganz bestimmten Rücksicht noch einmal aufgegriffen werden: im Hinblick auf seine Einheit. Im Kontext der Spätantike stellte sich nämlich weniger das Problem, ob

---

[88] Pannenberg, Aufnahme 28.
[89] Vgl. oben 124-132.
[90] Vgl. 3,31,7-13.
[91] Vgl. 3,70,8-10 und Fernandez, Origen's Presentation 219.

es Gott gibt, sondern eher die Frage, ob es wirklich nur einen Gott und damit auch nur einen Ursprung von allem gibt. Gibt es Argumente dafür, daß der biblische Monotheismus der Wahrheit mehr entspricht als der pagane Polytheismus, den Celsus zumindest in praktischer Hinsicht vertritt? Läßt sich zeigen, daß Einheit auf jeden Fall ein Prädikat Gottes ist, oder ist es auch denkbar, daß zwar alles eine Ursache hat, aber jedes eine verschiedene, so daß eine Pluralität von Göttern denkbar wäre?

Origenes lehnt jeden Polytheismus kategorisch ab und nennt als Grund für seine Ablehnung die Einheit und Geordnetheit der Welt. "Wie viel fruchtbarer und besser als all diese Phantastereien ist es, aufgrund der sichtbaren Dinge von der guten Ordnung der Welt überzeugt zu sein und den einen Schöpfer der einen Welt zu verehren. Denn die Welt ist in Harmonie mit sich selbst und kann deshalb nicht das Werk von vielen Schöpfern sein"[92].

Dieses Argument hat im frühen Christentum seinen Ort in der Auseinandersetzung mit der Gnosis und vor allem mit Marcion. Dem Dualismus Marcions wird die Einheit und Harmonie der Welt entgegengehalten, die die Lehre von einem Schöpfergott, der sich radikal unterscheidet vom Erlösergott, dem Vater Jesu Christi, unglaubwürdig macht. Von dort wird es auf die Auseinandersetzung mit der Philosophie übertragen und dient in diesem neuen Kontext als Waffe im Kampf gegen den Polytheismus[93].

Origenes ist der Ansicht, daß sich die als Einheit erfahrene Welt am plausibelsten erklären läßt, wenn man davon ausgeht, daß sie als ganze einen Ursprung hat. Eine Vielzahl von Ursprüngen müßte entweder in sich hierarchisch geordnet sein, was letzten Endes wieder auf einen Ursprung der Ursprünge hinausliefe, oder aber diese Ursprünge ständen einander rivalisierend oder zumindest gleichgültig gegenüber, was zu einer Vielzahl von Welten führen müßte. Diese Vielzahl von Welten aber ist offensichtlich nicht gegeben. Insgesamt bestimmen eher Ordnung und Sinn als Chaos die Struktur der Welt. Daher ist die Unfähigkeit, aus der "Ordnung der Natur" ($\tau\acute{\alpha}\xi\iota\varsigma$ $\tau o\hat{v}$ $\kappa\acute{o}\sigma\mu o v$) den Schöpfer zu erkennen, keine legitime Möglichkeit des Denkens, sondern ein "großer Schaden"[94].

---

[92] 1,23,16-20. Vgl. Horn, Gottesbeweis 969 und Patrick, Apology 299f: "The order that reigns in the universe is irreconcilable with any system of polytheism. The universe, as a unity in absolute harmony with itself, must have derived its origin from one Creator. To give coherence and symmetry of movement to the whole heaven requires not the impulse of many souls, - one soul suffices."

[93] Vgl. Grant, Early Christian Doctrine 109f.

[94] Vgl. 8,38,19f.

Auch im Kommentar zum Römerbrief vertritt Origenes in seiner Auslegung von
Röm 1,19f die Ansicht, daß die Struktur der Welt einen wenn auch begrenzten
Hinweis auf die Wirklichkeit Gottes gibt: "Was von Gott bekannt ist, ist das, wozu
wir Zugang haben durch den Gesamtzusammenhang und die Gesetzmäßigkeit in der
Welt (ex huius mundi consequentia vel rationibus). Das deutet der Apostel im
folgenden an, wenn er sagt, man könne die unsichtbare Wirklichkeit Gottes durch
die geschaffenen Dinge schauen"[95].

Origenes ist sich bewußt, daß eine Konzeption, die Gott als Ursprung der
erfahrbaren Welt sieht, erklären muß, wie sich diese Welt und Gott zueinander
verhalten. Ist Gott Erstursache in der Weise, daß mit ihm die Reihe der Ursachen
zwar anfängt, daß er aber als erstes Glied der Reihe grundsätzlich Teil von ihr ist?
Eine solche Konzeption würde Gott in die Kategorien dieser Welt einordnen und
ihm seine Vollkommenheit und Transzendenz nehmen. "Alle Dinge sind Teile der
Welt, Gott aber ist kein Teil des Ganzen. Denn Gott kann nicht unvollkommen
sein, wie ein Teil unvollkommen ist"[96]. Aber auch eine Identifikation Gottes mit
dem als Summe der Einzelteile verstandenen Ganzen der Welt würde zu kurz
greifen, da es sich auch in diesem Fall nicht vermeiden ließe, die grundsätzliche
Unvollkommenheit des kategorialen Seins auf Gott zu übertragen. Von daher
kommt Origenes zu dem Ergebnis, daß man von Gott weder aussagen kann, er sei
Teil der Welt noch er sei das Ganze[97]. Eine ähnliche Überlegung fanden wir
schon an anderer Stelle in Bezug auf die οὐσία[98]. Origenes lehnt auch dieses
allgemeinste Prädikat für Gott ab. Nur wenn Gott vollkommen transkategorial
gedacht wird, kann plausibel gemacht werden, daß er nicht das Ganze ist, aber das
Ganze trägt und umfängt.

Die Einheit und Geordnetheit der Welt kann Teilargument in verschiedenen Zusammenhängen werden, nicht nur im Bereich der Gottesfrage im strengen Sinn.
Aus der Harmonie der Welt ergibt sich für Origenes, daß es das im eigentlichen
Sinn Paradoxe nicht geben kann, da das nicht Zusammengehörige voreinander
flieht und das Zusammengehörige sich anzieht. Das bedeutet konkret, daß das

---

[95] Comm. in Rom. 1,16 (FC 2/1,140f Heither).
[96] 1,23,24-26.
[97] Vgl. 1,23,26-30.
[98] Vgl. 6,64,14-28. Vgl. oben 132.

Schöne auch gut und wahr ist und das Häßliche auch schlecht und unwahr[99]. Auf den Menschen bezogen kann es nach dieser Ansicht keinen häßlichen, im Irrtum befangenen Heiligen und keinen klugen, körperlich schönen Verbrecher geben[100]. Die uneheliche Geburt Jesu oder die Behauptung, dieser sei häßlich gewesen, ist aus diesem Grund rein argumentativ zu widerlegen: Die Ordnung der Welt erfordert es, daß ein Mensch von der Vollkommenheit Jesu diese Vollkommenheit in allen Punkten besitzen muß, sonst wäre die Einheit zerstört. "Es ist also wahrscheinlich ($\epsilon\iota\kappa\acute{o}\varsigma$), daß diese Seele, die durch ihr Kommen in das Leben der Menschen mehr Nutzen gebracht hat als die meisten - um nicht voreingenommen zu wirken, sage ich nicht als alle -, einen Körper brauchte, der sich nicht nur von den menschlichen Körpern unterschied, sondern besser als alle war ... Wenn aber auch die Lehren der Physiognomiker ... Gültigkeit haben, wenn es also richtig ist, daß jeder Körper dem Charakter der zugehörigen Seele angepaßt ist, dann mußte die Seele, die wunderbar in dieses Leben kommen und Großes vollbringen sollte, einen Körper erhalten, der nicht wie Celsus meint von einem Ehebrecher Panthera und einer zum Ehebruch verführten Jungfrau stammt"[101].

Im Hintergrund der Ausführungen des Origenes steht offensichtlich die Ansicht von der Präexistenz der Seelen und die damit verbundene Vorstellung, daß die Reinheit der Seele den Körper, den sie erhält, bestimmt[102]. Insofern läßt ein mißgestalteter, häßlicher Körper auf eine sündige Seele schließen. Allerdings muß gesehen werden, daß Origenes in den angeführten Kapiteln nicht in diese Richtung argumentiert, sondern nur umgekehrt: die allgemeine Vollkommenheit Jesu verlangt, daß er auch eine makellose Geburt und einen vollkommenen Körper besitzt[103].

Daß auch Celsus grundsätzlich in diesem Punkt von denselben Voraussetzungen wie Origenes ausgeht, zeigt sich darin, daß auch er meint, der Körper Jesu müsse, wenn ein göttlicher Geist in ihm war, von besonderer Vollkommenheit gewesen sein. Das aber war nicht der Fall, im Gegenteil war Jesus war klein und

---

[99] Im comm. in Cant. zitiert Origenes den stoischen Satz: "Allein der Wahre ist schön, jeder Böse aber ist häßlich." Vgl. comm. in Cant. 4,2,18 (SC 376, 710 Brésard/Crouzel) mit Anm.1.

[100] Dieselbe Ansicht findet sich schon in der Bibel im Buch der Weisheit, vgl. Weish 8,19f.

[101] 1,32,34-38; 1,33,13-20; vgl. auch den ganzen Zusammenhang der Kapitel 1,32-33 und Lies, Weg nach Chalcedon 95f.

[102] Vgl. die Ausführungen des Origenes in 1,33,1-13.

[103] Vgl. auch unten 172.

häßlich[104]. Origenes kann die celsische Behauptung nicht ganz leugnen, da sie zum Teil auf einer biblischen Angabe (Jes 52,14; 53,2f) beruht[105]. Er gibt zu, daß Jesus "häßlich" (δυσειδής) war und widerspricht damit auf den ersten Blick seiner Ansicht von der Schönheit Jesu. Allerdings wirft er Celsus auch in diesem Zusammenhang eine selektive Wahrnehmung der Bibel vor und zeigt, daß man die Angabe aus Jesaja durch Ps 45,4f ergänzen muß, wo ausdrücklich von der Schönheit des Messias die Rede ist[106]. Beide Aussagen sind miteinander in Übereinstimmung zu bringen, wenn man einerseits erkennt, daß die Schönheit Jesu aufgrund der Einheit der Welt gegeben sein mußte, daß andererseits diese Schönheit aber nur von denen, die aus dieser Einheit heraus und d.h. in der Beziehung zu Gott lebten, wahrgenommen werden konnte. Für alle anderen war die Schönheit Jesu nicht wahrnehmbar, ja er wurde von ihnen sogar als häßlich empfunden[107].

Das Argument aus der Einheit, Ordnung und Schönheit der Welt zeigt besonders deutlich die Sicherheit, mit der Origenes davon ausgeht, in einer im Letzten verstehbaren Welt zu leben, in der alles von Gott herkommt und alles auf ihn hin gestaltet ist. In dieser Welt ist Raum für göttliche und menschliche Freiheit, aber nicht für das Absurde.

4.3 Prophezeiungen[108]

Während die bisher genannten Argumente für Origenes die Basis jeder vernunftgemäßen Auseinandersetzung über die Gottesfrage bilden, geht es bei den jetzt folgenden Argumenten um die Rechtfertigung der christlichen Behauptung, daß in Jesus Christus Gott in die Welt des Menschen gekommen sei. Diesen ungeheuren Anspruch versucht Origenes mit mehreren Gründen zu verteidigen. Der erste

---

[104] Vgl. 6,75,1-6.
[105] Vgl. vor allem Jes 53,2 (LXX): οὐκ ἔστιν εἶδος αὐτῷ οὐδὲ δόξα. καὶ εἴδομεν αὐτόν, καὶ οὐκ εἶδος οὐδὲ κάλλος.
[106] Vgl. 6,75,6-28.
[107] Vgl. 4,16,1-16; 6,77,21-42.
[108] Zu diesem Abschnitt vgl. Bouché-Leclercq, Divination, der in vier Bänden alle Formen der Zeichendeuterei und Wahrsagerei beschreibt, die die Antike kannte. Vgl. auch Patrick, Apology 197-209; Miura-Stange, Celsus und Origenes 149; Fédou, Christianisme 420-474; Brummel, Role of Reason 48-62.

Grund ist in diesem Zusammenhang die Tatsache, daß sich das Christentum durch eingetroffene Prophezeiungen ausweisen kann.

In der gesamten Antike spielten religiöse Praktiken wie Vogelschau, Schau der Eingeweide von Tieren, Orakel aller Art, Astrologie und Traumdeutung eine große Rolle[109]. Mit ihrer Hilfe wurde versucht, in das einzudringen, was "der menschliche Geist nicht aus eigener Kraft erkennen kann, vor allen Dingen die Zukunft"[110]. Die Haltung des Origenes zu diesen Praktiken ist von Fédou in seiner Monographie über das Verhältnis des Origenes zu den heidnischen Religionen umfassend untersucht worden, so daß ich die Ergebnisse Fédous nur kurz zusammenfassen möchte, um dann auf die Frage zu kommen, welche Beweiskraft die Prophetie nach Ansicht des Origenes in einer Argumentation für die Wahrheit des Christentums haben kann.

Der allgemeinen Möglichkeit, aus Naturphänomenen den Willen Gottes zu erfahren, steht Origenes nicht völlig abwehrend gegenüber. Er gesteht ausdrücklich zu, daß Sonne, Mond und Sterne dem Menschen etwas mitteilen können[111]. Als Beispiel wird das künftige Wetter und die damit zusammenhängende kommende Ernte genannt, beides Dinge, bei denen es uns eher fremd ist, von Vorhersage zu sprechen, da wir die Tatsache, daß es regnet, kaum als von den Gestirnen "vorhergesagt" interpretieren würden, obwohl auch wir an ihnen das künftige Wetter abzulesen versuchen. Origenes nennt als weiteres Beispiel, an dem der Vorhersagecharakter deutlicher wird, den Stern, der die Geburt Christi ankündigte und den Magiern als Zeichen einer wunderbaren Geburt erschien[112].

Obwohl Origenes der Meinung ist, daß es eine Offenbarung Gottes durch Naturzeichen geben kann, bewertet er diese Tatsache anders als das Heidentum; für ihn sind die Gestirne, ebenso wie die alttestamentlichen Propheten, Diener Gottes, die nicht aus eigener Kraft, sondern im Auftrag eines anderen verkünden und denen daher keine Anbetung gebührt[113]. Während der Heide das Göttliche anbetet, wo es ihm begegnet, und dabei nicht streng unterscheidet zwischen dem Göttlichen selbst und seinen Manifestationen, sind für den Christen (und ebenso

---

[109] Belege aus der antiken Literatur vgl. Fédou, Christianisme 422-426.
[110] Bouché-Leclercq, Divinisation 8.
[111] Vgl. 5,12,23-41; 5,13 und Fédou, Christianisme 432-437.
[112] Vgl. 1,59.
[113] Vgl. 5,12,38-41.

natürlich für den Juden) aufgrund seines Glaubens an das Geschaffensein aller Dinge Schöpfer und Geschöpf deutlich getrennt. Das bedeutet, daß der, der die Botschaft bzw. die Offenbarung gibt, nicht verwechselt werden darf mit dem Medium, das als solches zur geschaffenen Wirklichkeit gehört und das anzubeten ein Sakrileg wäre.

Ebenso wie der Astrologie gesteht Origenes auch der Traumdeutung ein gewisses Recht zu, zumal der Traum als Offenbarungsmittel in der Bibel an zahlreichen Stellen bezeugt ist: "Man muß glauben, daß viele im Traum Visionen gehabt haben, die sich auf göttliche Dinge oder auf künftige Ereignisse dieses Lebens teils klar, teils rätselhaft bezogen haben. Das ist evident für alle, die eine Vorsehung akzeptieren"[114].

Dagegen steht er der Vogelschau sehr viel kritischer gegenüber. Auch hier ist der Maßstab ein biblischer, nämlich die Aufzählung der reinen und unreinen Tiere in Lev 11,1-30, in der genau die Tiere als unrein, d.h. für den Dienst Gottes ungeeignet, bezeichnet werden, die von den Israel benachbarten Völkern zur Zukunftsschau verwendet wurden. Neben dieser Unreinerklärung der wahrsagenden Tiere finden sich außerdem in der Bibel direkte Verbote, die die Vogelschau als heidnisch verwerfen[115]. Allerdings geht Origenes nicht so weit, der Vogelschau jeden Sinn abzusprechen und radikal zu bezweifeln, daß sie zu richtigen, d.h. wirklich zutreffenden Aussagen kommt. Er nennt selbst die in dieser Hinsicht zu untersuchenden Fragen: 1. Gibt es überhaupt so etwas wie Vogelschau? 2. Wenn ja, was ist ihre Ursache?[116] Die erste Frage beantwortet er nicht ganz eindeutig, er spricht aber "von der von vielen bezeugten evidenten Tatsache (ἐνάργεια), daß viele, die auf die weissagende Kraft der Vögel vertrauten, aus den größten Gefahren errettet wurden"[117]. Das läßt schließen, daß die Vogelschau in der Antike ein so weit verbreitetes Phänomen war, daß auch ein Christ sie nicht einfach leugnen konnte. In der Beantwortung der zweiten Frage ist Origenes dagegen ganz klar: Wenn es eine Vogelschau gibt, dann ist sie nicht das Werk Gottes, sondern das böser Dämonen, die durch ihren ätherischen Körper eine gewisse Fähigkeit haben, die Zukunft zu erkennen. Sie ist also auf jeden Fall abzulehnen[118].

---

[114] 1,48,7-10. Vgl. Fédou, Christianisme 440-447.
[115] Vgl. die Kapitel 4,88-96, bes. 4,93,5-8 und 4,95 mit den Zitaten aus Lev und Dtn.
[116] Vgl. 4,88,29-33.
[117] 4,90,19-21.
[118] Vgl. 4,92.

Der Maßstab, den Origenes anlegt, um verschiedene mantische Phänomene zu beurteilen, sind primär die Aussagen der Bibel. Die Gestirne dürfen nicht angebetet werden, können aber im Auftrag Gottes seine Boten sein, was gleicherweise auch für die Bilder menschlicher Träume gilt. Dagegen sind Weissagungen mit Hilfe von Tieren, vor allem Vögeln, als heidnische Praxis radikal verboten. Alle diese Praktiken haben keine religiöse Bedeutung für den christlichen Glauben und werden an keiner Stelle als Argument für ihn verwandt.

Anders ist es mit den durch Menschen ausgesprochenen Prophezeiungen, die für Origenes wie auch für die gesamte alte Kirche ein wichtiger Beweis für das Christentum waren[119]. Dieser Überzeugung liegt der Gedanke zugrunde, daß Zeit dem Menschen unbegreiflich ist, weil er nicht über sie verfügen kann. Dies zeigt sich vor allem darin, daß der Mensch keine Zugriffsmöglichkeit auf die Zukunft hat, sondern dem, was kommt, völlig ausgeliefert ist. Gott dagegen ist souveräner Herr der Zeit, da er in der Lage ist, auch die Zukunft zu erkennen und sie dem Menschen zu offenbaren: "Denn das Kennzeichen ($\chi\alpha\rho\alpha\kappa\tau\eta\rho\acute{\imath}\varsigma o\nu$) der Gottheit ist die Ankündigung der Zukunft. Diese Ankündigung übersteigt die menschliche Natur und ermöglicht nach der Erfüllung das Urteil, daß es der göttliche Geist war, der das verkündet hat"[120]. Prophezeiungen sind als göttlichen Ursprungs erwiesen, wenn sie tatsächlich eintreffen. Gleichzeitig wird in diesem Fall der Prophet als ein Mensch erfahrbar, der unmittelbar von Gott gesandt ist und der über Kenntnis des Göttlichen verfügt[121].

Wenn Origenes in *Cels.* über das Phänomen der Prophetie spricht, so steht eindeutig die Person Jesu Christi im Mittelpunkt des Interesses, da Jesus Christus der Ziel- und zugleich Ausgangspunkt aller Prophetie ist. Es lassen sich zwei Formen der Prophetie unterscheiden: die Worte der alttestamentlichen Propheten,

---

[119] Vgl. Balthasar, Gott redet als Mensch 82, der spricht von der "Beziehung der beiden Testamente, eine Beziehung, die - für die Menschen der Bibel, für Jesus selbst, für die Kirchenväter - der grundlegende, unerschöpfliche Beweis bleibt für die Wahrheit des Gotteswortes".

[120] 6,10,22-25. Ähnlich hatte schon Celsus argumentiert in 4,88,9f: "Was könnte man göttlicher nennen als das Vorwissen und Voraussagen der Zukunft?" Vgl. Verweyen, Gottes letztes Wort 340f.

[121] Vgl. 2,19,12f und 8,48,27-31. Von daher sagt Hauck, Divine Proof 106 richtig, daß die Auseinandersetzung über die Möglichkeit von Prophetie im Zentrum der apologetischen Bemühungen steht. An ihr entscheidet sich die Frage des Zugangs zu Gott. Der Gedanke ist aber auch schon biblisch, er findet sich vor allem in Dtn und Dt-jes, vgl. z.B. Dtn 31,19-21.

von denen zu zeigen ist, daß sie auf Jesus Christus hinweisen, und die Worte Jesu Christi selbst, die ihn als denjenigen, der im Namen Gottes zu sprechen befugt ist, beglaubigen. Man könnte also von einer auf Jesus Christus hinführenden und einer von ihm ausgehenden Prophetie sprechen. Beide Formen der Prophetie sind für die, an die sie gerichtet sind, ein Unterpfand der Gegenwart Gottes, indem sie dem menschlichen Bedürfnis, etwas über die Zukunft zu erfahren, entgegenkommen und ihm auf diesem Weg den direkten, fast nachprüfbaren Kontakt mit Gott ermöglichen[122].

Die Erfüllung der alttestamentlichen Weissagungen durch Jesus Christus beweist seine Göttlichkeit. Denn er ist offensichtlich in den Augen Gottes so bedeutsam, daß dieser ihn schon Jahrhunderte vorher ankündigte und sein Volk auf dessen Leben und Leiden vorbereitete: "Daß das vor so vielen Jahren gesagt wurde [es handelt sich um die Weissagung, daß der Messias mit Essig und Galle getränkt werde], kann zusammen mit den anderen prophetischen Verkündigungen einen Menschen, der alle Dinge wohlwollend prüft, dazu bringen anzuerkennen, daß Jesus der prophezeite Messias und der Sohn Gottes ist"[123]. Gleichzeitig wird durch den Beweis aus den Prophezeiungen die Kontinuität des Christentums mit dem Alten Testament erwiesen und so das Alter des Christentums weit in die Vorzeit zurückverlegt. Dieser Altersbeweis war nicht nur gegenüber dem Judentum wichtig, sondern auch gegenüber dem Heidentum, das im Alter einer Tradition einen Garanten für Wahrheit sah[124].

Origenes ist der Meinung, daß in Jesus Christus alle Weissagungen der alttestamentlichen Propheten über den kommenden Messias eingetroffen sind. Dabei ist es für ihn wichtig, deutlich zu betonen, daß es niemanden außer Jesus gibt, auf den alle Weissagungen insgesamt zutreffen[125]. In den ersten drei Büchern von *Cels.* finden wir das Argument aus der alttestamentlichen Prophetie besonders häufig. Im Einzelnen nennt Origenes folgende Dinge des Lebens Jesu, die schon im voraus angekündigt waren:

- der neue Stern bei seiner Geburt[126]

---

[122] Vgl. 3,3,11-14, wo in Bezug auf die alttestamentlichen Propheten gesagt wird, daß ihre Worte für das Volk ein Beweis der Gegenwart Gottes ($\pi\alpha\rho\iota\sigma\tau\acute{\alpha}\nu\tau\alpha$ $\tau\grave{\eta}\nu$ $\dot{\epsilon}\alpha\upsilon\tauο\hat{\upsilon}$ $\dot{\epsilon}\pi\iota\varphi\acute{\alpha}\nu\epsilon\iota\alpha\nu$) waren.

[123] 2,37,17-21.

[124] Vgl. unten 4.6 Das chronologische Argument und Pilhofer, Presbyteron kreitton 295.

[125] Vgl. 1,50-56; Bareille, Celse 2096.

[126] Vgl. 1,59.

- die Geburt aus einer Jungfrau[127]
- der Ort der Geburt, Bethlehem[128]
- die Zugehörigkeit zum Stamm Juda[129]
- sein Leiden und seine Auferstehung[130].

Dem naheliegenden Einwand, daß es auch Fakten gibt, die sich in Jesus Christus nicht erfüllt hätten, so sei er z.B. nicht der triumphale Herrscher, den die Juden erwarteten, begegnet Origenes, indem er die Erwartung der Juden als Mißverständnis ihrer eigenen Prophezeiungen bezeichnet; ein genaueres Lesen der entsprechenden Texte zeige, daß von einer zweimaligen Ankunft des Messias die Rede sei. Die erste Ankunft, die bereits erfolgt sei, hätte auch nach dem Zeugnis der Propheten in Niedrigkeit vor sich gehen müssen. Erst die noch ausstehende zweite Ankunft werde die volle Herrlichkeit Christi offenbaren[131].

Betrachtet man das Verhältnis zwischen dem Christusereignis und der alttestamentlichen Prophetie, so ist es nach Ansicht des Origenes keineswegs nur so, daß die Propheten als anerkannte religiöse Autorität für Jesus Christus als den in Frage stehenden Messiasprätendenten zeugen. Auf der einen Seite kann das Zeugnis der Propheten den Anspruch Jesu stützen und zu diesem Zweck wird es auch herangezogen, auf der anderen Seite, und das betont Origenes, gilt aber auch das Umgekehrte: erst durch das Auftreten Jesu sind die Vorhersagen der Propheten erfüllt und ist damit beglaubigt, daß die Propheten wirklich Propheten Gottes gewesen sind[132].

Als Beispiel für eingetroffene Prophezeiungen, die Jesus selbst ausgesprochen hat, nennt Origenes:
- den Anstoß, den die Jünger am Tod Jesu nehmen würden, und den Verrat des Petrus[133],
- die Verfolgung der Kirche und die dennoch dank göttlicher Kraft gelingende Ausbreitung des Christentums[134],

---

[127] Vgl. 1,34-35.
[128] Vgl. 1,51,1-30.
[129] Vgl. 1,53.
[130] Vgl. 1,54; 2,37.
[131] Vgl. 1,56; 2,29.
[132] Vgl. 1,45,22-27. Derselbe Gedanke findet sich in princ. 4,1,6 (686-688 Görgemanns/Karpp) und hom. in Ex. 12,3 (SC 321,362 Borret).
[133] Vgl. 2,15.
[134] Vgl. 2,13,13-67 und 2,42,7-14.

- die Zerstörung Jerusalems als Konsequenz des Unglaubens der Juden[135].

Im Zusammenhang mit der Prophetie stellen sich eine Reihe von Fragen, bei denen noch einmal von einer anderen Seite her auf das Verhältnis von göttlichem Vorherwissen und menschlicher Freiheit einzugehen ist. Die erste, auf die Person des Propheten bezogene Frage lautet, ob ein Vorherwissen den Betroffenen nicht dazu veranlassen würde, zukünftigem Übel, das ja durch die Tatsache, daß es vorhergewußt ist, vermeidbar wird, auszuweichen? Besonders drängend wird diese Frage im Zusammenhang des Todes Jesu Christi. Celsus fragt mit einem gewissen Recht: "Welcher Gott oder Dämon oder vernünftige Mensch wäre denn nicht, wenn er vorhergewußt hätte, daß ihm so etwas zustoßen würde, dem, wenn möglich, ausgewichen, anstatt dem Vorhererkannten anheimzufallen?"[136] Er schließt aus der Tatsache, daß Jesus nicht auswich, daß dieser seinen Tod offenbar nicht voraussah.

Wenn aber vorhergesagtes Übel nicht vermeidbar ist, dann lautet die zweite, auf die Hörer einer Prophezeiung bezogene Frage, ob durch eine Weissagung nicht eine totale Determination stattfindet, die die Freiheit des Empfängers völlig aufhebt? In Bezug auf die Vorhersagen, die Jesus über den Verrat des Judas und die Verleugnung durch Petrus machte (vgl. Mt 26,21.34 par), lautet die Frage in *Cels.* konkret: Mußte Judas zum Verräter werden, und mußte Petrus Jesus verleugnen?[137]

Origenes gibt weder das eine noch das andere zu. Das Vorherwissen Gottes, Jesu Christi oder auch eines Propheten ändert in sich nichts an den bestehenden Tatbeständen, es ist eher wie ein Netz, das über die Dinge gelegt wird, ohne diese dadurch zu beeinflussen. Die Vorhersage steht nicht auf gleicher Ebene mit den Vorkommnissen dieser Welt. Sie wird daher weder den Propheten veranlassen, der Weisung Gottes nicht zu folgen, selbst wenn sie ihn zum Tod führt, noch wird der Sünder durch die Vorhersage seiner Sünde von ihr abgehalten, da die Sünde nicht der Vorhersage, sondern der menschlichen Schlechtigkeit entspringt: "Denn wenn er [gemeint ist Jesus] den Verräter vorherwußte, so bedeutet das, daß er die Bosheit sah, aus der der Verrat entstehen würde und diese wurde in keiner Weise durch das Vorherwissen vernichtet"[138]. Das Verhältnis von Geschehen und Vor-

---

[135] Vgl. 2,13,68-85 mit Verweis auf Lk 21,20.
[136] 2,17,2-4; Vgl. auch Patrick, Apology 208.
[137] Vgl. 2,18,2-4; 2,20,1-10.
[138] 2,18,13-15.

hersage lautet also nicht: weil Vorhersage, deshalb das Geschehen; sondern: weil das Geschehen stattfindet, deshalb ist es vorhersagbar. Origenes schreibt: "Der Weissagende ist nicht die Ursache des künftigen Ereignisses, weil er vorausgesagt hat, daß es eintreffen würde, sondern das künftige Ereignis, das eintreten würde, auch wenn es nicht geweissagt worden wäre, ist der Grund, der den, der es vorauswußte, veranlaßt hat, es vorauszusagen"[139]. Das bedeutet, daß das Ereignis die Ursache ist und die Prophezeiung die Folge, auch wenn das Ereignis erst viel später als die Prophezeiung stattfindet; die zeitliche Folge und der Ursache-Wirkung-Zusammenhang decken sich hier nicht.

Origenes mißt dem Argument aus der eingetroffenen Prophezeiung große Bedeutung zu, er ist aber dennoch der Meinung, daß dieses Argument in den meisten Fällen durch zusätzliche Argumente gestützt werden muß. Auch wenn grundsätzlich gilt, daß ein sicheres Vorauswissen der Zukunft ein unerklärliches Phänomen ist, so ist doch bei der Mehrzahl der tatsächlich ausgesprochenen und als solche untersuchbaren Prophezeiungen der Einwand, es handle sich um eine Voraussage, die schon im Augenblick ihres Ausgesprochenwerdens wahrscheinlich war, durchaus berechtigt. So gibt Celsus zu bedenken, daß jeder Räuber mit der gleichen Sicherheit wie Jesus voraussagen kann, daß er bestraft werden wird, und ebenso sicher diese Strafe tatsächlich erleidet[140]. Von daher stellt sich Origenes die Aufgabe, nachzuweisen, daß Jesus Ereignisse vorausgesagt hat, die für seine Gegenwart absolut unwahrscheinlich waren, weil es für sie nirgends Parallelen gab. Einen solchen Fall sieht Origenes in der von Jesus vorhergesagten Christenverfolgung (vgl. Mt 10,18-33)[141]. Es handelt sich hier erstens um eine Prophezeiung, die eintraf, und zweitens um eine, die zu ihrer Zeit sehr unwahrscheinlich war. Diese Unwahrscheinlichkeit liegt einerseits darin, daß überhaupt Menschen wegen ihrer weltanschaulichen Überzeugung verfolgt werden, was im Römischen Reich zur Zeit Jesu nicht üblich war, vor allem aber darin, daß man von ihnen verlangen würde, abzuschwören[142]. Ein weiteres Beispiel ist die Vorhersage der Zerstörung

---

[139] 2,20,15-18. Vgl. Tzamalikos, Concept of Time 305. Die entgegengesetzte These, daß Gott die Dinge nicht deshalb weiß, weil sie geschehen werden, sondern daß sie geschehen, weil Gott sie weiß, wird später von Augustinus und auch von Thomas von Aquin vertreten, vgl. die Belege bei Borret, Contre Celse 1,336-339 Anm.2.

[140] Vgl. 2,44,13-16.

[141] Vgl. 2,13,16-67.

[142] Vgl. Borret, Contre Celse 5,218. Über die Ungewöhnlichkeit, daß man von den Christen verlangt, sie sollten abschwören, während man von allen anderen Angeklagten verlangt, sie sollten ihre Schuld bekennen, macht sich der Jurist Tertullian in seinem Apologeticum

Jerusalems (vgl. Lk 19,41-44), die nach Meinung des Origenes zu einer Zeit aufgezeichnet wurde, als von einer Belagerung der Stadt noch keine Rede war[143].

Origenes ist sich bewußt, daß man, wenn man mit Prophezeiungen etwas beweisen will, immer Gefahr läuft, darauf hingewiesen zu werden, daß es dasselbe Phänomen auch in anderen Weltanschauungen gibt. Prophezeiungen, selbst eingetroffene Prophezeiungen, nimmt fast jede Religion für sich in Anspruch, sie können daher zwar als Plausibilitätsargumente für den christlichen Glauben herangezogen werden, sind aber ohne zusätzliche Argumente wenig beweiskräftig. Dasselbe gilt auch für die weiter unten zu besprechenden Wunder. Beides kann auch bei Heiden vorkommen[144] und ist in sich $\mu\acute{\epsilon}\sigma o\nu$[145], d.h. indifferent. Dinge, die $\mu\acute{\epsilon}\sigma o\nu$ sind, sind nicht eindeutig als gut oder böse zu qualifizieren und werden erst durch ihre Indienstnahme eindeutig bestimmt: "Man muß aber wissen, daß das Vorherwissen der Zukunft nicht in jedem Fall etwas Göttliches ist; in sich ist es indifferent ($\mu\acute{\epsilon}\sigma o\nu$) und kann Schlechten und Guten zuteil werden"[146]. Daher ist der zusätzliche Maßstab, an dem Prophezeiungen zu messen sind, die moralische Integrität des Propheten und die Sittlichkeit dessen, was befohlen wird. Ein Prophet, dessen eigenes Leben von seiner Botschaft nicht geprägt wird, kann kein von Gott gesandter sein[147]. Das bloße Phänomen einer wahren Prophezeiung entbindet nicht davon, nach ihrem Ursprung zu fragen, d.h. die Geister zu unterscheiden. So sieht es Origenes als Vorzug der Juden an, daß "sie alle Weissagung ($\mu\alpha\nu\tau\epsilon\acute{\iota}\alpha$) verachteten und für Trug hielten, der die Menschen verführe und eher von den bösen Dämonen als von einem höheren Wesen herkomme. Sie suchten die Kenntnis der Zukunft nur in solchen Menschen, die wegen ihrer vollständigen Reinheit den Geist des über allen waltenden Gottes empfangen hatten"[148]. Damit modifiziert Origenes allerdings die These, daß jede eingetroffene Prophezeiung

---

ausführlich lustig, vgl. Tert. apol. 2,10-17 (CChrL 1,89f Dekkers).
[143] Vgl. 2,13,68-85.
[144] Vgl. z.B. 7,3,16-25, wo es um die Voraussagen der delphischen Pythia geht. Dazu Gorday, Moses and Jesus 317f.
[145] Vgl. 3,25,4f; 7,5,15-19. Vgl. auch Hauck, Divine Proof 117 mit Anm.20. 119.
[146] 4,96,1-3. Für den philosophiegeschichtlichen Hintergrund dieser Aussage vgl. Borret, Contre Celse 2,422f Anm.1 und Hauck, Divine Proof 17-48.
[147] Vgl. 3,25,1-14. Vgl. Rayroux, L'Apologétique 43ff; Fernandez, Origen's Presentation 180.
[148] 5,42,31-37. Vgl Hauck, Divine Proof 116.

göttlichen Ursprungs ist. Mit der Möglichkeit von außergöttlichen, d.h. dämonischen Einflüssen ist zu rechnen.

Ein weiterer Maßstab, an dem prophetische Phänomene zu messen sind, ist ihre Wirkung auf die rationale Erkenntnis des Propheten. Eine Botschaft, die in sich nicht vernünftig (οὐκ εὔλογος) ist, ja die zum Verlust der eigenen Einsicht führt, kann nicht von Gott bzw. seinem Logos stammen. Es ist ein Zeichen der Logosgewirktheit und Logosgemäßheit einer Prophetie, wenn sie die Vernunft des Menschen stärkt[149]. Damit wird auch an dieser Stelle der hohe Rang deutlich, den Origenes der Vernunft innerhalb des Glaubens einräumt.

Für Origenes ist das Argument aus der Prophezeiung wichtig, aber nicht entscheidend. Es kann den Glauben stärken, wenn der Glaubende auf die zahlreichen Prophezeiungen hingewiesen wird, die sich in Christus erfüllt haben, und in seiner eigenen Gegenwart erlebt, wie sich die Prophezeiungen Christi erfüllen. Der große Vorteil dieses Arguments ist, daß es im Fortschritt des Glaubens, und d.h. mit tieferem Eindringen in die biblischen Schriften, an Überzeugungskraft gewinnt. Auf der anderen Seite muß gesehen werden, daß dieses Argument nach außen hin nicht sehr beweiskräftig ist, da es durch den Hinweis auf Prophezeiungen im außerchristlichen Umfeld relativierbar ist.

---

[149] Vgl. 3,25,15-38; 7,3,29-7,4,26. Vgl. dazu Gorday, Moses and Jesus 317f.322f; Fédou, Christianisme 444; Hauck, Divine Proof 121.132. Zur Beurteilung der prophetischen Ekstase bei Origenes vgl. Crouzel, Connaissance 197-209.

4.4 Wunder[150]

Zeichen und Wunder finden wir an zahlreichen Stellen im Alten und Neuen Testament; es handelt sich hierbei um Phänomene, die die Herrschermacht Gottes über seine Schöpfung deutlich werden lassen und den Menschen zur Ehrfurcht und zum Bekenntnis "hier ist Gott" zwingen sollen. Für die christliche Apologetik sind vor allem die Wunder Jesu wichtig, die seine Autorität und seinen Anspruch, von Gott gesandt zu sein, beglaubigen sollen und damit dem, der von ihnen hört, ein Argument für den christlichen Glauben liefern können.

Liest man die Ausführungen des Origenes, so ist man erstaunt, wie modern und das heißt auf die vorliegende Frage bezogen, wie wunderkritisch er sich äußert. Seine Argumente sind dabei sehr grundsätzlicher Natur, da sie nicht nur dieses oder jenes konkrete Einzelwunder hinterfragen, sondern bedenken, was Wunder für das Verhältnis von Gott und Welt insgesamt bedeuten würden und welche Konsequenzen die Vorstellung von einem wundertätigen Gott für das Gottesbild haben würde.

Eine gewisse Schwierigkeit liegt darin, daß Origenes in *Cels.* nicht eigentlich definiert, was er unter einem Wunder versteht, und daß seine grundsätzlichen Überlegungen zur Möglichkeit von Wundern mit seiner (biblisch beeinflußten) Verwendung des Begriffes nicht ganz übereinstimmen. Mit einer gewissen Vorsicht könnte man zur ersten begrifflichen Klärung eine Stelle aus einem frühen Werk des Origenes, dem Johanneskommentar heranziehen, wo wir eine Art Definition von "Wunder" finden: "Ich glaube nun, daß die wunderbaren Machttaten Jesu 'Wunder' genannt werden, insofern sie in sich unbegreiflich ($\pi\alpha\rho\acute{\alpha}\delta o\xi o\varsigma$) und durch ihre

---

[150] Zum Thema des Wunders in Cels. existiert eine neuere Monographie von Mosetto, Miracoli, die sowohl Celsus als auch Origenes behandelt. Im Abschnitt zu Origenes werden die Wunder Jesu, die Origenes in Cels. anführt, im Einzelnen besprochen. Von daher möchte ich auf sie nicht näher eingehen, sondern nur zeigen, auf welchem philosophischem Hintergrund Wunder für Origenes ein mögliches apologetisches Argument sind. Vgl. auch Patrick, Apology 209-216 und Fédou, Christianisme 396-419. Zum Wunderbegriff des Celsus vgl. Andresen, Logos und Nomos 46-51. Von Remus, Pagan-Christian Conflict wird die Vorstellung vom Wunder im 2.Jh. behandelt, die Vorstellungen des Celsus werden 104-158 behandelt. Die Arbeit von Remus verwertet wissenssoziologische Einsichten und versucht, diese für die Behandlung des Themas fruchtbar zu machen. Dabei werden die möglichen Argumente für oder gegen Wunder relativiert, da, was jemand denkt, letztlich allein von seinem sozialen Kontext abhängt und sich mit diesem, z.B. bei einer Bekehrung, auch ändert. Die Wahrheitsfrage kann bei dieser Betrachtungsweise allerdings nicht mehr gestellt werden.

Außergewöhnlichkeit (ἐκβεβηκὸς τὴν συνήθειαν) erstaunlich sind und Menschen-mögliches übersteigen"[151]. Das Wunder wird an dieser Stelle definiert, indem es in Relation zum Menschen gesetzt wird: Es ist das, was der Mensch selber nicht tun kann, und was, wenn es von Gott her geschieht, sich des begreifenden Zugriffs des Menschen entzieht.

Dagegen gehört es nicht zum Begriff des Wunders, daß mit ihm Naturgesetze überschritten werden. Eine solche Vorstellung würde eine Trennung von dem, was der Natur entspricht, und dem, was übernatürlich ist, voraussetzen, die Origenes in dieser Form nicht kennt. Es gibt im ganzen Werk des Origenes nur eine Stelle, an der Origenes Natur und Übernatur unterscheidet: "Ist man aber gezwungen, sich auszudrücken, dann sagen wir, daß es im Vergleich zu dem, was man normaler-weise unter Natur versteht, Dinge gibt, die über die Natur hinausgehen, die aber Gott dennoch manchmal tut ..."[152]. Daß Origenes diese Unterscheidung fremd ist, zeigt seine Ausdrucksweise an der vorliegenden Stelle: "gezwungen" (χρὴ βεβιασμένως) und "was man normalerweise unter Natur versteht" (τὴν κοινότερον νοουμένην φύσιν). Origenes ist also bereit, in Anlehnung an den allgemeinen Sprachgebrauch von Dingen zu sprechen, die über die Natur hinausgehen; er sagt aber gleichzeitig sehr deutlich, daß er als Theologe diesem Sprachgebrauch nur gezwungen folgt und d.h., daß er ihn für theologisch nicht genügend reflektiert hält.

Das Problem eines Wunderbegriffes, für den die Überschreitung der Natur-gesetze ein wesentliches Merkmal ist, sieht Origenes darin, daß bei seiner Verwendung das Verhältnis von Gott und Welt, bzw. die Art des Wirkens Gottes in der Welt, nicht wirklich durchdacht wird. Celsus hatte als christliches Theologumenon den Satz: "Für Gott ist alles möglich" zitiert, mit dem manche Christen Fragen nach der Rationalität ihrer eschatologischen Lehren beantworteten oder vielmehr nicht beantworteten, und er hatte gegen dieses christliche Gottesbild eingewendet, daß "Gott das Unsittliche nicht tun kann und das, was gegen die Natur ist (παρὰ φύσιν), nicht tun will ... Denn er selbst ist die Vernunft (λόγος) alles Seienden, daher kann er nichts tun, was gegen die Vernunft oder ihn selbst

---

[151] Comm. in Ioh. 13,64 (SC 222,278 Blanc). Übersetzung nach Gögler, Evangelium nach Johannes 282. Origenes erklärt an dieser Stelle weiter, daß es zwar Zeichen gibt, die keine Wunder sind, aber keine Wunder, die nicht gleichzeitig Zeichen sind, d.h. auf mehr als das sinnenfällige Geschehen hindeuten. Etwas anders comm. in Rom. 10,12 (FC 2/5,218f Heither).

[152] 5,23,25-27. Vgl. dazu Crouzel, Connaissance 383 und ders., Théologie 163 mit Anm.104.

ist"[153]. Origenes gibt Celsus an dieser Stelle grundsätzlich gegen gewisse christliche Gruppen recht und stellt sich damit gegen eine in seinen Augen zu einfache Theologie. Er bezeichnet die von Celsus zitierte Meinung "Gott kann alles" ausdrücklich als eine "sinnlose und unredliche Ausflucht" ($\mathring{\alpha}\tau o\pi\acute{\omega}\tau\alpha\tau o\varsigma$ $\mathring{\alpha}\nu\alpha\chi\acute{\omega}\rho\eta\sigma\iota\varsigma$), da man mit diesem Satz fast alles behaupten kann[154].

Natur ist das von Gott Geschaffene und von seinem Logos Geprägte, daher ist alles, was aus der Ordnung der Natur herausfällt, "unnatürlich", "unvernünftig", ja widergöttlich[155]. Umgekehrt gilt, daß alles, was Gott tut, allein dadurch, daß Gott es ist, der wirkt, naturgemäß ist; es steht, selbst wenn es ungewöhnlich sein sollte, auf einer Ebene mit allen anderen geschaffenen Dingen[156]. Alles, was Gott wirkt und schafft, ist prinzipiell $\lambda o\gamma\iota\kappa\acute{o}\varsigma$, d.h. es hat den göttlichen Logos als inneres Formprinzip und kann von dem im Menschen wohnenden Logos erkannt werden. Wunder als Phänomene, die die Natur in einer Weise überschreiten, daß sie für den Menschen jeden Zusammenhang mit dem schon von Gott Erkannten verlieren, sind bei dieser Sichtweise höchstens als Werk von Dämonen möglich[157].

Daher ist die Frage sinnlos, ob Gott allmächtig ist in dem Sinne, daß er alles, auch das Naturwidrige und Böse, wirken kann: "Dann antwortet er [Celsus], als ob von uns gesagt würde: 'Gott kann alles'. Er sieht aber nicht, welchen Sinn diese Worte haben, was unter 'alles' gemeint ist und wie 'können' zu verstehen ist ... Allerdings kann nach unserer Lehre Gott alles, soweit es nicht unvereinbar damit ist, daß er Gott ist, daß er gut ist, daß er weise ist. Celsus aber sagt, als ob er nicht verstünde, in welchem Sinne von Gott gesagt wird, daß er alles kann: 'Gott wird nichts Ungerechtes wollen'; denn hiermit setzt er voraus, daß Gott zwar auch das Ungerechte tun kann, es aber nicht will. Wir aber sagen: Wie etwas, was von

---

[153] 5,14,14f.23-25. Der Satz "Gott kann alles" war auch schon in 3,70,2 von Celsus als christliche Meinung zitiert worden.

[154] Vgl. 5,23,12f.

[155] Vgl. 5,23,19-22.

[156] Vgl. 5,23,22-25. Ähnlich wird sich später Augustinus äußern und sagen, daß der Mensch in seiner Schwachheit die ungewöhnlichen Taten Gottes wegen ihrer Neuheit im Gedächtnis behält, daß aber Gottes tägliche Wundertaten größer sind: "So viele Bäume erschafft er auf der ganzen Erde, und niemand wundert sich darüber; läßt er aber einen davon auf sein Wort hin vertrocknen (vgl. Mt 21,19f) so setzt das die Herzen der Sterblichen in Erstaunen" (Enn.in Ps.110,4 CChrL 40,1623 Dekkers/Fraipont).

[157] Vgl. 3,25-28. Besonders deutlich wird die Meinung des Origenes in 3,28,1-17. Vgl. außerdem 2,51; 3,33,20-33; 6,45,27-34 (Wunder des Antichrist). Dazu Fédou, Christianisme 406f.

Natur aus süß macht durch die ihm innewohnende Süße, nicht entgegen seiner eigenen Bestimmung bitter machen kann, und wie etwas, das von Natur aus, weil es Licht ist, leuchtet und nicht dunkel machen kann, so kann auch Gott nichts Ungerechtes tun. Denn die Fähigkeit (δύναμις), Ungerechtes zu tun, verträgt sich nicht mit seiner Göttlichkeit und der ihr entsprechenden Macht (δύναμις). Wenn aber ein Wesen etwas Ungerechtes tun kann, weil ihm Ungerechtes tun zur (zweiten) Natur geworden ist, so vermag es dies, da die Unmöglichkeit, Unrecht zu tun, nicht in seiner Natur liegt"[158].

Eine Vorstellung von Gott, die die Freiheit und Allmacht Gottes so betont, daß ein völlig willkürlich handelnder Gott gelehrt wird, der alles, auch das Naturwidrige und Böse tun kann und nur faktisch das Gute vorzieht, ist abzulehnen. Gott und das Gute sind in einem sehr grundsätzlichen Sinne aufeinander bezogen: das Gute gehört zu Gottes "Natur", wobei Natur in diesem Zusammenhang nicht als etwas gedacht werden darf, das Gott sozusagen vorausliegt und seine Freiheit begrenzt, sondern als das, was unabdingbar zu Gottes Gottsein gehört. Von daher ist ein "böser Gott" ein Widerspruch in sich, aber auch, und das ist im vorliegenden Zusammenhang wichtig, ein Gott, der entgegen seinen eigenen Gesetzen handelt, der also gewissermaßen seine eigene Ordnung zurücknimmt oder stört.

Wie Grant[159] zeigt, hatte die alte Kirche grundsätzlich zwei Möglichkeiten, sich zum Wunder zu verhalten. Sie konnte die absolute Allmacht Gottes betonen, dem alles, auch das dem Menschen absurd Erscheinende, möglich ist, und die Geltung der natürlichen Gesetzmäßigkeit, soweit sie Gottes Handeln angeht, relativieren. Gott kann, was er will; seinen Taten sind keine, auch keine naturgesetzlichen Grenzen gesetzt[160]. Oder sie konnte die Ordnung des Kosmos in ihrer Schönheit herausstellen und gerade in dieser Ordnung das größte Wunder Gottes sehen. Gottes Taten sind genau die Grenzen gesetzt, die seiner Weisheit und Liebe entsprechen. Grant sieht den ersten Weg vor allem bei Tertullian, den zweiten bei Origenes verwirklicht[161].

Tatsächlich versucht Origenes an vielen Stellen in *Cels.* zu zeigen, daß die Wunder Gottes die bestehende Ordnung nicht aufsprengen und negieren, sondern

---

[158] 3,70,1-3.8-20. Vgl dazu Rayroux, L'Apologétique 36.
[159] Vgl. Grant, Miracle and Natural Law 193.
[160] Gegen eine solche Sicht polemisiert im 2.Jh. Galen und sagt, daß die Dinge, die von Natur aus unmöglich sind, es auch für Gott sind, vgl. Remus, Pagan-Christian Conflict 19, der Galen, De usu partium 11.14 zitiert.
[161] Vgl. Grant, Miracle and Natural Law 193.

im Gegenteil Zeichen des Ordnungswillens Gottes sind. Es handelt sich bei ihnen nicht um sinnlose Mirakel, sondern um Geschehnisse, die einen Sinn haben, der auf Gott als Urheber deutlich verweist. Eine dualistische Entgegensetzung von Gott und Natur, die den Wundertäter zu einem Mann macht, der im Namen Gottes die widergöttliche Natur bezwingt[162], läßt sich bei Origenes nicht belegen. Auch in diesem Zusammenhang bestätigt sich, daß Origenes der Welt als ganzer Zeichenfunktion im Hinblick auf Gott zugesteht; unerklärbare und paradoxe Vorgänge, die der Mensch nicht deuten kann, die ihm nichts sagen, können daher keine Funktion für die religiöse Erkenntnis haben.

Origenes gesteht Wundern, wenn der Begriff richtig verstanden wird, eine gewisse Beweiskraft für den Glauben zu. Die Anfrage des Celsus hatte gelautet, ob die Macht, Wunder zu wirken, ein geeignetes Kriterium für die Anwesenheit und das Eingreifen Gottes sein kann, oder ob es sich bei Wundern nicht um Kunststückchen handelt, wie sie Schausteller und Scharlatane bieten[163]. Im Hintergrund dieser Anfrage steht die allgemeine Situation der Spätantike, in der es viele Zauberer und Wundertäter gab, mit denen, auch wenn ihre Wunder offenbar echt waren, ein Philosoph nichts zu tun hatte oder haben wollte. Damit stellt sich die Frage, ob Wunder den, der sie tut, in seinem Anspruch beglaubigen oder ob sie ihn diskreditieren. Offenbarte Jesus sich durch seine Wunder als den von Gott gesandten Messias, oder entlarvte er durch sie nur, daß er in Wirklichkeit ein Gaukler und Zauberer war?

Interessant ist, daß Origenes die Fragestellung als solche akzeptiert und seinerseits auf heidnische Wundertäter anwendet. Wunder sind in sich kein Argument und können keinerlei Anspruch beglaubigen. Erst die in ihnen sichtbare Intention bzw. der Sinn, den sie vermitteln, erweist ihren Ursprung und macht sie damit zu einem Teilargument innerhalb der Rechtfertigung des christlichen Glaubens. Origenes muß, will er die biblisch bezeugten Wunder retten, versuchen, ihren Sinn so zu erklären, daß sie sich deutlich von ähnlichen heidnischen Phänomenen unterscheiden. Er muß erstens zeigen, daß die biblisch bezeugten Wunder einen inneren geistigen Sinn haben und zweitens, daß sie einen äußeren

---

[162] Eine solche Entgegensetzung wurde von Nestle behauptet, vgl. Nestle, Haupteinwände 81.96.

[163] Vgl. das Celsusfragment in 1,68,7-19. Dazu Fédou; Christianisme 401, Lies, Weg nach Chalcedon 101f; Mosetto, Miracoli 122. Zur Wichtigkeit dieser Frage in der apologetischen Literatur vor Origenes vgl. auch Remus, Pagan-Christian Conflict 54-57.

Sinn, d.h. einen Nutzen oder Erfolg haben: sie wirken etwas, was der Mensch als richtig und gut erkennen kann.

Zum ersten Punkt ist auf die Methode, mit Hilfe von Beispielen zu argumentieren, zu verweisen[164], und auf das in diesem Kapitel über die Einheit der Welt Gesagte. Origenes denkt eine Welt, in der der göttliche Logos das Prinzip der Einheit ist und immer war. Es kann zwar Dinge geben, die für den Menschen neu und überraschend sind, nicht aber Dinge, die dies an sich sind. Zunehmende Erkenntnis Gottes heißt daher zunehmende Erkenntnis der Einheit der Welt und des göttlichen Handelns in ihr. Auf das Problem des Wunders angewandt bedeutet dies, daß der Mensch zunehmend erkennen soll, wie die Wunder Gottes die grundsätzliche Logoshaftigkeit allen Geschehens widerspiegeln und wie sie ihn genauso wie alles andere Geschehen zu einem tieferen Verstehen Gottes führen. Die äußeren Fakten eines Wunders sind nicht das eigentlich Entscheidende, sondern sie bilden nur eine Art Brücke, die es ermöglicht, den hinter ihnen liegenden tieferen Sinn zu erkennen[165].

Bei vielen Wundern ist dieser tiefere Sinn in eine bildhafte Sprache eingekleidet. Sie wörtlich zu nehmen, verrät mangelnde Einsicht und fehlendes Unterscheidungsvermögen: "Wie wir im Traum die Vorstellung haben, daß wir hören und daß etwas wahrnehmbar an unser Ohr dringt und daß wir mit unseren Augen sehen, obwohl doch weder etwas unsere leiblichen Augen noch unsere Ohren erreicht, sondern nur unser Inneres dies erleidet; so ist es gar nicht unmöglich, daß etwas derartiges auch den Propheten zugestoßen ist, wenn geschrieben steht, daß sie wunderbare Dinge geschaut hätten oder Worte des Herrn gehört oder den Himmel offen gesehen hätten. Ich nehme ja nicht an, daß der sichtbare Himmel sich geöffnet und daß er sich beim Öffnen geteilt habe, damit Ezechiel dies berichten konnte. Ist es daher nicht richtig, daß ein vernünftiger Mensch, der die Evangelien hört, beim Erlöser das gleiche annimmt, auch wenn dies den einfacheren [Christen], die in ihrer großen Einfalt die Welt bewegen und den großen, fest gefügten Körper des ganzen Himmels spalten, ein Anstoß ist?"[166].

---

[164] Vgl. 3.1.4 Der Horizont der Beispiele.

[165] Vgl. 2,48,23-50 mit vielen Beispielen und Grant, Miracle and Natural Law 265-267.

[166] 1,48,13-26. Auch in ganz moderner theologischer Literatur wird dahingehend argumentiert, daß es bei den Wundern Jesu nicht auf das naturwissenschaftlich feststellbare Geschehen, sondern auf den inneren Sinn ankommt, vgl. z.B. Merklein, Jesusgeschichte 17, wo es ebenfalls um die Taufe Jesu und den sich öffnenden Himmel geht.

Um die Erzählung von der Taufe Jesu, die von einer Öffnung des Himmels und einer erklingenden Himmelsstimme spricht, richtig zu verstehen, muß man die Intention des Gesagten beachten, die nach Origenes darin besteht, Jesus als einen Menschen zu zeigen, der in unmittelbarem Kontakt mit Gott steht und dessen Worte und Tun nicht ihm selbst entspringen, sondern göttlicher Weisung. Jesus steht damit in der Tradition der alttestamentlichen Propheten, deren Visionen und Auditionen ebenfalls keine naturwissenschaftlich feststellbaren Phänomene waren, sondern geistige Erlebnisse[167].

In ähnlicher Weise deutet Origenes auch die Krankenheilungen Jesu geistig: "Auf ähnliche Weise berührte Jesus den Aussätzigen mehr geistig als sinnlich, um ihn in doppelter Hinsicht, wie ich glaube, rein zu machen. Er wollte ihn nicht nur, wie die meisten die Stelle verstehen, von körperlichem Aussatz durch körperliche Berührung, sondern auch von anderem Aussatz durch seine wahrhaft göttliche Berührung erlösen"[168]. Allerdings muß in diesem Zusammenhang betont werden, daß Origenes die geschichtliche Faktizität des durch Jesus und an ihm Geschehenen damit keineswegs leugnet, er verteidigt im Gegenteil die Geschichtlichkeit der in den Evangelien berichteten Wunder ganz ausdrücklich[169]. Aber es geht ihm immer darum, bei einem äußeren Faktum die innere Wirklichkeit oder den Sinn zu erfassen, bzw. eine bildhafte Einkleidung als solche wahrzunehmen. Heilungen haben neben dem Faktum der äußeren Wegnahme von Krankheit immer eine Auswirkung auf das Innere des geheilten Menschen, darum spricht Origenes von einer "doppelten Reinigung" des Aussätzigen, bei der das, was man äußerlich wahrnehmen konnte, nur Zeichen war für die im Inneren erfolgte Wandlung. Auch bei der Erzählung von der Taufe Jesu bezweifelt Origenes nicht das geschichtliche Faktum dieser Taufe und die mit ihr zusammenhängende Proklamation Jesu durch die Stimme vom Himmel, sondern nur daß diese mit einem für alle Beobachter wahrnehmbaren Phänomen am Firmament verbunden gewesen sei. "Für Jesus öffneten sich die Himmel; und es steht von niemand anderem außer Johannes geschrieben, daß er die Himmel geöffnet gesehen habe"[170]. "Himmel" ist ein Begriff für Transzendenz, ja für Gott selber. Das mit diesem Begriff Gemeinte ist nicht mit den Mitteln einer empirischen Wissenschaft feststellbar, was aber nicht

---

[167] Vgl. 1,48,27-73.
[168] 1,48,50-55.
[169] Vgl. Mosetto, Miracoli 90-108.
[170] 1,48,62-64.

bedeuten muß, daß es überhaupt nicht erfahrbar ist und daß die Erfahrung als solche nicht geschichtlich sein kann.

Das Gewicht der Interpretation von Wundern liegt also bei Origenes nicht auf einem der Natur widersprechenden Ereignis, das Gott unter Umgehung der Naturgesetze gewirkt hat, sondern auf der Einordnung dieser Wunder in das Gesamte des Wirkens Gottes. Das bedeutet, daß Gott Jesus Christus in die Welt gesandt und ihn in ähnlicher Weise wie die Propheten beauftragt und mit seinem Geist erfüllt hat, um das Heil der Welt zu wirken. Dieses Heil besteht nach Origenes in der Wiederherstellung der wahrhaft göttlichen Ordnung. Etwas von dieser wiederhergestellten Ordnung leuchtet in den Wundern Jesu auf. Der Ordnungswille Gottes zeigt sich in ihnen, insofern als daß sie nie sinnlos, sondern immer deutlich erkennbar auf ihr Ziel, das Heil des Menschen, bezogen sind.

Origenes geht, wie schon gesagt wurde, grundsätzlich davon aus, daß es außer Gott auch noch andere Wesen gibt, die Vorgänge verursachen können, die für den Menschen unerklärlich sind[171]. Wenn Wunder ein Beweis für Gott sein sollen, ist es daher nötig, eindeutig festzustellen, daß er und nicht beispielsweise ein Dämon der Wirkende ist. Unter der Voraussetzung, daß Gott gut ist und auch den, den er in seinen Dienst nimmt, gut macht, ist die moralische Qualität des Wunderwirkenden eine Voraussetzung, um ein Wunder Gott zuzuschreiben. So gilt, "daß die Heilung des Leibes weder gut noch böse ($\mu\acute{\epsilon}\sigma o\nu$ $\acute{\epsilon}\sigma\tau\acute{\iota}\nu$) ist. Sie ist eine Fähigkeit, die nicht nur Gute, sondern auch Schlechte haben können"[172]. Zur Beurteilung eines Wunders ist deshalb sowohl die Sittlichkeit des Wunderwirkenden als auch das (moralische) Resultat bei dem, an dem das Wunder gewirkt wurde, als auch die Übereinstimmung des Wunders mit dem Sittengesetz zu berücksichtigen. Folgerichtig nennt Origenes heidnische Krankenheilungen, obwohl sie sich auf etwas Gutes, nämlich die Gesundheit, richten, $\mu\acute{\epsilon}\sigma o\nu$; sie werden erst dann eindeutig gut und zu einem Hinweis auf Gott als den Wirkenden, wenn sich nachweisen läßt, daß sowohl das Verhalten des Heilenden als auch das des Geheilten Gott entspricht[173]. Grundsätzlich gilt, daß an Wunder bestimmte Anfragen zu richten sind: "Wir wollen alle (Wunder) miteinander vergleichen und einerseits darauf achten, was dabei bewirkt werden soll ($\tau\grave{o}$ $\tau\acute{\epsilon}\lambda o\varsigma$ $\tauo\hat{\upsilon}$ $\beta o\upsilon\lambda\acute{\eta}\mu\alpha\tau o\varsigma$ $\tau\hat{\omega}\nu$ $\acute{\epsilon}\nu\epsilon\rho\gamma\eta\sigma\acute{\alpha}\nu\tau\omega\nu$), andererseits darauf, ob die zugedachten Wohltaten dem Empfänger

---

[171] Vgl. oben 158 Anm. 157 und zum Folgenden Mosetto, Miracoli 126f.137f.

[172] 3,25,4f.

[173] Vgl. 3,25,7-14. Vgl. auch comm. in Matth. ser.33 (GCS 38 (11²) 63 Klostermann), wo mit Hinweis auf Mt 7,22f gesagt wird, daß die Wunder der Sünder immer dämonisch sind.

Nutzen, Schaden oder keins von beiden bringen"[174]. Diese Kriterien sieht
Origenes bei den Wundern Jesu und seiner Jünger erfüllt, deren eigenes Leben
makellos war und die Wunder wirkten, durch die die Betroffenen bekehrt
wurden[175].

Bei Wundern liegt ähnlich wie bei Prophezeiungen immer der Verdacht nahe,
daß es natürliche Ursachen geben müsse für das beobachtete Phänomen, auch wenn
diese Ursachen zur Zeit nicht angebbar sind. Bei Wundern, die nicht in der Gegenwart stattfinden, sondern als vergangene Taten überliefert werden, ist die nahelie-
gendste Lösung, das Berichtete als Erfindung zu bezeichnen. Um die Wunder Jesu
zu rechtfertigen, bringt Origenes in diesem Zusammenhang interessanterweise eine
psychologische Argumentation: Für Erfindungen sind die Wunder Jesu nicht wunderbar genug. Zumindest kann es sich nicht um eine bewußte Täuschung handeln,
denn "wenn es sich um eine Erfindung handelte, wären mehr Auferweckte ver-
zeichnet und hätten diese längere Zeit im Grab verbracht"[176].

Origenes steht der Beweiskraft von Wundern kritisch gegenüber, da mit ihnen
in sehr unterschiedlichen Kontexten argumentiert werden kann. Innerhalb eines
größeren Argumentationszusammenhangs können sie die Plausibilität erhöhen, in
sich dagegen beweisen sie nichts[177]. Dennoch bezweifelt Origenes weder die Existenz von Wundern noch ihr mögliches Gewirktsein durch Gott. Gott tut gelegent-
lich außergewöhnliche Dinge, um so den Menschen aufhorchen und staunen zu
lassen. Wunder sind ein Weg, auf dem Gott Menschen erreichen kann, die über
das Wort nicht zu erreichen sind. So wird von Jesus gesagt, daß er Wunder wirkte,
"mit denen er die in Bestürzung und Staunen versetzte, die der Folgerichtigkeit
seiner Worte nicht glaubten"[178].

---

[174] 8,47,10-13.

[175] Vgl. 1,68,23-45; 2,51,34-43; Vgl. Rayroux, L'Apologétique 42f; Fédou, Christianisme
407.

[176] 2,48,13-15. Vgl. Fédou, Christianisme 409f.

[177] Vgl. Fédou, Christianisme 414: "Les miracles ne peuvent être comme tels des principes
de discernement." Vgl. auch Patrick, Apology 216.

[178] 2,39,9f.

4.5 Die Einzigartigkeit Jesu Christi[179]

Es mag überraschen, daß die Gestalt Jesu Christi und die Evidenz, die dieser Gestalt zu eigen ist, in der vorliegenden Arbeit als eigenes Argument aufgeführt wird, zumal Überschneidungen mit anderen Kapiteln, in denen auch schon von Jesus Christus gesprochen wurde, so unvermeidlich werden. Aber für Origenes hat der Blick auf die Person Jesu Christi eine eigene Überzeugungskraft, auf die er als solche argumentativ hinweist und die darum auch hier behandelt werden muß[180].

Obwohl dieses Argument in gewisser Weise die Grundlage für die origeneische Argumentation überhaupt bildet, erscheint es sachlich gerechtfertigt, es weder an den Anfang zu stellen, noch es als Zusammenfassung aller anderen Argumente am Ende zu bringen, sondern es an dieser Stelle, d.h. nach den Argumenten aus Wunder und Prophetie und vor den "kirchlichen Argumenten" einzureihen. Durch diese Art der Plazierung soll deutlich werden, in welchem Kontext Origenes Jesus Christus sieht; er ist für ihn der durch Wunder und Prophezeiungen Bezeugte bzw. sich selbst Bezeugende und gleichzeitig die Quelle der in seinen Jüngern wirkenden Kraft, die diese ihrerseits befähigt, den empfangenen Glauben weiterzugeben und mit ihrem persönlichen und gemeinschaftlichen Leben zu bezeugen.

Wenn Origenes in *Cels.* auf Jesus Christus zu sprechen kommt, fallen immer wieder die Begriffe ἐνάργεια und ἐναργής. Hier, im Zusammenhang mit der Beurteilung und Einordnung einer auch historisch faßbaren Person hat das Evidenzargument seinen eigentlichen Ort. Denn Origenes stößt bei Celsus auf das bis heute nicht verstummte Argument[181], daß Jesus, wenn er wirklich der Sohn Gottes war, sich in völlig zwingender Weise hätte offenbaren müssen und nicht mit so unzureichenden Beweisen[182]. Die Welt müßte sich verändert haben, wenn das von den Christen behauptete Ereignis wirklich stattgefunden hätte. Da Origenes genau

---

[179] Vgl. Gallagher, Divine Man; Mosetto, Miracoli 139-144. Zur Christologie des Origenes speziell in Cels. vgl. Fernandez, Origen's Presentation 223-280.

[180] Von Balthasar gibt dem ersten Band seiner theologischen Ästhetik den Untertitel "Schau der Gestalt". Ich verdanke diesem Buch sehr viel. Eine ausführliche Berücksichtigung des Ansatzes von von Balthasar würde allerdings den Charakter dieser Arbeit sprengen und soll deshalb hier nicht erfolgen, zum vorliegenden Abschnitt vgl. aber von Balthasar Herrlichkeit 1, 134-210.

[181] Vor allem von jüdischer Seite wird dieser Einwand erhoben, vgl. z.B. Ben-Chorin, Weil wir Brüder sind 175.

[182] Vgl. 2,30,1-3; vgl. auch Harl, Fonction révélatrice 309.

diese völlig evidente Form der Offenbarung behaupten will, steht er vor der Aufgabe, die Evidenz Jesu Christi sowohl objektiv "Was geht von Jesus aus?", als auch in ihrer subjektiven Seite: "Erreicht er den Menschen faktisch?" aufzuzeigen. Er geht von der schon besprochenen Vorstellung aus, daß Überzeugung immer ein doppeltes Ziel hat: *Jemand* wird *von etwas* überzeugt. Aus diesem Grund ist es wichtig, außer der Wahrheit einer Sache auch ihre Glaubwürdigkeit bzw. die Tatsache, daß sie tatsächlich Glauben fand, zu beweisen, da eine Rede, die niemanden erreicht hat, auch wenn ihr Inhalt wahr ist, als Rede ihr Ziel verfehlt hat[183].

Man kann die auf die Gestalt Jesu Christi bezogene Argumentation des Origenes in folgende Teilschritte zerlegen, die ich in dieser Reihenfolge behandeln möchte:
1. Aufweis der Unvergleichlichkeit Jesu: von ihm können Aussagen gemacht werden, die völlig singulär sind.
2. Grund seiner Unvergleichlichkeit: Er ist das menschgewordene Wort Gottes.
3. Zurückweisung des celsischen Einwandes, daß der Augenschein gegen die Göttlichkeit Jesu spricht: die Evidenz Jesu ist nach ihrer objektiven und subjektiven Seite hin aufzeigbar.

4.5.1 Unvergleichlichkeit

Der Anspruch des Christentums ist unauflöslich verbunden mit der Behauptung, daß in Jesus Christus ein einmaliger und nie mehr überholbarer Zugang zu Gott eröffnet worden ist. Biblisch wird dieser Anspruch ausgedrückt, indem Jesus als *der* Weg und *die* Wahrheit (vgl. Joh 14,6) bezeichnet wird. Origenes greift die biblische Redeweise auf[184], sieht sich aber gleichzeitig gezwungen, daß dort Gemeinte in den Denk- und Sprachhorizont seiner Zeit zu übersetzen. In die Kategorien der Spätantike übersetzt lautet die biblische Behauptung, Jesus sei der Weg und die Wahrheit, daß ihm der Titel eines ϑεῖος ἀνήρ zugesprochen werden muß, und zwar eines ϑεῖος ἀνήρ, der alle anderen, die diesen Titel für sich fordern, überragt[185].

---

[183] Vgl. oben 49f.
[184] Joh 14,6 wird in Cels. neunmal zitiert, vgl. 1,66,15f; 2,9,25f; 2,25,3: 2,64,3f; 6,66,29f; 7,1,7f; 7,16,15; 8,12,21; 8,20,32f.
[185] Daß dieses Thema in Cels. zentral ist, betont Gallagher, Divine Man 151, wenn er schreibt: "CC presents the most detailed and influential presentation of claims made for and against Jesus' candidacy in the early centuries of the Christian era." Zum Typus des ϑεῖος ἀνήρ vgl. Bieler, Θεῖος ἀνήρ, der Cels. in Bd.2,36-39 behandelt.

Celsus hatte versucht, dem in seinen Augen überhöhten Jesusbild der Christen zu begegnen, indem er es relativierte. Jesus Christus ist keineswegs einmalig, sondern er hatte Vorläufer und Nachfolger, die denselben messianischen Anspruch erhoben. Er ist einzuordnen in die Reihe der vielen jüdischen Messiasanwärter, und seinen Wundertaten sind zahlreiche ähnliche an die Seite zu stellen, die von anderen Wundertätern erzählt werden. Es gibt nichts, was Jesus in einer Weise aus der Menge der ϑεῖοι ἄνδρες herausheben würde, daß man von einem eindeutigen Vorrang sprechen könnte. Im Gegenteil ist die Situation so, daß ein Mensch, der die Wahrheit sucht, sich angesichts der Vielzahl der Heilsangebote in einer Lage befindet, in der es für ihn keine rational vernünftige Entscheidung gibt, sondern nur blindes Würfeln[186].

Origenes sieht sich angesichts der Relativierung der Person Jesu genötigt zu zeigen, daß dieser einzigartig war und daß man von ihm Aussagen machen kann, die auf niemanden sonst zutreffen. Gelänge dieser Nachweis nicht, bestünde der Vorwurf des Celsus: "denen, die betrogen werden wollen, hätten auch viele andere, die ähnlich wie Jesus waren, erscheinen können"[187] zu Recht.

Natürlich weiß auch Origenes, daß man eine Aussage wie die, daß Jesus Christus sich von allen anderen Menschen unterschied, nicht leicht verifizieren kann, und so fordert er seinen Gegner zunächst auf, sie zu falsifizieren: "Der Jude bei Celsus möge uns nicht viele, nicht einige wenige, sondern auch nur einen einzigen zeigen, der ähnlich war wie Jesus ..."[188]. Der Relativismus des Celsus muß sich also die Frage gefallen lassen, ob es wirklich andere gibt, die denselben Anspruch wie Jesus erheben, so daß derjenige, der die Wahrheit sucht, zwischen vielen Stimmen hin und hergerissen wird. Origenes ist an dieser Stelle ganz klar: "Nun aber wird Jesus Christus auf der ganzen Erde verkündet als der einzige Sohn Gottes, der zum Menschengeschlecht gekommen ist"[189]. Es gibt zwar einige Sekten (Origenes nennt die Simonianer und die Dositheaner), deren Führer versucht haben, Jesus nachzuahmen und sich ebenfalls als Sohn Gottes auszugeben[190]. Diese Sekten sind aber offensichtlich vom Christentum abgeleitete Phä-

---

[186] Vgl. die Celsusfragmente 6,11,1-6; 8,48,5-13.

[187] 2,8,1f.

[188] 2,8,2-4.

[189] 6,11,15f.

[190] Vgl. zu den Simonianern das in Apg 8,9-24 von Simon Magus Berichtete und Wegenast, S.Magus 203f; zu den Dositheanern Wirsching, Dositheos 6, 154.

nomene, deren Wertlosigkeit dadurch erwiesen wurde, daß sie keinerlei Erfolg im Sinne von dauerhafter Wirkung hatten[191].

Der mit dem Namen Jesu Christi verbundene Anspruch, daß mit ihm Gott selber in die Welt eingetreten ist, wird von niemandem sonst im Ernst erhoben, er ist völlig singulär. Er muß daher auch als etwas Singuläres geprüft werden und als ein solches akzeptiert oder abgelehnt werden. Jede Relativierung ist eine verdeckte Ablehnung, da in diesem Fall die Gestalt, so wie das Christentum sie verkündet, nicht angenommen wird.

Dabei sind es nicht die einzelnen Eigenschaften und Taten, die die Einzigartigkeit Jesu ausmachen, für sie gibt es immer auch Beispiele in anderen Religionen oder Philosophenschulen. Einzigartig ist die Gestalt Jesu als Ganze. Während die Größe der Großen der Geschichte sich normalerweise auf einem einzigen Gebiet zeigt, - Origenes nennt als Beispiele Weisheit (σοφία), Feldherrnkunst (στρατηγία) und Wunderkraft durch Zaubersprüche (δύναμις ἐπωδῶν) und spielt damit auf ganz unterschiedliche Arten von "Großen" an -, und mit Defiziten auf anderen bezahlt werden muß, wird von Jesus Christus auf allen Gebieten Größe ausgesagt, ihm eignen Weisheit (σοφία), Wunderkraft (δύναμις) und Herrschergröße (ἀρχικός) gleichzeitig[192].

4.5.2 Menschgewordenes Wort Gottes[193]

"Wer die Tatsachen prüft, wird sehen, daß Jesus unternommen hat, was die menschliche Natur übersteigt, und daß er es auch ausgeführt hat"[194]. Mit der Behauptung, daß die Taten Jesu μείζω τῆς ἀνθρωπίνης φύσεως waren und auf seinen göttlichen Ursprung verweisen, berührt Origenes das Zentrum des christlichen Glaubens und zugleich das Zentrum der Auseinandersetzung zwischen Heiden bzw. Juden und Christen. Der erhobene Anspruch der Unvergleichlichkeit Jesu wird inhaltlich mit der Aussage gefüllt, daß Jesus die menschliche Natur überragt, daß

---

[191] Vgl. 1,57,14-48; 6,11,16-38.
[192] Vgl. 1,30,1-10. Man beachte die etwas veränderte Wahl der Begriffe in bezug auf andere Große und auf Jesus.
[193] Vgl. Fédou, Christianisme 530-543. Unter mehr dogmengeschichtlichem Gesichtspunkt wird das Problem der Inkarnation und die damit verbundene Frage des Zusammenhangs von Gottheit und Menschheit in Christus bei Lies, Vom Christentum behandelt. Vgl. auch Tzamalikos, Concept of Time 265-303.
[194] 1,27,1-3.

er das (menschgewordene) Wort Gottes ist: "Er siegte, weil er von Natur aus, insofern er das Wort Gottes war, nicht aufgehalten werden konnte"[195].

Diese für die Umwelt äußerst anstößige Lehre, daß in dem Menschen Jesus das Wort Gottes in die Welt eingetreten ist, versucht Origenes in *Cels.* zu präzisieren, nicht um ihr das Anstößige zu nehmen, sondern um zu vermeiden, daß das Ärgernis auf Mißverständnissen beruht. Das erste Mißverständnis wäre, den Menschen Jesus mit Gott zu identifizieren und ihm so sein Menschsein zu nehmen: "Wir nehmen nicht an, daß der damals sichtbare und sinnlich wahrnehmbare Leib Jesu Gott gewesen sei. Und was spreche ich nur vom Leib? Auch von der Seele nehmen wir das nicht an, von der gesagt ist: 'Meine Seele ist betrübt bis zum Tod (Mt 26,38)'"[196]. Wäre es anders, so hätten alle, die dem irdischen Jesus begegneten, Gott gesehen, was nach Ansicht des Origenes nicht der Fall war. Die Menge, die von Pilatus die Kreuzigung Jesu forderte und auch Pilatus selbst haben zwar den Menschen Jesus, nicht aber Gott gesehen[197]. Das Wort Gottes, bzw. der Sohn Gottes, der schon immer durch die Propheten gesprochen hat, hat sich zwar mit dem Menschen Jesus ganz verbunden und spricht in ihm. Dennoch bleibt es möglich und ist sogar gefordert, den Menschen Jesus und den Logos Gottes zu unterscheiden und sich bei Worten und Taten Jesu zu fragen, wer hier spricht. Der Satz "Meine Seele ist betrübt bis zum Tod" (Mt 26,38) ist Wort eines begrenzten Menschen, während in der Aussage: "Ich bin der Weg und die Wahrheit und das Leben" (Joh 14,6) ein Absolutheitsanspruch zum Ausdruck kommt, den nur das göttliche Wort erheben kann, das seiner Natur nach unbegrenzt und nicht auf den sichtbaren Jesus eingeschränkt ist[198]. Um nicht falsch verstanden zu werden, betont Origenes allerdings: "Dies sagen wir aber, ohne den Sohn Gottes von Jesus zu trennen. Denn nach der Menschwerdung wurden die Seele und der Leib Jesu im größtmöglichen Maße mit dem Wort Gottes zu einer Einheit verbunden"[199],

---

[195] 1,27,8f.

[196] 2,9,11-15. Origenes lehrt deutlich eine menschliche Seele Jesu, d.h. der Logos hat nicht nur einen menschlichen Leib angenommen, sondern den ganzen Menschen. Vgl. Lies, Vom Christentum 157-159.

[197] Vgl. 7,43,19-26 und hom. in Luc. 1,4 (FC 4,1,64-67 Sieben): "Denn wenn Jesus dem Leibe nach gesehen zu haben bedeutete, das Wort Gottes gesehen zu haben, dann hätte Pilatus, der Jesus verurteilt hat, das Wort Gottes gesehen ... Aber fern sei, daß ein Ungläubiger das Wort Gottes sähe!"

[198] Vgl. den ganzen Abschnitt 2,9, wo Origenes seine Aussagen über Jesus Christus mit zahlreichen Stellen aus dem NT belegt.

[199] 2,9,66-68.

und an einer anderen Stelle fügt er hinzu: "Ich aber sage, daß auch nach der Menschwerdung diejenigen, die scharfe Augen der Seele haben, immer finden werden, daß er [der Logos in Jesus Christus] göttlich ist, daß er wirklich von Gott zu uns gekommen ist und daß er weder seinen Ursprung noch seine Entwicklung menschlicher Einsicht verdankt"[200]. Origenes ist der Meinung, daß Jesus sich seiner Größe und Macht selbst bewußt war, da er jeden Vergleich seiner Person mit anderen (Göttern oder Heroen) zurückweist. Er verbietet im Gegensatz zu den anderen Gottheiten die Verehrung fremder Götter und lehnt so jede Relativierung seiner selbst ab[201].

Während für Celsus die Idee der Inkarnation abstoßend und Gottes unwürdig ist und der Zugang zu Gott durch eine solche Lehre keineswegs ermöglicht, sondern vielmehr verschlossen wird[202], ist für den Christen Origenes die Inkarnation *das* Offenbarungsmittel Gottes. Das bedeutet zweierlei: Erstens ist die Inkarnation nur Mittel, d.h. sie ist kein Wert in sich, sondern ist auf ein außer ihr liegendes Ziel hingeordnet. Zweitens aber ist sie wirklich ein Weg, auf dem Offenbarung und d.h. Begegnung von Gott und Mensch möglich wird. Beide Aussagen sind schwierig und bedürfen, wie Origenes wohl sieht, der Erklärung.

Mit der Inkarnation hat Gott von sich aus den Abstand, der zwischen dem Menschen und ihm besteht, überbrückt, einen Abstand, der für den Menschen aus eigener Kraft niemals zu überwinden gewesen wäre. Der Mensch kann Gott nicht nur nicht erreichen, er ist auch so in der irdischen Wirklichkeit befangen, daß er nicht in der Lage ist, das Wort Gottes als Wort und d.h. in seiner geistigen Realität aufzunehmen; er braucht, um etwas von Gott aufnehmen zu können, einen sinnlich-körperlichen Kontakt, das Wort mußte Fleisch werden[203]. Für die Sichtweise des Origenes ist charakteristisch, daß er die Inkarnation nicht nur als ein einmaliges historisches Geschehen sieht, sondern als eine Bewegung Gottes, die schon im Alten Testament ansetzt (auch die Schriftwerdung des göttlichen Logos ist eine

---

[200] 3,14,13-17.
[201] Vgl. 3,35,22-24.
[202] Vgl. Andresen, Logos und Nomos 79-107, der die Gründe, warum es für Celsus unmöglich ist, Gott und Geschichte zusammenzubringen, deutlich aufzeigt. Vgl. auch Bardy, Conversion 178-182.
[203] Vgl. 4,15,22-27; 6,68,3-12. Trigg, Origen 228 formuliert: "We have cleaved to the flesh for so long that we have become fleshly, so how, except by assuming flesh, could the Logos effectively reveal God to us? This did not demean God; it ennobled us." Vgl. auch Latourelle, L'idée de Révélation 320f und Lies, Philosophische und theologische Begründung 455.

Form von Inkarnation) und auch im Neuen Testament bzw. in der Zeit der Kirche sich immer wieder neu und d.h. bezogen auf den jeweiligen menschlichen Partner Gottes vollzieht[204]. Trotzdem handelt es sich um kein mythisches Geschehen, daß immer und niemals stattfindet, sondern um einen Vorgang, der sich geschichtlich in ganz konkreten Ereignissen und Wortereignissen manifestiert und als solcher den Menschen radikal einfordert. Auch von Gott her ist die Inkarnation kein der Gottheit selbst unbewußtes Sich-Verströmen, sondern hat eine fest umrissene Funktion: das Wort ist Mensch geworden, weil es "dem ganzen Menschengeschlecht nützen wollte"[205].

In diesem Zusammenhang ist die origeneische Lehre von den wechselnden Gestalten, unter denen sich Jesus zeigte, wichtig, die eng mit der schon besprochenen Theorie der verschiedenen ἐπίνοιαι Christi zusammenhängt[206]. Während es bei der Lehre von den ἐπίνοιαι um die Art und Weise geht, wie die Gläubigen, die den irdischen Jesus nicht gekannt haben und für ihre Begegnung mit ihm auf das Neue Testament angewiesen sind, durch zahlreiche Prädikate dazu geführt werden, etwas von ihm zu erfassen, gibt die Lehre von den wechselnden Gestalten Antwort auf die Frage, wie der irdische Jesus sich den ihm begegnenden Menschen offenbarte. Immer im Hinblick auf den Sinn der Inkarnation, nämlich die Begegnung von Gott und Mensch, die nur möglich ist, wenn Gott dem Menschen, der ihn von sich aus nicht erreichen kann, entgegenkommt und ihn entsprechend seiner Fassungskraft anspricht, betont Origenes, daß sich auch die Begegnung des irdischen Jesus mit den Menschen je nach der Fassungskraft des Einzelnen vollzog: "Daß er aber auch, wenn er gesehen wurde, denen, die ihn sahen, nicht immer gleich erschien, sondern je nach ihrer Fassungskraft verschieden, ist einsichtig, wenn man überlegt, warum er, als er auf dem hohen Berg verklärt werden sollte, nicht alle Apostel, sondern nur den Petrus, Jakobus und Johannes mit sich nahm. Nur sie allein waren damals in der Lage, seine Herrlichkeit (δόξα) zu schauen"[207]. Und im vierten Buch heißt es: "Es gibt nämlich gewissermaßen verschiedene Gestalten des Logos. Der Logos erscheint jedem, der zur Erkenntnis geführt wird, entsprechend seinem Zustand als Anfänger oder als eines schon mehr oder weniger Fortgeschrittenen oder als eines Menschen,

---

[204] Vgl. 3,14,10-13. Vgl. auch Harl, Fonction révélatrice 209f.

[205] 2,33,14.

[206] Vgl. zur Lehre von den ἐπίνοιαι oben 117. Zur Lehre von den wechselnden Gestalten vgl. McGuckin, Changing Forms.

[207] 2,64,5-11.

der der Tugend schon nahe ist oder schon in der Tugend lebt"[208]. Die weiter Fortgeschrittenen erkennen in Jesus Christus die göttliche Herrlichkeit (δόξα) des Logos, die einfacheren nehmen zunächst nur seine Menschheit wahr, werden aber über diese zu tieferer Erkenntnis geführt.

Die Lehre von den verschiedenen Gestalten des Wortes Gottes hat Berührungspunkte mit der schon behandelten Frage nach dem Aussehen Jesu Christi, mit der Frage, ob er schön war[209]. Sie muß aber dennoch von dieser Frage unterschieden werden, da beide Probleme in unterschiedliche argumentative Zusammenhänge gehören. Die Frage nach der Schönheit oder Häßlichkeit Jesu Christi, die auf dem Hintergrund von Jes 52 und Ps 45 wichtig wird, bezieht sich auf das irdische Erscheinungsbild des Menschen Jesus. Sie gehört in den Zusammenhang der Untersuchung, ob Jesus ein ϑεῖος ἀνήρ war und als solcher im Rahmen einer sinnvoll geordneten Welt auch über alle äußeren Vorzüge verfügte. Beim Problem der verschiedenen Gestalten geht es um die Anpassung des Wortes Gottes an das Fassungsvermögen des Menschen. Dieses Wort muß sich bei seiner Inkarnation dem Menschen anpassen und zwar, darauf liegt der Akzent, nicht nur der Menschheit insgesamt, sondern jedem Einzelnen. Das bedeutet, daß unabhängig von der äußeren Erscheinung Jesu jeder ihn anders wahrnahm, je nachdem, wieviel er von seiner Göttlichkeit erfassen konnte. Origenes deutet diesen Vorgang nicht primär als unterschiedliche Leistung des menschlichen Erkenntnisvermögens, sondern als aktives Eingehen Gottes auf jeden einzelnen Menschen. Allerdings kann von hier aus deutlicher gesehen werden, daß Jes 52-53 keine absolute Aussage über das Aussehen des Gottesknechtes ist, sondern wörtliche Rede derer, die ihn nicht erkannten. Für sie ist er "entehrt unter den Menschenkindern" (Jes 53,2f), denn das Wort Gottes ist weniger schön als die Worte der Philosophen, da seine Schönheit nur dem sichtbar wird, der es fassen kann[210].

Wenn die Inkarnation dem Ziel dient, den Menschen zu erreichen, ihn auf der Stufe, auf der er lebt, anzusprechen und ihn von dort aus höher zu führen, dann muß sich Gott für manche Menschen mehr inkarnieren, da sie weiter von ihm

---

[208] 4,16,1-5; vgl. auch 6,77,4-13 und 2,39,7f: die Worte Jesu entsprachen immer den Bedürfnissen der jeweiligen Zuhörer; comm. in Matth. ser. 32 (GCS 38 (11²) 56 Klostermann).

[209] Vgl. oben 144-146.

[210] Vgl. 6,77,21-35. Vgl. auch comm. in Cant. 3,2,1-3 (SC 376, 502 Brésard/Crouzel).

entfernt sind, als für andere[211]. Für alle aber gilt, daß sich in der Inkarnation eine doppelte Bewegung vollzieht: Gott geht auf den Menschen zu und tritt in unsere Welt ein, gerade dadurch wird der Mensch aufgefordert und zugleich auch befähigt, auf Gott zuzugehen und an seiner Welt teilzuhaben. Dabei hat Jesus eine Mittlerfunktion, sowohl was sein Wesen als auch was seine Aufgabe angeht. Er steht in der Mitte zwischen Gott und den geschaffenen Wesen und hat den hohepriesterlichen Auftrag, sowohl den Menschen die Gaben Gottes zu überbringen als auch die Gebete der Menschen vor Gott zu tragen[212].

Die starke Betonung der Inkarnation als Hilfe für den Menschen darf aber nicht dazu verführen, in Jesus Christus eine Art Gott in verkleinertem Maßstab zu sehen. Celsus referiert in einem Fragment dieses Verständnis als das seiner Meinung nach christliche[213] und trifft damit vielleicht eine verbreitete christliche Ansicht. Origenes widerspricht dem mit dem Argument, daß Christus das vollkommene Abbild des Vaters nur dann ist, wenn er es auch in Bezug auf die Prädikate Größe und Unerkennbarkeit ist. Das bedeutet, daß das menschgewordene Wort genauso schwer erkennbar ist wie der Vater[214]. Denn das Ziel der Inkarnation ist nicht primär die Vermittlung eines wie auch immer gearteten Wissens über Gott. Jesus ist nicht nur der Bote Gottes, der sich unter die Bedingungen unserer Welt begibt, um seine Botschaft auszurichten, sondern er ist selbst Gott. Ziel seines Wirkens ist

---

[211] Insofern hat Eichinger, Verklärung Christi 173 recht, der schreibt: "Die Sicht der angenommenen Menschheit als Offenbarungsmittel hebt ihren positiven Aspekt hervor. Der negative Aspekt der angenommenen Menschheit besteht darin, daß der Logos in der angenommenen Menschheit eine niedrigere Offenbarungsstufe darstellt. Direkt betrachtet ist die angenommene Menschheit ein Mittel der Verhüllung und Verdunkelung der "Strahlen und des Glanzes der Göttlichkeit des Logos", nur indirekt ist sie Offenbarungsmittel, indem sie, den Glanz der Gottheit verhüllend, eine dem schwächeren Erfassungsvermögen gewisser Menschen entsprechend verringerte Offenbarungsintensität vermittelt. Also auch in der niedrigeren Offenbarungsstufe ereignet sich das Offenbarwerden des Logos nicht direkt im Fleischwerden des Logos. Das heißt, der Logos wird nicht in der Weise Fleisch, eins mit dem Fleisch, daß er sich in seinem Fleischwerden selbst offenbaren würde. Das Menschliche des Logos bleibt auch als vom Logos Angenommenes weiterhin das dem Logos Unangemessene und Fremde und gerade dadurch ist es, weil Verhüllendes, ein geeignetes Mittel für einen an das schwache menschliche Erfassungsvermögen anzupassenden Offenbarungsgrad des Logos."
[212] 3,34,19-26.
[213] Vgl. das Celsusfragment in 6,69,3-6.
[214] Vgl. 6,69,6-30. Nach Borret, Contre Celse 3,351 Anm.4 ist diese Stelle "la plus nette affirmation chez Origène de l'égalité du Père et du Fils". Eine mehr subordinatianistische Position findet sich dagegen 8,14f.

eine seinshafte Vereinigung von Gott und Mensch, von göttlicher und menschlicher Natur, und zwar nicht nur in Jesus selbst, sondern in allen wahrhaft Glauben-den[215].

4.5.3 Evidenz der Gestalt

Nachdem im vorangegangenen Abschnitt in sehr geraffter Form dargestellt wurde, wie Origenes die Person Jesu Christi und vor allem ihre Funktion als Mittler zwischen Gott und Mensch sieht, muß nun gefragt werden, wie Origenes diesen Anspruch argumentativ einholt, d.h. wo er Gründe sieht, die es verantwort-bar erscheinen lassen, Jesus Christus als den vom Vater gesandten Gottessohn anzuerkennen.

Gerade in dieser Frage sieht sich Origenes sehr scharfen Angriffen von seiten des Celsus gegenüber, der die christliche Behauptung, daß in Jesus Christus Gott selbst auf der Erde erschienen ist, ablehnt, indem er auf die wenig göttlichen Fakten des Lebens Jesu verweist. In der Person des von ihm eingeführten Juden wirft er Jesus seine Machtlosigkeit vor. Die Vorwürfe lauten im Einzelnen:
1. Jesu brachte in keiner Weise die vom Messias zu erwartende Erneuerung.
2. Als man ihn zu töten suchte, versuchte er erst zu fliehen, mußte sich dann aber gefangennehmen lassen; beides ist eines Gottes unwürdig.
3. Er hatte nicht einmal so viel Überzeugungskraft, daß seine Jünger bis zum Schluß bei ihm aushielten[216].

Damit argumentiert Celsus, daß Jesus sich in keiner Weise so verhielt, daß man hätte schließen können, er sei Gott oder göttlich, und daß er auch auf die, die bei ihm waren, offenbar keinen besonderen Eindruck machte. Origenes fällt die Auf-gabe zu, zu zeigen, daß die Gestalt Jesu Christi in sich etwas aussagte (objektive Evidenz) und daß diese Aussage ihre Hörer auch tatsächlich erreichte (subjektive Evidenz).

---

[215] Vgl. 3,28,45-49.
[216] Vgl. 2,9,1-11.

4.5.3.1 Objektive Evidenz

Beide, Celsus und Origenes, sind sich der mangelnden Bildung und der niedrigen sozialen Stellung Jesu bewußt[217], aber sie deuten dasselbe Faktum verschieden. Während es für Celsus beweist, daß Jesus nicht Gott war, zeigt sich für Origenes in derselben äußeren Tatsache, daß er Gott sein muß, da er trotz seiner schlechten Ausgangsbedingungen soviel erreicht hat. Gerade die Tatsache, daß Jesus alle bildungsmäßigen Voraussetzungen fehlten, "die ihn befähigt hätten, glaubwürdig ($\pi\iota\theta\alpha\nu\delta\varsigma$) zu den Massen zu sprechen", läßt die Frage entstehen, wie es trotzdem geschehen konnte, daß er sich mit seiner Lehre durchsetzte[218]. Die Antwort kann nur sein, daß diese Lehre von Gott stammen mußte.

Die einzelnen Punkte, die Origenes anführt, um die objektive Evidenz Jesu zu zeigen, sollen an dieser Stelle nur kurz erwähnt werden, da sie identisch sind mit Abschnitten dieser Arbeit und an den entsprechenden Stellen ausführlich behandelt werden. Er selbst schreibt: "Die Göttlichkeit Jesu wird erwiesen durch die Kirchen, denen er das Heil geschenkt hat, durch die Prophezeiungen, die von ihm sprechen, durch die Heilungen, die in seinem Namen geschehen und durch die von ihm ausgehende, mit Weisheit verbundene Erkenntnis und durch die Einsicht ($\lambda\delta\gamma o\varsigma$), die sich bei denen findet, die sich bemühen, vom bloßen Glauben aufzusteigen und den Sinn der heiligen Schriften zu erforschen"[219]. Genannt werden als Zeichen der Evidenz Jesu:

1. Gemeinden (vgl. 4.7.1 Ausbreitung des Christentums)
2. Weissagungen (vgl. 4.3 Prophetie)
3. Krankenheilungen (vgl. 4.4 Wunder)
4. Erkenntnis der Schrift

Neu ist an dieser Stelle, daß das moralische Argument (vgl. 4.7.2) durch ein "Argument aus der Erkenntnis" ersetzt ist. Die Einsicht und Weisheit der Jünger ist ein Beweis für das Christentum, wobei besonders ihr neues Verständnis des Alten Testament ("der Sinn der heiligen Schriften") ein Hinweis ist auf die göttliche Einsicht, die Jesus vermittelt[220].

---

[217] Für Celsus vgl. z.B. 1,28,10f, zu Origenes siehe das Folgende.

[218] Vgl. 1,29, für das Zitat 1,29,16f; Gallagher, Divine Man 55; Patrick, Apology 233f.

[219] 3,33,10-15.

[220] Dieses "Argument aus der Erkenntnis" wird in dieser Arbeit nicht behandelt. Es war für Origenes wie für die gesamte alte Kirche eine einschneidende Erfahrung zu sehen, wie sich von Christus her das Alte Testament erschloß. Origenes bemüht sich in seinen zahlreichen Kommentaren und Homilien zu biblischen Texten, dies aufzuzeigen. Den Anfragen einer

Ausdrücklich als evident (ἐναργής) bezeichnet Origenes die Wunder Jesu, und zwar sowohl die von ihm selbst in seinem irdischen Leben gewirkten[221] als auch die, die in seinem Namen gewirkt werden[222]. Ebenso ist es evident, daß der Name Jesu die Kraft hat, Dämonen auszutreiben[223].

Weithin nach außen sichtbar ist die Heiligkeit Jesu, die seine Göttlichkeit offenbart. Er ist "das Vorbild einer vollkommen makellosen Lebensführung"[224], und wenn es einen Punkt gibt, dessen sich Origenes ganz sicher ist, dann die Tatsache, daß Jesus in moralischer Hinsicht unangreifbar ist[225]. Wenn Celsus behauptet, Jesus sei gar nicht ἀνεπίληπτος[226] gewesen, so kann Origenes das nur dahin verstehen, daß Celsus das Leiden Jesu als Makel empfindet. Dabei übersieht er aber, daß sich die moralische Integrität Jesu gerade angesichts des Leidens gezeigt hat[227]. Ein Beweis dafür ist, daß ihm der Vorwurf der Unmoral und des ausschweifenden Lebens selbst bei seinem Prozeß, als man Anklagepunkte geradezu suchte, nicht gemacht wurde[228]. Man fand überhaupt keine unrechte Handlung, derer man ihn anklagen konnte, und war daher gezwungen, falsche Zeugen aufzubieten, um Jesus überhaupt verurteilen zu können[229].

Origenes weist den Vorwurf, Jesus sei bloß ein (durchaus anderen ähnlichen Zauberern vergleichbarer) Zauberer gewesen und habe nichts Göttliches an sich gehabt, mit dem Argument zurück, daß Jesus sich darin von allen anderen Wundertätern unterschieden habe, daß es ihm nicht um Selbstdarstellung seiner

---

heidnischen Umwelt gegenüber hat das Argument keine Beweiskraft und wird dementsprechend in Cels. zwar genannt, aber nicht ausführlich behandelt. Vgl. aber 2.1.3. Der Vorrang des "Glaubens mit Gründen".

[221] Vgl. 1,52,9-13; 2,16,31-35.

[222] Vgl. 1,46,7-16.

[223] Vgl. 1,25,24-27.

[224] 1,68,36.

[225] Vgl. 2,42,2-5. Vgl. auch 6,45,15 wo Jesus als der "Gipfel des Guten" (τὸ ἄκρον τοῦ καλοῦ) bezeichnet wird. Vgl. dazu aus der modernen Fundamentaltheologie Verweyen, Gottes letztes Wort 468f, der aufzeigt, daß das Bewußtsein Jesu von seiner eigenen Sündlosigkeit und die Verkündigung dieser Tatsache durch die Gemeinde völlig analogielos ist und daß daher auch heute noch gesagt werden kann, "daß jenes Geheimnis der vollendeten Freiheit Jesu das einzige Mysterium ist, das die 'differentia specifica' des Christlichen ausmacht." (469)

[226] Vgl. 2,42,1f. Der Begriff bedeutet unangegriffen, unangetastet; gemeint ist unberührt vom Bösen. Koetschau übersetzt daher "tadellos".

[227] Vgl. 2,42,20-31.

[228] Vgl. 3,36,8-11. Vgl. zu diesem Punkt Miura-Stange, Celsus und Origenes 23.

[229] Vgl. praef. 1,1-6; 3,23,1-8.

eigenen Person, sondern um die sittliche Vervollkommnung seiner Zuhörer gegangen sei[230]. Jesus Christus ist unter diesem Aspekt der von Gott gesandte Heiland, dessen Aufgabe es war, die Menschen zum Guten anzuleiten, und der diese Aufgabe in vollkommenerer Form erfüllt hat als irgendein Philosoph, ja selbst als Moses und die Propheten[231].

Auf die celsische Forderung, daß die Ankunft eines Gottessohnes die Welt hätte verändern müssen, antwortet Origenes, daß genau das auch geschehen sei. Die Entstehung des römischen Reiches, die damit verbundene Einheit aller Völker unter einer Herrschaft und der Friede, den das bedeutet, sind nicht zufällig zeitgleich mit der Geburt Christi, sondern äußere, gottgewollte Zeichen seines Kommens als Friedensherrscher[232].

Die objektive Evidenz Jesu bedeutet, daß mit Jesus Christus ein Mensch begegnet, der unableitbar ist und nicht als Produkt innerweltlicher Faktoren gedeutet werden kann, und zwar weder in der Form, daß sich sein Wirken aus seiner Lebensgeschichte ergibt (dafür fehlen ihm, wie gezeigt wurde, alle äußeren Voraussetzungen), noch so, daß es als menschliche Erfindung interpretierbar ist. Jesus Christus und sein Wirken ist zwar denkbar, d.h. für die menschliche Vernunft nachzuvollziehen, und es kann dazu auf zahlreiche Fakten hingewiesen werden, er ist aber als Gestalt nicht erfindbar und kann aus diesem Grund nicht als Produkt der Vernunft gedeutet werden.

4.5.3.2 Subjektive Evidenz

Wenn Origenes auch auf zahlreiche Punkte hinweisen kann, die geeignet sind, den Glauben an Jesus Christus zu stützen, so bleibt doch die andere Frage noch offen, ob diese Argumente zwingend sind und ob sie das erreichen, was sie beabsichtigen, nämlich Glauben zu wecken. Diese Frage läßt sich auch schon für den irdischen Jesus stellen: War er für seine Zeitgenossen überzeugend?

Celsus jedenfalls leugnet die Überzeugungskraft Jesu entschieden und stellt ihn als einen erfolglosen Mann dar, dem es noch nicht einmal gelang, seine eigenen Anhänger dauerhaft für sich zu gewinnen. Jesus vermochte offensichtlich nicht so

---

[230] Vgl. 1,68,23-45; 2,29,10-14; 2,44,9-11.
[231] Vgl. 4,4,14-21.
[232] Vgl. 2,30,9-33.

nachhaltig zu wirken, daß seine Anhänger genügend Kraft hatten, eine Bedrohung von außen zu überstehen; die Verleugnung des Petrus und vor allem der Verrat des Judas beweisen das[233]. Dieses Argument ist parallel zu dem, das Celsus an anderer Stelle gegen den biblischen Schöpfungsbericht anführt: Wenn es dem biblisch bezeugten Gott nicht einmal gelang, ein einziges Menschenpaar zum Gehorsam zu führen, so ist damit die völlige Machtlosigkeit, das Nicht-Gott-Sein dieses Gottes erwiesen[234]. Ein Gott, der wirkt, aber nichts bewirkt, der spricht, aber keine Anerkennung findet, steht noch unter dem Menschen, er ist schwach und nutzlos.

Origenes akzeptiert diese Argumentation grundsätzlich, hält sie aber in bezug auf Jesus für nicht zutreffend. Für die Diskussion der Überzeugungskraft einer Sache müssen seiner Ansicht nach das aktuelle Überzeugtwerden eines einzelnen Menschen und die Überzeugungskraft der Sache in sich auseinandergehalten werden. Beim einzelnen Menschen sind verschiedene psychologische Momente für die Entstehung seiner Überzeugung mitbestimmend; sie müssen berücksichtigt werden, ohne daß sie mit der Sache direkt etwas zu tun haben. Die Überzeugungskraft der Sache selbst kann wiederum nur im Hinblick auf eine Vielzahl von Menschen, letztlich nur im Hinblick auf die gesamte Menschheit, beurteilt werden.

Origenes kennt den Fall, daß Menschen sich zwar Gläubige nennen, aber dennoch leer sind, weil ihnen die göttliche Kraft fehlt. Sie scheinen einen Zugang zum Wort Gottes zu haben, haben ihn aber in Wahrheit nicht und sind nicht wirklich überzeugt[235]. Wie dieser Mangel zustandekommt, wird deutlich im sechsten Buch, wo Origenes den Begriff der Überzeugung ausdrücklich thematisiert: "Denn "sich überzeugen lassen" ist ein sogenannter medialer Ausdruck[236], ähnlich wie 'sich die Haare schneiden lassen' einen Menschen voraussetzt, der sich dem Haarschneider überläßt. Deshalb gehört zum "sich überzeugen lassen" nicht allein die Tätigkeit dessen, der überzeugen will, sondern auch, um mich so auszudrükken, die Unterwerfung unter den Überzeugenden und die Annahme dessen, was er sagt. Deshalb liegt es nicht daran, daß Gott nicht zu überzeugen vermag, wenn die

---

[233] Vgl. außer der schon zitierten Stelle 2,9,1-11 noch 2,12,1-8; 2,39,2-4; 2,75,5-7; 2,76,6-8.

[234] Vgl. 6,53,21-26.

[235] Vgl. 1,62,63-66. Ob in 1,62,65 ein ὑπό steht, ob es also heißt, sie ständen nicht im Einflußbereich göttlicher Kraft, oder ob ohne das ὑπό, wie Koetschau und Chadwick übersetzen, sie hätten keine göttliche Kraft, ist hier nicht entscheidend, vgl. aber Borret, Contre Celse 1,250f Anm.1.

[236] Origenes benutzt den stoischen Fachbegriff ἀντιπεπονθότα, vgl. Neuschäfer, Origenes als Philologe 217, der hier irrtümlich 3,67 als Quelle angibt.

nicht Überzeugten nicht überzeugt werden, sondern daran, daß diese die überzeugenden Worte Gottes nicht annehmen. Wenn jemand dasselbe von Menschen,
die Meister in der Überzeugung genannt werden, sagte, so würde er nichts
Falsches sagen; denn es ist auch möglich, daß jemand, der die Lehrsätze der
Rhetorik vollkommen erfaßt hat und richtig anzuwenden weiß, zwar alles tut, um
zu überzeugen, aber doch offensichtlich sein Ziel nicht erreicht, wenn sich ihm die
vorgefaßte Meinung ($\pi\rho o\alpha\iota\rho\epsilon\sigma\iota\varsigma$) dessen, der überzeugt werden soll, versagt. Daß
aber, auch wenn überzeugende Worte von Gott gesprochen werden, das Über-
zeugtsein selbst nicht von Gott kommt[237], lehrt Paulus deutlich, indem er sagt:
'Die Überzeugung kommt nicht von dem, der euch beruft' (Gal 5,8)"[238].

Es muß an dieser Stelle von einer anderen Seite aus noch einmal auf die starke
Betonung der menschlichen Freiheit durch Origenes hingewiesen werden[239]. Gott
bzw. das göttliche Wort "tut alles, um auch die, die noch nicht überzeugt sind, zu
überzeugen und auch über sie zu herrschen"[240]. Diese Herrschermacht unterscheidet sich aber insofern von menschlichem Machtwillen, als "das Wort nicht gegen
jemandes Willen herrscht"[241], sondern die freiwillige Unterwerfung unter seine
Herrschaft fordert. Über die Bösen kann das Wort nicht herrschen, solange sie
böse sind. Insofern hat Celsus, der die Überzeugungskraft Jesu leugnet, tatsächlich
recht, daß man Gott in der gesamten Heilsgeschichte, die in Jesus Christus geschehene Offenbarung nicht ausgenommen, eine ungöttliche, d.h. machtlose Wirkungs-
losigkeit dort bescheinigen muß, wo der Mensch ihm ein Nein entgegensetzt[242].
Anthropologisch steht dahinter die Auffassung, daß die menschliche Zustimmung
durch kein Wort oder Ereignis erzwungen werden kann, daß es also Evidenz im
Sinne einer Wahrheit, die die menschliche Annahme übergeht, nicht geben kann
bzw. nach Gottes Willen nicht geben soll. Das verborgene Auftreten Jesu war

---

[237] Gemeint ist, daß Gott zwar objektiv die Voraussetzungen dafür schafft, daß Menschen
von seiner Offenbarung überzeugt werden, daß er aber nicht die Freiheit des Menschen
übergeht und ihm gegen seinen Willen eine Überzeugung einpflanzt. Das Zitat aus dem
Galaterbrief paßt an dieser Stelle allerdings nur dann, wenn man es völlig aus dem
Zusammenhang reißt.
[238] 6,57,12-30. Vgl. zu dem Bild vom Haareschneiden Chadwick, Contra Celsum 373
Anm.3, der zeigt, daß dieses Bild traditionell ist.
[239] Vgl. oben 136-141.
[240] 8,15,39-41.
[241] 8,15,32f: $o\dot{\upsilon}\kappa$ $\dot{\alpha}\kappa\acute{o}\nu\tau\omega\nu$ $\lambda\acute{o}\gamma o\varsigma$ $\kappa\rho\alpha\tau\epsilon\hat{\iota}$.
[242] Vgl. 8,15,35.

nötig, um dem Menschen die Freiheit zu lassen, ihn anzunehmen oder abzulehnen[243].

Origenes versucht den celsischen Vorwurf, Gott könne nicht Gott sein, wenn es ihm nicht gelingt zu überzeugen, dadurch zu widerlegen, daß er die mangelnde Überzeugungskraft Gottes zunächst mit einem weiteren Beispiel stützt. Gott fand nicht nur, wie Celsus sagt, bei den ersten Menschen keinen vollen Glauben, vielmehr kann man dieses Phänomen auch in der weiteren Geschichte beobachten: "Auch im Gesetze des Moses steht geschrieben, daß Gott den Hebräern in völlig evidenter Art und Weise erschienen sei ... und ihm dennoch nicht geglaubt wurde von denen, die doch Augenzeugen waren"[244]. Damit soll offenbar gesagt werden, daß Celsus zwar das Phänomen richtig beschreibt (Gott überzeugt nicht, er findet keinen Glauben), ja, daß es dafür sogar mehr Beispiele gibt, als Celsus weiß, daß aber sein Schluß falsch ist; der fehlende Glaube sagt nichts über Gott, wohl aber etwas über den Menschen aus. Dem entspricht, daß auch die "mit Vollmacht gesprochenen Worte Jesu und seine Wunder, die er vor den Augen des ganzen Volkes vollbrachte, sie nicht gewannen"[245]. Objektiv waren Worte und Werke Jesu Zeichen seiner göttlichen Vollmacht; wenn sie nicht als solche erkannt wurden, ist der Grund nicht in ihm, sondern in den Hörern zu suchen.

Während Origenes auf der Seite des Hörers die Freiheit betont, sich in verschiedener Art und Weise zu der verkündigten Botschaft zu verhalten, gibt es für den Verkündiger keine vergleichbare Freiheit. Überzeugend zu reden, liegt, obwohl menschliche Voraussetzungen dafür vorhanden sein müssen, letztlich nicht in der Macht des Menschen, es wird nur dem gelingen, dem Gott die Kraft dazu verleiht. Dieser Gedanke wird im *comm. in Rom.* sehr deutlich ausgesprochen: "Ein gewaltiger Unterschied besteht nämlich zwischen dem, der aufgrund der Gnade spricht und dem, der mit menschlicher Weisheit spricht. Schließlich hat man in der Wirklichkeit schon oft erfahren, daß es manche redegewandte und gebildete Menschen gibt, die nicht nur gut reden können, sondern auch hervorragende Kenntnisse haben. Obwohl sie in den Gemeinden viel gesagt und dabei ungeheuren Beifall und Lob geerntet haben, hat sich dennoch keiner ihrer Zuhörer aufgrund dessen, was sie gesagt haben, betroffen gefühlt, noch ist einer zum Glauben oder zur Furcht Gottes gekommen bei der Erinnerung an das, was gesagt wurde; sondern man geht weg, nachdem man einen gewissen Genuß und Freude beim

---

[243] Vgl. Harl, Fonction révélatrice 309.
[244] 2,74,11f.16.
[245] 2,74,26f.

bloßen Zuhören empfangen hat. Oft aber ist es so, daß Leute, die nicht sehr beredt sind und sich nicht um den Aufbau ihrer Rede bemühen, mit einfachen und schmucklosen Worten viele Ungläubige zum Glauben bekehren, Stolze zur Demut niederbeugen und Sünder zur Umkehr bewegen. Das ist ganz sicher das Zeichen, wie der Apostel an der vorliegenden Stelle sagt, daß sie aufgrund der Gnade sprechen, die ihnen gegeben worden ist"[246]. Ein Sprechen, das wirklich ankommt, ist Zeichen für göttliche Begnadung. Und genau diese Begnadung ist bei Jesus in hohem Maße zu finden[247].

Origenes spricht in Bezug auf Jesus von der "überzeugenden Kraft seines wunderbaren Redens"[248], die ihm von Gott geschenkt wurde. Er war in der Lage, "den gesamten von Menschen bewohnten Erdkreis in Bewegung zu setzten"[249]. Diese Überzeugungskraft zeigte sich zunächst einmal an seinen Jüngern, von denen Origenes sagt, daß ihr Verhalten (gemeint ist ihr Mut in der Verfolgung) beweist, daß sie überzeugt gewesen seien, daß Jesus etwas Göttliches war[250]; einige Zeilen später spricht er von einer "gewaltigen Überzeugung"[251]. Es bleibt hier (wohl bewußt) unklar, was der Inhalt dieser Überzeugung ist, sie richtet sich in erster Linie auf die Person Jesu Christi selbst und zwar in ihrer Funktion als Offenbarer (Wort) Gottes. Es geht also nicht um das Für-wahr-halten einzelner Lehrsätze Jesu, sondern, so könnte man sagen, um das Für-wahr-halten seiner Person und ihres Anspruches.

Doch auch über den engeren Jüngerkreis hinaus fand Jesus nach Origenes so viele Anhänger, daß man von "der Zauberkraft seiner Worte"[252] sprechen kann. Von daher ist die Behauptung des Celsus, Jesus habe niemanden, noch nicht einmal seine engsten Jünger überzeugt, einfach falsch[253]. Denn es war gerade die große Wirkung Jesu, die letztlich dazu führte, daß er verfolgt und getötet wurde; hätte er nicht so viele Anhänger gehabt, hätte dazu gar kein Grund vorgelegen[254].

---

[246] Comm. in Rom 9,2 (FC 2/5,38-41 Heither).
[247] Vgl. 2,46,16-21.
[248] 3,36,31; vgl. auch princ. 4,1,2 (674 Görgemanns/Karpp), wo Jesus außer πειϑώ auch ἐξουσία zugesprochen wird.
[249] 1,29,47f. Vgl. auch comm. in Cant. 3,12,3 (SC 376, 612 Brésard/Crouzel).
[250] Vgl. 1,31,4: πεισϑεῖσιν ὅτι ϑειότερον. Vgl. auch 2,77,27-33.
[251] 1,31,10f: μεγάλη πειϑώ. Vgl. auch 1,70,20, wo von einer "unaussprechlichen Überzeugung" (πειϑώ ἄφατος) die Rede ist.
[252] 3,10,11f.
[253] Vgl. 2,39,1-4.
[254] Vgl. 2,43,3-6.

Dabei besteht das Beeindruckende der Wirkung der Worte Jesu einerseits in der großen Zahl von Menschen, die ihm folgten: "Er fesselte sie so, daß sie ihm in die Wüste folgten, da diese allein die gewaltige Menge von Menschen fassen konnte, die durch Jesus an Gott glaubten ..."[255], andererseits aber auch in der Art der ihm folgenden Menschen. Es waren auch Frauen und Kinder unter seinen Hörern, was bedeutet, daß die Worte Jesu mächtiger waren als weibliche Schwäche und die Sitte ($\delta o\kappa o\tilde{v}\nu$), die es Frauen verbot, einem Lehrer nachzufolgen. Ja, selbst kindliches Desinteresse ($\dot{\alpha}\pi\alpha\vartheta\acute{\epsilon}\sigma\tau\alpha\tau\alpha$ $\pi\alpha\iota\delta\acute{\iota}\alpha$) wurde von Jesus überwunden[256]. Im Matthäuskommentar heißt es von der Lehre Jesu, sie sei "überaus weise" und könne "sogar diejenigen zu ihm bekehren, die schwer zum Glauben kommen"[257].

Die Überzeugungskraft Jesu ist dabei nicht an seine unmittelbare körperliche Anwesenheit gebunden, sie erreicht auch die, welche auf die Verkündigung der Apostel hin glauben. Origenes spricht von "der Kraft seines Wortes, welche keine Lehrer braucht, um die Glaubenden durch die mit göttlicher Kraft verbundene Überzeugung zu bezwingen"[258]. Im Anschluß an Ps 45,3: "Anmut ist ausgegossen über deine Lippen", sagt er in *princ.* von Christus: "Besiegt und überwunden sind ja wir, die wir aus den Heidenvölkern der 'Anmut' seines Wortes erlegen sind"[259]. Origenes spricht mit Anspielung auf Joh 14,12 von den größeren Wundern, die die Jünger Jesu vollbracht haben, und er versteht unter diesen größeren Wundern genau das hier Gemeinte, daß nämlich Menschen vom Glauben an Gott überzeugt werden, die ihm früher völlig fern standen[260]. Insofern relativiert sich im Hinblick auf Jesus Christus die Gottesfrage, indem sie sich von einem theoretischen Problem, das als solches in gewisser Weise immer offen bleibt, zu einer überwältigenden Erfahrung wandelt. Der Christ muß nicht mehr fragen, wie man Gott erkennen kann und welcher Weg zu ihm führt. "Denn er hat den gehört, der spricht: 'Ich bin der Weg und die Wahrheit und das Leben' und er hat im Gehen den Nutzen ($\dot{\omega}\varphi\acute{\epsilon}\lambda\epsilon\iota\alpha$) des Gehens erfahren"[261]. Die Nachfolge Christi hat eine eigene Evidenz, die nicht mehr begründet zu werden braucht.

---

[255] 2,46,6-9.
[256] Vgl. 3,10,11-18.
[257] Comm. in Matth. 17,36 (GCS 40 (10²),703 Klostermann). Übersetzung nach Vogt, Evangelium nach Mattäus 2,298.
[258] 1,62,71f; vgl. auch 3,68,11-24.
[259] Princ. 4,1,5 (684 Görgemanns/Karpp).
[260] Vgl. 2,48,35-50.
[261] 6,66,28-31.

4.6 Das chronologische Argument[262]

Ist etwas wahrer, weil es älter ist? Oder ist das ganz Neue wahr und gültig?
Beide Überzeugungen, sowohl die, daß das, was immer galt, auch heute noch
Geltung haben muß, als auch die Annahme, das gerade Erfundene müsse, weil es
die Spitze des Fortschritts darstellt, wahr sein[263], finden sich auch heute noch in
Alltagsargumentationen; bei der Vorstellung, daß Zeit für die Wahrheit eine Rolle
spielt, handelt es sich offenbar um eine tief eingewurzelte Denkstruktur des
Menschen. Eine Gesellschaft wird davon geprägt, welche von beiden Argumentationen in ihr vorherrschend ist und welche sich eher verteidigen muß. Stellt man
die Frage an die Antike, so ist deutlich zu sehen, daß der Gedanke, Alter mache
eine Wahrheit glaubwürdiger, weitverbreitet ist, und daß eine neue Lehre wie das
Christentum von vornherein verdächtig ist und unter Legitimationsdruck steht.
Diesem Druck kann rein theoretisch auf zweierlei Weise begegnet werden, einmal
mit dem Aufweis, daß es sich bei der Neuheit einer neuen Lehre nur um eine
scheinbare handelt, daß aber in Wirklichkeit ein uralter Traditionszusammenhang
vorliege, oder aber indem gerade die Neuheit gegen alle Überzeugungen der
Umwelt als Wert verteidigt wird. Origenes beschreitet beide Wege und versucht
sogar, sie zu verbinden.

In dieser Arbeit wird der Ausdruck "chronologisches Argument" gebraucht[264].
Damit soll jede Art von Argumentation bezeichnet werden, in der Zeit für die
Wahrheit eine Rolle spielt, also sowohl die traditionell als "Altersbeweis" bezeich-
nete Argumentation als auch eine Argumentation, die die Neuheit einer Lehre als
Beweismittel heranzieht. Da beide Argumentationen bei Origenes oft im selben
Zusammenhang gebraucht werden (etwa in der Form "... einerseits ... andererseits
..." oder "unter Gesichtspunkt A, ... unter Gesichtspunkt B ...") scheint eine
Aufteilung in zwei getrennt zu behandelnde Argumente nicht sinnvoll.

Die als "Altersbeweis" bezeichnete Argumentation gilt in der Antike als so
selbstverständlich, daß sie vielfach gar nicht mehr eigens reflektiert wird. Der
Konsens, daß es sich hierbei um eine angemessene Form der Beweisführung

---

[262] Vgl. zu diesem Abschnitt Fédou, Christianisme 487-491; Weiß, Das Alte; Droge, Homer
or Moses 157-167; Ackermann, Christliche Apologetik 41f.
[263] Zu letzterer Überzeugung vgl. die bissigen Bemerkungen von Berger, Auf den Spuren
der Engel 66f.
[264] Vgl. Fédou, Christianisme 487: "L'argument chronologique".

handelt, betrifft nicht nur Juden und Christen, sondern auch das griechische und das römische Heidentum[265]. In typischer Form finden wir bei Platon die Vorstellung, daß die Menschen der Vorzeit dem Ursprung näher waren und ein Wissen hatten, das den Späteren fehlt oder nur noch in sehr verdorbener Form überkommen ist[266].

Im Christentum finden wir den Altersbeweis in zwei Formen; er wird in der Auseinandersetzung mit dem Heidentum verwandt, um die Altehrwürdigkeit der biblischen Traditionen zu zeigen, er wird aber auch in Streitigkeiten innerhalb der Kirche verwandt, um zu vertreten, daß die Traditionen der eigenen Kirche oder Gruppe aufgrund ihrer älteren Tradition einen Vorrang haben oder haben müßten[267]. Der Altersbeweis läßt sich folgendermaßen formalisieren:

Was alt ist, ist wahr.
Diese Lehre ist alt.
Also ist sie wahr.

Beziehungsweise in der Fassung, wie sie in der Auseinandersetzung meist verwandt wird:

Eine Lehre ist umso wahrer, je älter sie ist.
Unsere Lehre ist nachweislich älter.
Also ist sie wahrer[268].

Die Wichtigkeit des Altersbeweises für das Werk *Cels.* ergibt sich aus der Tatsache, daß es gilt, eine Schrift mit dem Titel *Alethes Logos* zu widerlegen, wobei der "wahre Logos" deutlich mit dem "alten Logos" gleichgesetzt wird[269]. Für Celsus ist Alter gleichbedeutend mit Wahrheit. Von daher stellt sich Origenes die Aufgabe, zu differenzieren und den Zusammenhang der beiden Größen, bzw.

---

[265] Pilhofer, Presbyteron kreitton behandelt diesen Beweis bei den christlichen Apologeten bis zum Ende des 2.Jh's und zeigt, daß seine Wurzeln einerseits bei jüdischen Autoren wie z.B. Philo und Josephus liegen, andererseits aber auch bei griechischen (frühester Beleg Hekataios von Milet) und römischen Autoren (frühester Beleg Quintus Fabius Pictor Ende 3.Jh v.Chr.) zu finden sind.

[266] Vgl. Plat., Phil. 16c (272 Widdra), zitiert bei Winden, Le christianisme 207. Vgl. auch Stockmeier, "Alt" und "Neu" 232.

[267] Zum Altersbeweis speziell bei den Kirchenvätern vgl. Stockmeier, "Alt" und "Neu"; Weiß, Das Alte. Der Altersbeweis im Rahmen innerkirchlicher Auseinandersetzungen kommt in Cels. verständlicherweise nicht vor.

[268] Vgl. Pilhofer, Presbyteron kreitton 8-12.299.

[269] Vgl. z.B. 1,14,27-29 und 3,16,13f. Dazu Fédou, Christianisme 496-499.

die Art und Weise, wie sie einander bedingen, genauer zu zeigen. Es muß allerdings gesehen werden, daß der Altersbeweis in vielen Fällen gar nicht eingesetzt wird, um zu entscheiden, welche von zwei einander entgegengesetzten Lehren richtiger, weil älter ist, sondern sehr oft gerade in den Fällen, wo man Ähnliches wie der Gegner vertritt. Es geht nicht um die Wahrheit selbst, sondern um ihre ursprüngliche Form und den Weg zu ihr, und beides hat gefunden, wer die Wahrheit als erster erkannte, die anderen gelten dann als von dem ersten abhängig.

Celsus spricht den Christen schon zu Beginn seines Buches ab, irgendetwas Neues zu lehren. Diese Argumentation überrascht zunächst im Rahmen einer Weltanschauung, für die der Altersbeweis fundamental wichtig ist. Dennoch stützt sie diesen und wäre mißverstanden, wenn man sie im Sinne moderner Fortschrittsideologie interpretierte. Celsus führt im einzelnen folgende Argumente auf: Die christliche Ethik enthält im Vergleich mit der griechischen nichts wirklich Neues[270]. Die christliche Eschatologie ist in ähnlicher Form auch schon bei den Juden zu finden[271]. Ebenso hat Jesus, was die kultischen Gebräuche angeht, nichts Neues gebracht, da er nur die Opfervorschriften der Juden beobachtete[272]. Indem Celsus so anhand der wichtigen Punkte Ethik, Theologie und Kult aufzeigen kann, daß das Christentum keine Weisheit enthält, die es nicht auch schon früher, und das heißt implizit besser und in reinerer Form gab, hat er den Beweis geführt, daß das Christentum eine wertlose Religion ist, deren Lehren aus zweiter Hand stammen. Das Christentum erhebt zwar den Anspruch der Neuheit, ist aber gar nicht neu, sondern nur eine degenerierte Form des Alten, die mit dem wirklich alten Logos nicht konkurrieren kann.

Origenes läßt sich auf diese Argumentation ein, indem er grundsätzlich zugibt, daß Alter eine Rolle bei der Beurteilung von Wahrheit spielt. So hält er der celsischen Argumentation an einer Stelle mehrere alttestamentliche Stellen entgegen, die er für nachweislich alt hält; er verzichtet aber auf die Zitation ebenfalls passender neutestamentlicher Stellen, "damit man nicht meine, ich stützte mich in der Auseinandersetzung mit Celsus auf jüngere Schriften"[273]. Auch weist er die

---

[270] Vgl. 1,4,1-3.
[271] Vgl. 2,5,5-8.
[272] Vgl. 2,6,1-4.
[273] 6,43,29f.

celsische Ansicht, die der biblischen Überlieferung Alter und Weisheit abspricht[274], zurück; die Juden gehören zu den ältesten Völkern der Erde[275]. Origenes behauptet die Priorität ihrer Schriften sowohl im Vergleich zu denen der Ägypter[276] als auch im Vergleich zur griechischen Tradition[277]. Die Behauptung, Moses, der Origenes als der Verfasser des Pentateuchs gilt und stellvertretend für die gesamte jüdische Tradition steht, habe von Homer oder anderen Griechen abgeschrieben, ist zurückzuweisen. Moses ist viel älter als alle bedeutenden Griechen. Konkret wird in der Auseinandersetzung zwischen Celsus und Origenes z.B. um die Frage gestritten, wer als erster von einer Sintflut und vom Bau eines Turmes zum Himmel gesprochen habe[278], wer als erster göttliche und menschliche Weisheit unterschieden habe[279] oder wo zuerst die Tugend der Demut (ταπεινοφροσύνη) gelehrt wurde[280].

Kenntnis der Wahrheit und zwar ursprüngliche Kenntnis ist ein Zeichen dafür, daß der eigene Weg richtig ist. In diesem Zusammenhang wird deutlich, wie wichtig für das frühe Christentum der Zusammenhang mit dem Judentum war; nur wenn dieser gewährleistet blieb, d.h. nur wenn das Christentum das Alte Testament als seine Vorgeschichte beanspruchen konnte, konnte der Altersbeweis für das Christentum geführt werden und damit der christliche Anspruch rational vertreten werden.

Allerdings tut Origenes in *Cels.* im Gegensatz zu seinen christlichen Vorgängern den weiteren Schritt, nämlich nun seinerseits zu behaupten, die (jüngeren) Griechen hätten ihrerseits vom (älteren) Moses abgeschrieben, nicht oder nur sehr zögernd. Diese Theorie ist für ihn bestenfalls eine Hypothese, für die es keine gesicherten

---

[274] Vgl. Pilhofer, Presbyteron kreitton 285-289 und Fédou, Christianisme 487-499. Bei Fédou findet man zahlreiche Beispiele, die zeigen, für welche biblischen Erzählungen Celsus ältere griechische anführt.

[275] Vgl. z.B. 1,16,1-21.

[276] Vgl. 1,22,1-4.

[277] Vgl. 4,21,15-30; 4,36,22f; 6,7,1-7; 6,15,10f; 6,19; 6,43,3-6 und Borret, Contre Celse 2,232f Anm.3, der die Quellen dieser Anschauung des Origenes nennt, nämlich vor allem Flavius Josephus und Tatian. Origenes verzichtet in Cels. darauf, die genaue chronologische Begründung, die Tatian gibt, zu referieren, sondern nennt einfach deren Ergebnis, das er für erwiesen hält. Er nennt die beiden Schriftsteller selbst als seine Gewährsmänner in 1,16,1-13 (beide) und 4,11,12-22 (nur Josephus).

[278] Vgl. 4,20-21.

[279] Vgl. 6,13,16-22.

[280] Vgl. 6,15.

Beweise gibt[281]. Er referiert die These, daß Platon die biblischen Erzählungen in Ägypten kennengelernt habe, ohne selbst deutlich Stellung zu beziehen; es ist ebenso gut möglich, daß Übereinstimmungen zufällig sind[282]. Auch an den Stellen, wo Origenes den Plagiatsvorwurf deutlicher erhebt, bleibt dieser unbetont[283]. Origenes geht nirgends sicher davon aus, daß Platon Teile der Bibel gekannt habe, es scheint ihm eher wahrscheinlich, daß dieser von jüdischen Gelehrten mittelbar etwas von der biblischen Tradition erfahren habe[284].

Obwohl Origenes mit dem Alter der jüdischen Religion argumentiert, hält er den Altersbeweis im Sinne eines Beweises, daß der eigene Religionsgründer der erste war, der über Wissen verfügte, für nicht so entscheidend, daß ein Christ auf jeden Fall die Priorität biblischer Weisheit gegenüber allen anderen Kulturen behaupten muß. Er kann im Gegenteil trotz seiner Hochschätzung des Alters die Möglichkeit in Betracht ziehen, daß Moses in einzelnen Fällen ältere Lehren vorgefunden und an die Juden weitergegeben habe. Wenn diese Lehren wahr waren, tat Moses damit etwas Gutes und bewies mehr Einsicht als die griechische Philosophie, die sich weigert, die Weisheit der Bibel anzuerkennen. Es ist besser, die Wahrheit von anderen zu übernehmen, als an einem überlieferten Irrtum festzuhalten[285]. Im Gegensatz zu den Juden, die bereit waren, auch von anderen Völkern zu lernen[286], ist es den Philosophen vorzuwerfen, daß sie die biblische Tradition nicht kannten und aufgrund dieser Unkenntnis in zahlreiche falsche Auffassungen über Gott verfielen[287]. Es zeigt sich hier, daß der Altersbeweis nur dienende Funktion hat, eigentlicher Maßstab ist die Wahrheit, die Gott offenbaren kann, wann er will, und die der Mensch ergreifen muß, wie und wo sie sich zeigt.

---

[281] Vgl. 4,21,19-23; 5,15,6; 7,30. Die Behauptung, die Griechen hätten von Moses abgeschrieben, will Ackermann, Christliche Apologetik 52-71 als eigenes Argument, das vom Altersbeweis zu unterscheiden ist, verstanden wissen; sie spricht hier von der "Plagiatsthese". Ich habe diese Unterscheidung nicht übernommen, weil der Vorwurf des Plagiats in Cels. nur selten vorkommt und daher für meine Arbeit nicht wichtig ist. Vgl. aber zu Origenes Ackermann, Christliche Apologetik 63f.
[282] Vgl. 4,39,56-63. Vgl. hierzu Crouzel, Philosophie 117 Anm.86.
[283] Vgl. Bardy, En lisant 759f.
[284] Vgl. 6,19,23-26. Vgl. auch 7,30,15-21.
[285] Vgl. 1,21,1-18. Vgl. dazu Fédou, Christianisme 492.501f.
[286] Vgl. die schon zitierte Lehre von den "Schätzen Ägyptens" oben 23.
[287] Vgl. 4,36,23-30.

Origenes sieht deutlich, daß die biblische Überlieferung und die Überlieferung der Heiden in vielen Fällen parallel laufen. Es ist daher sinnlos und unmöglich, das Christentum als etwas völlig Neues zu beschreiben. In allen Fällen, in denen eine Abhängigkeit wahrscheinlich ist (so z.B. bei ähnlich lautenden Sagen), muß man davon ausgehen, daß die griechische Tradition aufgrund ihres geringeren Alters eher von der biblischen abhängt als umgekehrt. Wichtiger ist noch ein anderer Gedanke, der auf einer viel grundsätzlicheren Ebene diese Übereinstimmungen erklärt. Ist Gott wirklich der eine und d.h. derselbe für alle Menschen, dann ist es nicht erstaunlich, wenn er das, "was er durch die Propheten und den Erlöser lehrte, auch in die Seelen aller Menschen einpflanzte"[288]. Origenes geht davon aus, daß in jedem Menschen von Anfang an das Sittengesetz grundgelegt ist, denn nur so ist die menschliche Verantwortung auf der einen Seite und eine mögliche Vergeltung Gottes auf der anderen Seite denkbar[289]. In ähnlicher Weise weiß auch jeder Mensch ursprünglich, daß Gott transzendent ist und nicht vom Menschen gemacht sein kann, daß also Götzendienst verwerflich ist[290]. Die Übereinstimmung im menschlichen Denken liegt also in diesen Fällen in der Einheit Gottes begründet, der als der eine Schöpfer allen Menschen gleiche Vorstellungen eingepflanzt hat.

Im Hintergrund einer Argumentation mit dem Alter von Wahrheit steht also (bei Origenes ebenso wie in der heidnischen Literatur) die Auffassung, daß Wahrheit nicht so sehr etwas ist, was als das je Größere vor dem Menschen liegt und Zielpunkt seiner Erkenntnis ist, sondern etwas, was in den Ursprüngen verborgen ist und das es zu bewahren bzw. wiederzufinden gilt. Die Wahrheit ist nicht etwas, was der Mensch schafft, sondern etwas, was immer da ist und wozu der Mensch zurückkehren muß. In dieser Sicht ist Erkenntnisfortschritt immer als Rückkehr zu interpretieren, und zwar als eine Rückkehr zu einer Wahrheit, die an Gottes Ewigkeit partizipiert und weder zu- noch abnimmt. Von daher ist auch der Vorwurf, die Christen lehrten auf dem Gebiet der Ethik und der Gottesverehrung im Grunde nichts Neues, gegenstandslos, weil er eine Selbstverständlichkeit zum Ausdruck bringt. Wenn Gott wirklich der Eine ist, dann ist es nur plausibel, daß er allen Menschen dieselben Weisungen gegeben hat und weiterhin gibt. In dieser Hinsicht ist auch nach christlicher Ansicht ein "neuer Gott" oder auch nur ein Gott,

---

[288] 1,4,7-9.
[289] Vgl. 1,4,3-6. Zum stoischen Hintergrund dieser Anschauung vgl. Borret, Contre Celse 1,84-87 Anm.3.
[290] Vgl. 1,5,10-20.

der seine Meinung ändert, nicht denkbar. Auch Jesus Christus kann auf ethischem Gebiet kein Neuerer sein, sondern hat den Auftrag, den Menschen wieder ins Bewußtsein zu rufen, was von Gott her immer galt, denn er ist "der Sohn des Gottes, der das Gesetz und die Propheten gegeben hat"[291]. Da der christliche Gott der ewige Schöpfergott ist und jede Wahrheit in ihm ihren Ursprung hat, kann es letztlich, aus der Perspektive Gottes gesehen, keine neue Wahrheit geben.

Andererseits muß Origenes aber auch zugeben, daß Celsus mit der auf Jesus bezogenen Behauptung: "Dieser hat erst vor ganz wenigen Jahren diese Lehre eingeführt"[292] recht hat und daß tatsächlich mit Jesus Christus etwas Neues in die Welt gekommen ist. Dieses Neue ist aber keine Lehre, sondern die Gestalt Jesu Christi selbst und der mit ihr verbundene Anspruch. Dieser Anspruch lautet, daß in Jesus Christus Gott in der Geschichte gehandelt und dadurch die Lehre von der in den Ursprüngen liegenden Wahrheit durch ein neues Tun durchkreuzt hat. Auf dem Hintergrund der allgemeinen Plausibilität des Altersbeweises in der Antike war die Neuheit des Christentums für die Kirche ein ernstes Problem. Wenn das Alte wahr ist, dann ist das Neue nicht wahr oder jedenfalls weniger wahr als das Alte, und es ist unsinnig, von ihm Belehrung und Sinn zu erwarten. Dementsprechend war die Neuheit des Christentums ein Argument, das sich seine Gegner nicht entgehen ließen und das sich in fast allen Bestreitungen des Christentums im 2. Jh. findet[293].

Das Problem besteht darin, daß philosophisch nicht plausibel zu machen ist, wieso sich vor dem ewigen Gott eine Zeit bzw. ein Zeitpunkt von allen anderen unterscheiden kann, so daß Gott diesen zum Handeln erwählt. Eine solche Vorstellung trägt in Gott eine zeitliche Komponente hinein und verträgt sich nicht mit dem vorausgesetzten Gottesbegriff. Origenes nennt das damit angesprochene Problem "geheimnisvoll und tief"[294] und weitet es insofern aus, als er zeigt, daß

---

[291] 2,6,4f.

[292] 1,26,19f.

[293] Vgl. Pilhofer, Presbyteron kreitton 221-226. Bei den christlichen Autoren findet sich auf weite Strecken der Versuch, diesem Vorwurf mit dem Altersbeweis zu begegnen, d.h. die vermutete Neuheit des Christentums als Mißverständnis zu entlarven, indem man die alttestamentliche Geschichte als eigene Vergangenheit interpretiert und auf die Einheit des einen Gottes verweist. Daneben gibt es aber auch Autoren wie den Verfasser des Kerygma Petri, Aristides und den Verfasser des Diognetbriefes, die auf die heilsgeschichtliche Kontinuität verzichten und die Neuheit des Christentums bewußt betonen. Vgl. Pilhofer, Presbyteron kreitton 261f.231-234.

[294] 4,8,8f.

dieses Problem sich für die gesamte Geschichte, ja für jedes Einzelleben stellt. Wenn man das Geschehen als im letzten von Gott gelenkt interpretiert, stellt sich immer die Frage, warum Gott gerade jetzt und gerade so handelt und ob dieses je neue Handeln Gottes nicht einen je neuen Willensentschluß und d.h. eine Veränderung in Gott voraussetzt. Origenes beantwortet die Frage hier nicht, sondern verweist letztlich auf die Faktizität der Heilsgeschichte[295].

Wichtig aber ist es zu zeigen, unter welchem Gesichtspunkt das Christentum eine alte Lehre ist und unter welchem Gesichtspunkt es ganz neu ist. Selbstverständlich vorausgesetzt wird, daß es einen "neuen Gott" per definitionem nicht geben kann, weder in sich noch für die menschliche Erkenntnis[296]. Wenn Gott wirklich Gott ist, so muß er es von Ewigkeit her sein, und wenn dieser Gott ein sich offenbarender Gott ist, so muß er von Anfang an auch in irgendeiner Weise bekannt sein. Origenes erscheint es in diesem Zusammenhang notwendig, als Antwort auf den spöttischen Vorwurf des Celsus: "Jetzt also, nach so vielen Jahrhunderten ist es Gott eingefallen, das Leben der Menschen zu richten; früher aber hat er sich nicht darum gekümmert"[297], zu betonen, daß Gott selbstverständlich immer als Richter und Lehrer der Menschen tätig war[298]. Die Inkarnation darf nicht verstanden werden, als würde sich Gott nach einer Periode der Untätigkeit plötzlich zum Handeln entschließen, Gott handelt prinzipiell immer und auch immer mit der gleichen Intention. In diesem Sinne gibt es tatsächlich keine neue Wahrheit.

Auf der anderen Seite muß aber auch gesehen werden, daß mit Jesus Christus etwas Neues, für den Menschen Unableitbares in die Welt getreten ist: "Und wenn die Naukratiten es richtig fanden, anderes zu verehren als die Alten, und vor kurzem anfingen, den Sarapis anzubeten, der vorher niemals ein Gott gewesen war, so werden wir uns dadurch nicht veranlaßt sehen, einen neuen Gott, der früher nicht Gott war und den Menschen nicht bekannt war, als seiend anzuerkennen. Wenn aber der Sohn Gottes, 'der Erstgeborene aller Schöpfung' (Kol 1,15), erst vor kurzer Zeit, wie wir glauben, Mensch geworden ist, so ist er doch deshalb durchaus nicht "neu". Denn die heiligen Schriften kennen ihn als das älteste aller Schöpfungswerke und wissen, daß zu ihm Gott, als er den Menschen schaffen wollte, die Worte gesprochen hat: 'Lasset uns den Menschen machen nach unserem

---

[295] Vgl. 4,8,5-28.
[296] Vgl. 5,37,34-36.
[297] 4,7,7f; vgl. Stötzel, Warum Christus so spät erschien 150.
[298] Vgl. 4,7,8-16.

Bild und Gleichnis' (Gen 1,26)"[299]. Der Vorwurf der Neuheit des Christentums geht ins Leere, wenn derjenige, der in Jesus Christus Mensch geworden ist, der ewige Sohn Gottes ist, der schon bei der Schöpfung (also zum frühesten denkbaren Zeitpunkt) das Gegenüber Gottes war, das der Vater in Gen 1,26 ansprach.

Wenn man daher den Menschgewordenen auch nicht als "neuen Gott" bezeichnen kann, so stimmt es dennoch, daß in Jesus Christus "ein ganz außerordentliches Wesen ($\chi\rho\hat{\eta}\mu\alpha$) zu den Menschen kam, hervorgehoben aus allen Menschen vor und nach ihm"[300]. Jesus ist derjenige, der das Menschengeschlecht neu machen wollte ($\kappa\alpha\iota\nu\sigma\tau\sigma\mu\epsilon\hat{\iota}\nu$); der neue Stern, der bei seiner Geburt zu sehen war, ist Sinnbild dafür[301]. Er hat "neue Worte und neue Lehren" gebracht[302] und das Sittengesetz mit einer "neuen Methode" gelehrt[303]. Die Kontinuität mit dem Judentum wird von Origenes zwar nicht geleugnet, aber er weist darauf hin, daß die Ausweitung der Religion auf die Heiden etwas wirklich Neues ist[304]. Dieses Neue besteht darin, daß Gott durch die Sendung seines Sohnes und durch dessen Leiden den Bund mit Israel ausweitet und allen Menschen die Möglichkeit eröffnet, in ihn einzutreten und so die Wahrheit zu erkennen.

Um die wirkliche Neuheit der christlichen Lehre zu verteidigen, ist es wichtig zu zeigen, daß Jesus und die Apostel nicht von der griechischen Philosophie abhängig sind. Da in diesem Zusammenhang nicht mit dem höheren Alter argumentiert werden kann, weist Origenes ausdrücklich darauf hin, daß weder Jesus noch seine Jünger aufgrund ihrer Bildung Platon kennen konnten, und es deshalb unglaubwürdig ist, wenn Celsus das Christentum als das Ergebnis mißverstandener Platontexte interpretieren will[305].

Für Origenes ergibt sich die Legitimität des Altersbeweises aus dem Gottesbild, während das Neue, das mit Jesus Christus und überhaupt mit jeder Form von Offenbarung in die Welt kommt, eine heilsökonomische Anpassung an den Menschen ist. Als solches verweist dieses Neue auf die Liebe Gottes, die sich selbst auf

---

[299] 5,37,31-41. Vgl. auch 3,14,10-17 und 4,15,18-27.
[300] 4,8,6-8.
[301] Vgl. 1,59,8-13.
[302] Vgl. 1,46,10.
[303] Vgl. 1,64,34.
[304] Vgl. 8,43,1-7 und dazu Heither, Translatio Religionis, die zeigt, wie das Thema des Übergangs der Religion von den Juden zu den Heiden das Zentralthema des Römerbriefkommentars des Origenes ist.
[305] Vgl. 6,7,1-16 und die Bemerkungen von Crouzel, Philosophie 115f dazu.

den Menschen hin übersteigt, ohne jedoch die Plausibilität der Argumentation mit dem Alter grundsätzlich zu negieren. Argumentiert wird etwa so: Unsere Religion ist viel älter, sie reicht zurück bis zur Erschaffung der Welt, und der, den ihr als gerade erst gestern gekommen verpönt, war schon da, als die Welt erschaffen wurde. Um uns zu retten, ist er vor kurzem neu gekommen, und gerade die kurze Zeit, die seither vergangen ist und in der schon so viel bewirkt wurde, ist ein Argument für die Wahrheit unseres Glaubens.

Damit kommen wir zu dem erstaunlichen Faktum, daß sich die Lehre Jesu Christi so schnell durchsetzte und daß er schnell sehr viele Anhänger hatte. Man könnte dieses Argument das Argument des Erfolges nennen.

4.7 Das Argument des Erfolges

"Gott aber, der Jesus sandte, machte alle hinterlistigen Anschläge der Dämonen zunichte, ließ überall auf dem Erdkreis zur Bekehrung und Besserung der Menschen das Evangelium Jesu siegen und bewirkte, daß überall Gemeinden entstanden"[306].

Origenes argumentiert oft mit dem Argument, man könne die Wahrheit des Christentums an seinem Erfolg nach außen (schnelle Ausbreitung) und nach innen (moralische Besserung) hin ablesen[307]. Immer wieder finden wir die an Celsus gerichtete Frage, welchen Nutzen ($\dot{\omega}\varphi\epsilon\lambda\epsilon\iota\alpha$) heidnische Mythen und Kulthandlungen haben und den triumphierenden Hinweis auf das deutlich sichtbare Wirken der christlichen Gemeinden[308].

4.7.1 Die Ausdehnung des Christentums

Origenes nennt an mehreren Stellen das rasche Wachstum der Kirche ein Argument für den Glauben, da diese schnelle Ausbreitung des Glaubens nur mit einem Eingreifen Gottes zu erklären ist. Dieses Argument ist für ihn offenbar sehr

---

[306] 3,29,17-21.
[307] Vgl. Harl, Fonction révélatrice 314.317; Fédou, Christianisme 89-94.
[308] Vgl. z.B. 3,28,1-16.

gewichtig[309]. Es ist, wenn man einmal von den inneren Gründen absieht, die für die Göttlichkeit Jesu sprechen und die ich weiter oben dargestellt habe, ein Hauptargument und zwar vor allem darum, weil es anders als Wunder und Prophetie völlig eindeutig zu belegen ist[310]. Das Faktum, daß sich das Christentum schnell ausbreitete, ist so offenkundig, daß Origenes davon ausgehen kann, daß niemand es zu negieren wagen wird.

Bei der Argumentation mit dem Erfolg handelt es sich nicht um eine Erfindung des Origenes. Schon im Alten Testament finden wir die Idee des sogenannten "Tun-Ergehen-Zusammenhanges", d.h. die Vorstellung, daß Gott die, die ihm gehorchen, belohnt, indem er ihr Handeln gelingen läßt. Weiter finden wir an zahlreichen Stellen den Topos der "kleinen Gruppe": eine kleine Gruppe von Menschen erringt einen Erfolg, der dadurch, daß er menschlich unerklärbar ist, Gottes Eingreifen beweist. So kann Gott ausdrücklich die Reduzierung einer Streitmacht fordern, um so unmißverständlich zu zeigen, daß er und nicht der Mensch der Wirkende ist[311]. An der Geschichte des Volkes Israel zeigt Origenes, und er folgt hierin ganz der innerbiblischen Argumentation, daß die Juden unangreifbar waren, solange sie Gott gehorchten, aber geschlagen und zerstreut wurden, als sie Gottes Zorn erregten[312]. Dementsprechend zitiert Origenes die in der Apostelgeschichte überlieferte Argumentation des Gamaliel: "Wenn dieses Vorhaben oder dieses Werk von Menschen stammt, wird es zerstört werden; stammt es aber von Gott, so könnt ihr es nicht vernichten"[313]. Langfristig wird eine Wahrheit, eine Prophezeiung oder ein messianischer Anspruch dadurch falsifiziert, daß sie sich nicht durchsetzen, dagegen wird, was Gottes Willen entspricht, auf Dauer siegen. So führt Origenes die geringe Mitgliederzahl ihm bekannter

---

[309] Vgl. Chadwick, Evidences 335; Harl, Fonction révélatrice 326: "Car tel est à ses yeux l'argument majeur en faveur de la religion chrétienne: voyez, nous dit-il, le nombre extraordinaire des convertis! Malgré les persécutions, malgré l'opposition des païens, malgré la rareté des prédicateurs, ce sont des foules qui se convertissent, recevant le message chrétien sans se laisser arrêter par sa surprenante nouveauté, par la suppression des dieux jusque-là reconnus ou par le caractère "barbare" de ses garants."

[310] Vgl. Bigg, Christian Platonists 263; Crouzel, Philosophie 134-137. Crouzel zeigt, daß der äußere Grund für die Argumentation des Origenes zwei längere Friedensperioden für die Kirche sind, die während seiner Lebenszeit das kirchliche Wachstum sehr gefördert haben.

[311] Vgl. Ri 7,1-8.

[312] Vgl. 5,50,6-11; 8,42,18-35; 8,69,33-35.

[313] Apg 5,38f zitiert in 1,57,35-38.

Sekten als Beweis für ihren rein menschlichen Ursprung an[314]. Eine ähnliche Argumentation finden wir auch in Bezug auf heidnische Schriften; schon die Tatsache, daß sie zum Teil verlorengingen, zeigt, daß man sich von ihnen keinen Nutzen für die Nachwelt versprach[315].

Es geht für Origenes darum, zweierlei zu zeigen, erstens, daß das Christentum Erfolg hat und zweitens, daß dieser Erfolg in keinem Verhältnis zu den eingesetzten menschlichen Anstrengungen steht, diese vielmehr so sehr übersteigt, daß nach anderen Ursachen als nur menschlichen gesucht werden muß.

Die Überzeugungskraft Jesu und die große Zahl der Menschen, die er zu sich bekehren konnte, wurde schon oben erwähnt[316]. Hier nun ist zu zeigen, daß sich dieses Phänomen in der Kirche fortsetzt. Origenes ist der Meinung, daß die Überzeugungskraft, die der irdische Jesus besaß, vom erhöhten Christus der Kirche weitergegeben wurde. Es handelt sich hierbei wirklich um eine göttliche Kraft, mit der für den Hörer eine unmittelbare Beziehung zu Gott geschaffen wird: "'Und mein Wort und meine Verkündigung bestand nicht in überredenden Worten der Weisheit, sondern im Erweis von Geist und Kraft; damit unser Glaube nicht auf Menschenweisheit, sondern auf der Kraft Gottes beruhe' (1Kor 2,4f). Das göttliche Wort sagt, daß es, um die menschliche Seele wirklich zu treffen, nicht ausreicht, etwas zu sagen, auch wenn das Gesagte in sich wahr und höchst glaubwürdig ist, wenn dem Redenden nicht auch eine gewisse Kraft von Gott gegeben würde und eine Schönheit in seinen Worten aufstrahlte, die ebenfalls nicht ohne Gottes Mitwirkung denen zuteil wird, deren Worte wirksam sind. Der Prophet sagt daher im siebenundsechzigsten Psalm: 'Der Herr wird das Wort den Verkündigern der frohen Botschaft geben mit großer Kraft' (Ps 68,12). Auch wenn man in einigen Fällen zugestehen muß, daß die Griechen und die Bekenner unseres Glaubens ein und dieselben Lehren haben, so besitzen diese doch nicht dieselbe Kraft, Seelen zu gewinnen und zu leiten. Deshalb sind die Jünger Jesu - ungebildete Leute, wenn man an sie den Maßstab der griechischen Philosophie anlegt, - bei vielen Völkern des Erdkreises umhergezogen, indem sie, wie der Logos es wollte, jeden ihrer Hörer seinem Verdienst entsprechend leiteten. Diese Hörer wurden dann, je nachdem wie sehr sie sich mit ihrer Freiheit dem Guten zuwandten, besser"[317].

---

[314] Vgl. 1,57,14-48; 6,11,16-38; vgl. auch Fernandez, Origen's Presentation 245.
[315] Vgl. 1,18,18-20.
[316] Vgl. 4.5.3.2 Subjektive Evidenz.
[317] 6,2,21-39.

Da das Faktum der schnellen Ausbreitung des Christentums als solches unbestreitbar ist, hatte Celsus versucht, es mit geschichtlichen und psychologischen Gründen zu erklären, während Origenes seinerseits zeigen muß, daß diese Gründe unzutreffend oder zumindest unzureichend sind. Celsus nennt als Gründe für die Entstehung und den Zusammenhalt der Kirche[318]:

1. Aufruhr (στάσις)
2. der mit dem Aufruhr verbundene Nutzen und Gewinn
3. Furcht vor äußeren Feinden.

Origenes widerlegt den ersten Punkt, indem er darauf hinweist, daß das Wort Gottes vor und nach der Menschwerdung unter den Menschen wirkt[319]. Offenbar soll mit diesem Satz, der auf den ersten Blick in seiner argumentativen Funktion nicht ganz klar ist, gesagt sein, daß man bei einer Lehre, die ihren Ursprung dem von Ewigkeit her wirkenden Wort Gottes verdankt, nicht von Aufruhr im Sinne von illegitimer Neuerung sprechen kann. Das Christentum greift das Bestehende nicht als etwas Neues an, sondern kann für sich in Anspruch nehmen, daß es eine Wahrheit zu verkünden hat, die ewig ist. Daß dieses Verhalten nach außen dem ähnelt, was Celsus als "Aufruhr" bezeichnet, gibt Origenes an einer späteren Stelle selbst zu: die Christen haben, als sie der Verkündigung der Apostel Glauben schenkten, tatsächlich die Sitten und Gebräuche ihrer Väter verlassen. Diesem Verhalten muß irgendein einschneidendes Erlebnis zugrundeliegen, anders ist es nicht zu erklären[320].

Gegen mögliche eigennützige Interessen, die sich mit der Verkündigung des Glaubens verbinden könnten, spricht das hohe ethische Niveau der christlichen Gemeinden. Eine nur auf Gewinn ausgerichtete Bewegung würde nicht so viele Menschen moralisch gebessert haben[321]. Außerdem kann man kaum von Gewinnsucht sprechen bei Menschen wie den christlichen Verkündern, die predigend umherziehen, dabei nur die nötigste Nahrung annehmen und statt Ehre zu empfangen ständig ihr Leben riskieren für die von ihnen verkündete Botschaft[322].

---

[318] Vgl. zum Folgenden 3,14,1-5.
[319] Vgl. 3,14,12f.
[320] Vgl. 8,47,24-28.
[321] Vgl. 3,14,20-22 und das folgende Kapitel 4.7.2 Das moralische Argument.
[322] Vgl. 3,9,6-23.

Was die Angst vor äußeren Feinden als Grundlage des Zusammenhaltes der christlichen Gemeinden angeht, so weist Origenes darauf hin, daß diese Gemeinden auch dort Bestand haben, wo keine Verfolgung stattfindet[323].

Origenes widerlegt aber nicht nur die seiner Meinung nach unzureichenden celsischen Erklärungsversuche, sondern bietet seinerseits Argumente, die zeigen sollen, daß das Christentum aus sich selbst heraus nicht zureichend zu erklären ist, so daß man davon ausgehen muß, daß sich in seiner Entstehung und Verbreitung eine Kraft zeigt, die ihren Ursprung nicht in innerweltlichen Zusammenhängen hat, sondern göttlich ist[324]. Hinzuweisen ist in diesem Zusammenhang besonders auf die schlechte Ausgangsbasis, die das Christentum für seine Verbreitung hatte: es besaß fast nur ungebildete Anhänger und es wurde verfolgt. Neben dem schon oft erwähnten Faktum der fehlenden Bildung Jesu und der Apostel führt Origenes an, daß es im Christentum zunächst nur wenige Lehrer gab, daß also die Grundvoraussetzung für eine wirkungsvolle Mission, nämlich fähige Verkünder, in keiner Weise gegeben war[325]. Außerdem wurden die Anhänger Jesu verfolgt und getötet und erlitten damit ein Schicksal, für das es in der antiken Welt sonst kein Beispiel gibt, da zwar auch einzelne Philosophen (hier ist vor allem Sokrates zu nennen) getötet wurden, aber niemals eine systematische Verfolgung ihrer Lehren stattfand[326]. Dagegen wurde versucht, das Christentum als Lehre zu zerstören, was aber aus der Perspektive des Origenes als nicht gelungen angesehen werden muß. Trotz zahlreicher Hindernisse hat sich das Christentum zu seiner Zeit schon sehr ausgebreitet[327].

Wichtig ist in diesem Zusammenhang, daß Origenes die Christenverfolgungen nicht als Gegenargument zuläßt, sie beweisen keinesfalls, daß Gott der Kirche seine Zuwendung entzogen hat. Celsus hatte versucht, in diese Richtung zu argumentie-

---

[323] Vgl. 3,15,1-3.

[324] Vgl. 1,3,15f; 3,14,7f; 3,68,4-24. Deutlich wird das auch hom. in Luc. 7,7 (Fontes Christiani 4/1,112f Sieben): "Ihr Katechumenen, wer sammelte euch hier in der Kirche, wer spornte euch an, eure Häuser zu verlassen und zu dieser Versammlung hier zu kommen? Denn nicht wir sind es, die in eure Häuser kommen, sondern der allmächtige Vater gibt in seiner unsichtbaren Kraft diesen Eifer denen ins Herz ein, die er für würdig hält. Gleichsam gegen euren Willen und euch sträubend gelangt ihr zum Glauben."

[325] Vgl. 1,43,40-45.

[326] Vgl. 1,3,5-16; vgl. auch 1,27,3-12.

[327] Vgl. 5,50,23-28; 7,26,29-35. Zur Ausbreitung des Christentums im 3. Jh. vgl. Dassmann, Kirchengeschichte 1,260-262; Harnack, Mission 2,618-958. Harnack, Mission 2,949 heißt es von Alexandria nebst Ägypten und der Thebais, daß das Christentum dort "einen sehr erheblichen Bruchteil der Bevölkerung gebildet hat".

ren: die Tatsache, daß man die Christen ungestraft töten kann, beweist ebenso wie das Schicksal der Juden, daß der biblische Gott entweder machtlos ist oder seinen Anhängern seine Hilfe entzogen hat[328]. In seiner Antwort versucht Origenes zu differenzieren, indem er zwei Möglichkeiten unterscheidet, die beide das Argument des Erfolges auf je eigene Weise stützen. Die erste Möglichkeit, die seiner Meinung nach auf die Juden zutrifft, ist, daß Menschen tatsächlich die Kraft und Unterstützung Gottes verlieren, weil sie aufgehört haben, ihm wirklich zu dienen, mag auch der äußere Anschein der Frömmigkeit erhalten bleiben[329]. Insofern ist die Vertreibung der Juden und die Zerstörung des Tempels von Jerusalem kein Gegenargument, sondern eine Bestätigung des Arguments des Erfolges, wenn auch in negativer Weise. Die Juden beweisen, daß Menschen, die Gott nicht gehorchen, auch ihr äußeres Wohlergehen verlieren[330]. Die zweite Möglichkeit, die Origenes bei den Christenverfolgungen gegeben sieht, ist, daß Gott Verfolgung nicht zuläßt um zu strafen, sondern weil er die Kraft, die er der Kirche verleiht, auf andere Art und Weise zeigen will: im Mut, der es Menschen möglich macht, im Martyrium den Glauben zu bewahren[331]. Origenes betont jedoch, und darin liegt für ihn wohl auch der entscheidende Unterschied zum Judentum, das als solches zu seiner Zeit völlig zerstört und aller religiösen und kultischen Möglichkeiten beraubt schien, daß die Zahl der Märtyrer im Grunde klein ist, da Gott die Vernichtung der Christen in ihrer Gesamtheit oder auch nur Mehrzahl nicht zulässt. Gott führt und leitet seine Gläubigen, indem er sie einerseits vor allem Bösen bewahrt, andererseits aber auch an einigen von ihnen seine Herrlichkeit dadurch zeigt, daß er ihnen die Kraft gibt, das Martyrium auf sich zu nehmen[332].

Allerdings weiß auch Origenes, daß nur rein zahlenmäßiges Wachstum sich messen läßt, die Kraft, die Gott Menschen verleiht und die das Entscheidende ist, dagegen nicht. Das zahlenmäßige Wachstum, so sehr es auch nach außen hin als Erfolg dargestellt werden kann, ist in mancher Hinsicht auch problematisch, dann nämlich, wenn das celsische Argument, daß die Christen Christen seien, weil sie sich Vorteile davon versprächen, teilweise gilt, d.h. wenn es zu viele Christen gibt, die nicht aus wirklicher Überzeugung Christen sind und nicht entsprechend leben.

---

[328] Vgl. 8,39,4-9; 8,69,3-12; vgl. dazu Peterson, Monotheismus 80f.
[329] Vgl. 8,69,29-35.
[330] Zur Problematik dieser Argumentation vgl. oben 85.
[331] Vgl. 8,70,10-26.
[332] Vgl. 3,8,19-38.

In diesem Fall wird die große Zahl der Kirchenmitglieder eher ein Anlaß zur Sorge. Daher ist das Argument aus dem Erfolg nur dann richtig gesehen, wenn mit Erfolg nicht nur die Zahl der Gläubigen, sondern auch ihr ihrem Glauben entsprechendes Leben erfaßt wird. Denn eigentlich zur Kirche gehört nur der, der an ihrer Heiligkeit Anteil hat.

4.7.2 Das moralische Argument

Im Hintergrund jeder Form des moralischen Arguments steht die Überzeugung, daß eine Lehre nach ihren Auswirkungen auf die Lebensführung zu beurteilen ist. Das bedeutet, daß man von dem Lebenswandel der Anhänger einer Lehre auf diese Lehre zurückschließen kann:[333]

Wenn die Anhänger gut (im Sinne von moralisch gut) leben,
dann ist die Lehre wahr.

Für uns heute wirkt die Sicherheit erstaunlich, mit der Origenes meint, die sittliche Überlegenheit des Christentums nachweisen zu können. Dieses Erstaunen hat vielleicht seinen Grund darin, daß ein allgemein verbindlicher Maßstab für den moralischen Standard eines Menschen, einer Schrift oder einer Verhaltensweise verlorengegangen ist, so daß es heute schwerer fällt, die moralische Überlegenheit einer Gruppe von Menschen angemessen zu begründen.

Das bedeutet allerdings nicht, daß das moralische Argument in modernen Argumentationen, auch im Zusammenhang mit dem Christentum, heute keine Rolle mehr spielte. Allerdings wird es weniger von den Christen verwandt, dergestalt daß diese auf ihre moralische Überlegenheit hinweisen, sondern eher von Gegnern, die die Wahrheit des Christentums mit seiner Hilfe bestreiten wollen. Die negative Form des Arguments lautet, das Christentum habe nichts verändert und die Gläubigen seien in keiner Hinsicht bessere Menschen als andere. Auch die Art und Weise, wie in der Öffentlichkeit moralische Verfehlungen von kirchlichen Amtsträgern fast befriedigt zur Kenntnis genommen werden, zeigt, da moralische Verfehlungen die Unwahrheit des Christentums begründen sollen, daß die Überzeugungskraft dieses Argumentes ungebrochen ist.

---

[333] Es geht in diesem Abschnitt also um die Lebensführung der Christen, soweit diese als Argument für den Glauben verwandt werden kann, nicht um das Leben Jesu, das im Abschnitt 4.5.3.1 Objektive Evidenz behandelt wurde.

Für Origenes besteht Wahrheitserkenntnis darin, den in allen Dingen verborgenen Logos zu erfassen. Dieser Logos ist nicht nur Seinsprinzip alles Wirklichen, sondern auch Richtschnur für praktische Vernunft. Aus diesem Grund ist das moralische Verhalten eines Menschen Zeichen für seine Logoserfülltheit und damit für seine Beziehung zu Gott. Darum hat der Hinweis auf die ethische Wirkung des Glaubens eine nicht zu unterschätzende Bedeutung[334].

Im Vergleich mit der Philosophie ist die Überlegenheit des Christentums mit Händen zu greifen[335]. Auch dort werden diesselben oder ähnliche Dinge wie im Christentum theoretisch gefordert, aber sie erlangen fast keine praktische Wirksamkeit. Es wird hier deutlich, daß Erkenntnis ein Vorgang ist, der den ganzen Menschen betrifft; sie besteht nicht nur in dem Wissen, daß etwas sich so und so verhält, daß es wahr oder falsch ist, sondern auch in dem Wissen, was diese Wahrheit für mich bedeutet und in der praktischen Verwirklichung dieser Relation[336]. Einer Erkenntnis des höchsten Gottes, wie sie Origenes bei den Philosophen durchaus voraussetzt, die sich nicht in der ausschließlichen Verehrung dieses Gottes und in einem Leben nach seinen Geboten äußert, fehlen nach Origenes nicht nur die Konsequenzen, auch die Erkenntnis selbst ist nicht vollständig vorhanden. Eine Erkenntnis der Wahrheit, der nicht ein Akt der Bejahung folgt, oder eine Erkenntnis des Guten, der nicht der Entschluß folgt, es zu verwirklichen, ist für Origenes keine wirkliche Erkenntnis. Wahrheit zeigt sich darin, daß sie die

---

[334] Vgl. 1,9,26-48. Vgl. Fernandez, Origen's Presentation 279f: "The change for the better that a person makes in the life of his followers adds credibility to the leader's divine claim. And this change has to be a continuing process spread far and wide and neither a thing of the past nor restricted to one corner of the earth. This is the litmus test of God-man that Origen comes up with ... Only Jesus stands that test and proves himself to be the genuine God-man." Ähnlich auch Trigg, Origen 227: "What compels conviction is Christianity's effect on the character of believers." Vgl. auch Gorday, Moses and Jesus 323-327.

[335] Vgl. 3,81. Mit Philosophie ist vor allem die Lehre Platons gemeint, die für Origenes den Gipfel dessen darstellt, was der Mensch aus eigener Kraft erkennen kann. Nach Patrick liegt in der moralischen Überlegenheit des Christentums für Origenes das entscheidendste apologetische Argument, vgl. Patrick, Apology 193-197.321f. Vgl. auch Lies, Vom Christentum 151-155; Rayroux, L'Apologétique 33-35.

[336] Dasselbe Phänomen beschreibt von Balthasar, Theologik 1,19 sehr deutlich: "So hat Newman zum Beispiel mit vollem Recht erkannt, daß das theologische Problem von Glauben und Wissen nie mehr in angemessener Weise gelöst werden kann, wenn nicht im philosophischen Ursprung der Fragestellung die Einheit von theoretischer und ethischer Haltung, von Evidenz und Entscheidung erfaßt und beschrieben worden ist ... Wenn die Wahrheit entscheidungslos ist, dann ist die persönliche, weltanschauliche Entscheidung wahrheitslos." Vgl. auch Koch, Pronoia 55-57; Kobusch, Wahre Philosophie 443.

gesamte Lebensführung derer, die mit ihr in Berührung kommen, verändert[337].
Das Leben der Jünger Jesu ist ein Beweis für die Göttlichkeit Christi, denn es
beweist, daß er lebt und wirkt, indem er die, die an ihn glauben, umwandelt und
ihnen alle Tugenden schenkt[338].

Damit wird der Bereich des ethischen Verhaltens in zweierlei Hinsicht für die
vorliegende Fragestellung relevant; er beweist einerseits die Echtheit der
Bekehrung und des Glaubens eines Menschen oder einer Menschengruppe, da man
an der Radikalität der Verhaltensänderung den Grad des subjektiven Überzeugtseins
ablesen kann, und er beweist darüber hinaus das direkte Wirken Gottes, das sich
zeigt, wenn Menschen zu Taten befähigt werden, die das normal menschliche Maß
überschreiten[339].

Allerdings müssen richtige ethische Einsichten nicht automatisch zu richtigem
Tun führen. Origenes bejaht zwar den Primat der Erkenntnis[340], aber er weiß,
daß richtige Einzelerkenntnisse nicht genügen; wenn keine Erkenntnis der Wahrheit
als ganzer vorliegt, führen sie zu nichts. Konkret heißt das: Die Philosophen
wissen zwar viel Wahres über Ethik, aber ihr Heidentum gibt ihnen nicht die
Kraft, ihr Wissen wirksam werden zu lassen[341]. Im Christentum dagegen wird
keine neue Moral verkündet, sondern die Möglichkeit, aus göttlicher Kraft das
Gebotene zu tun.

Im Vergleich der Weltanschauungen bringt Origenes immer wieder den
ethischen Maßstab ins Spiel, so z.B. wenn er biblische und heidnische Schriften
vergleicht und die sittliche Überlegenheit der biblischen feststellt. Die gemeinte

---

[337] Vgl. 8,48,16-18.

[338] Vgl. praef. 2,17-20; 1,47,24-27; 1,67,21-28; comm. in Matth. 12,11f (GCS 40 (10[1]),89f
Klostermann). Vgl. zur letztgenannten Stelle auch Vogt, Evangelium nach Mattäus 1,172
mit Anm.44.45.

[339] Vgl. Harl, Fonction révélatrice 318: "La "vie" des chrétiens est une démonstration de
la vérité de leur doctrine: de même que Jésus démontra la divinité de son origine par ses
actes, de même tout chrétien démontre la vérité de la doctrine chrétienne par la conversion
de ses moeurs, l'ordonnance de sa vie, le courage de sa fidélité, une fidélité qui sait aller
jusqu'à la mort."

[340] Vgl. 3,49,16; comm. in Matth. ser. 33 (GCS 38(11[2]) 61 Klostermann), wo Origenes
sagt, daß es schlimmer ist, in der Lehre zu sündigen als in moralischer Hinsicht. Er fügt
aber sofort hinzu, daß beides zusammenhängt, d.h. daß es unmöglich ist, ethisch richtig zu
handeln, wenn man nicht wahr denkt und umgekehrt. Von daher ist es auch folgerichtig,
daß er in 2,79,11-14 davon ausgeht, daß gebildete Menschen leichter sittlich zu bessern
sind.

[341] Vgl. Harl, Fonction révélatrice 317.

Überlegenheit zeigt sich dabei vor allem in der Wirkung, die diese Schriften haben: sie führen zu Bekehrung ($\dot{\epsilon}\pi\iota\sigma\tau\rho\circ\varphi\acute{\eta}$) und Umgestaltung ($\mu\epsilon\tau\alpha\beta\circ\lambda\acute{\eta}$)[342]. Im Gegensatz dazu läßt sich zeigen, daß die heidnischen Schriften ethisch fragwürdig sind und nichts Gutes bewirken. Indem Origenes auf die Unmoral der griechischen Mythologie hinweist, greift er ein Thema auf, das sich schon bei Platon findet und auch von den Apologeten vor ihm aufgegriffen wurde[343].

Die Moral oder das sichtbare Ergebnis einer Lehre im Leben ihrer Anhänger ist ein Maßstab, der sich relativ leicht anlegen läßt und den anzulegen man auch andere auffordern kann[344]. Bringt eine Lehre, bringen Zeichen und Wunder ein gutes Ergebnis hervor, dergestalt, daß sie Menschen motivieren, das Gute zu tun, oder bewirken sie das Böse und führen zu ihm hin?[345] An zahlreichen Stellen führt Origenes das Verhalten der Apostel und der christlichen Gemeinden als Beweis für ihre Überzeugung und damit insofern als Beweis für das Christentum an, als gezeigt werden kann, daß seine Anhänger keine Menschen sind, die sich eine Lehre ausgedacht haben, um andere zu täuschen, sondern daß diese Lehre ihr eigenes Leben völlig prägt. Am deutlichsten wird das am Phänomen der Martyriumsbereitschaft, so daß Origenes offenbar auf etwas allgemein Bekanntes verweist, wenn er sagt, daß die Christen "bis zum Tod für das Christentum einstehen, um es nicht zu verleugnen. Es wird nicht berichtet, daß das jemand für eine andere Lehre ebenfalls getan hat"[346].

Aber auch von diesem äußersten Fall abgesehen kann Origenes auf das ethische Verhalten der Christen voll Stolz hinweisen, und zwar sowohl in Bezug auf deren Verhalten vor ihrer Bekehrung als auch im Vergleich zu anderen Menschen. "Wenn man das frühere Leben vieler, die sich seiner Lehre ($\lambda\acute{o}\gamma\circ\varsigma$) zuwandten, mit ihrem späteren Leben vergleicht, kann man wahrnehmen, wie groß die

---

[342] Vgl. 1,18,1-7; 3,14,21f; 3,68 bes. 3,68,19-24.

[343] Vgl. 4,48, wo Beispiele genannt werden, die die Unmoral der heidnischen Mythologie zeigen sollen und dazu Fédou, Christianisme 82-88 bes. 86 mit zahlreichen weiteren Belegen.

[344] Vgl. 1,64,31-36.

[345] Vgl. 2,51; 3,27,23-29; 3,42,19-31. Fédou, Christianisme 82 faßt richtig mit Bezug auf 3,42 zusammen: "Origène semble dire à Celse: dis-moi ce qu'ont fait les dieux de la croyance grecque, je te dirai s'ils peuvent être des dieux!" Man könnte modern hier von einer "Funktionalisierung" der Religion sprechen. Interessant ist aber, daß auch in moderner Auseinandersetzung mit Religion "der Zusammenhang von Moral und Frömmigkeit" durchaus als real existierend beschrieben wird, vgl. z.B. Lübbe, Religion nach der Aufklärung 99f.

[346] 1,26,27-29; vgl. auch 2,56,32-38; 7,40,30-33. Vgl. Fédou, Christianisme 91.

Ausschweifung, die Ungerechtigkeit und Habgier eines jeden war ... und in wie hohem Grade sie, als sie die Lehre annahmen, sittlicher, ernster und beständiger geworden sind, so daß einige aus Verlangen nach ganz besonderer Reinheit und um Gott noch reiner zu dienen, nicht einmal die von dem Gesetz erlaubten Freuden der Liebe kosten wollen"[347]. Die bei den Christen geübte sexuelle Enthaltsamkeit ist äußeres Zeichen für einen radikal geänderten Lebenswandel. Offenbar handelt es sich hier um etwas für die damalige Umwelt völlig Neues, besonders insofern, als die Enthaltsamkeit der Christen nicht zeitlich begrenzt ist und weder äußerer Hilfsmittel noch irgendwelcher Belohnungen bedarf[348].

Für diese Verhaltensänderung gibt es keine Erklärung, zumal da nach Origenes bei vielen der Bekehrten die natürlichen Voraussetzungen für Umkehr und Besserung fehlen, nämlich Bildung und Einsicht verbunden mit der Fähigkeit, die eigenen Leidenschaften zu zügeln. Im Gegenteil handelt es sich oft um Menschen, die, weil ihnen die Einsicht fehlt, ihren Trieben völlig ausgeliefert sind und die trotzdem wunderbarerweise zu einem sittlichen Leben hinfinden[349]. Trigg hat recht, wenn er sagt, daß für Origenes gerade die sittliche Besserung des gewöhnlichen Volkes durch das Christentum ein starkes Argument für den Glauben ist, weil hier deutlich etwas geschieht, das menschlich nicht zu erwarten gewesen wäre[350]. Wenn Celsus Christus bzw. den Christen vorwirft, sie würden dieselben Menschen berufen, die auch ein Räuberhauptmann berufen würde, nämlich Diebe, Einbrecher, Giftmischer und Tempelräuber[351], so kann Origenes antworten, daß sich das Christentum in der Tat an alle Menschen wendet, auch die schlimmsten Sünder, aber nicht um sie in ihrem Tun zu bestätigen, sondern um sie zu heilen[352].

Auch im Vergleich mit Nichtchristen ist die Lebensführung der Christen, selbst die der lauen und nachlässigen unter ihnen, ein Vorbild, und Origenes sagt mit einem gewissen Stolz, daß sie im Durchschnitt besser ist als die der anderen Bür-

---

[347] 1,26,42-53; vgl. auch 2,50,37-39.
[348] Vgl. 7,48.
[349] Vgl. 2,79,11-14.
[350] Vgl. Trigg, Origen 227f. Trigg schließt 228 seine Ausführungen mit den Worten: "Thus Origen, the archetypal intellectual, argued that Christianity must be true, not because it is logically compelling, but because it works."
[351] Vgl. 3,59,10-16.
[352] Vgl. 3,61,18-25.

ger[353]. In ähnlicher Art und Weise stehen die Gemeinden im Vergleich mit den bürgerlichen Gemeinden, in denen sie wohnen, sittlich höher; dasselbe gilt für die Leitung der Gemeinden, die sogar dort, wo die Gemeindeleiter nachlässig sind, doch besser ist als die der Stadtgemeinden[354]. Origenes führt diesen Unterschied auf zwei Faktoren zurück: auf die in den Christen wirkende Kraft des Logos, die es ihnen ermöglicht, sich wirklich zu ändern[355], und auf die strengen Auswahlprinzipien der christlichen Gemeinde, die nur solche Menschen aufnimmt, in denen diese Kraft sich in einem entsprechenden Leben zeigt, und die diejenigen wieder ausstößt, die schwer sündigen[356]. Origenes kann von den menschlichen Lastern sagen: "Man findet so etwas bei den Christen entweder überhaupt nicht, wenn man genau untersucht, wer ein Christ ist, oder wenn man es doch fände, so doch gewiß nicht bei denen, die in der Gemeinde führend sind und zu den gemeinsamen Gebeten kommen und von ihnen nicht ausgeschlossen sind; es könnte sich höchstens hin und wieder jemand, der solches tut, in der großen Menge verborgen finden"[357].

4.8 Das Gewicht der einzelnen Argumente

Origenes verteidigt in *Cels.* die Rationalität des christlichen Glaubens, und er nennt eine Fülle von Einzelargumenten, die geeignet sind, diesen Glauben zu begründen. Gerade diese Fülle der Argumente läßt die Frage aufkommen, wie Origenes das Gewicht der von ihm genannten Argumente bewertet.

Die Beantwortung dieser Frage wird erschwert durch den spezifischen Charakter von *Cels.* Da Origenes sich mit seiner Antwort an die ihm vorliegende Argumentation des Celsus anpassen muß, ist nicht davon auszugehen, daß man aus der

---

[353] Vgl. 3,29,23-28. Offenbar handelt es sich hierbei allerdings um eine Argumentation, die sich so nur im Kontext eines apologetischen Werkes wie Cels. finden kann; im comm. in Matth. 16,22 (GCS 40(10²),551 Klostermann) heißt es dagegen: "... man kann an vielen Orten finden, daß die Verhältnisse der sogenannten Kirche in kurzer Zeit auf einen so üblen Zustand hinausgelaufen sind, daß die im Namen Christi versammelte Gemeinde sich nicht mehr von einer Räuberhöhle unterscheidet". Übersetzung nach Vogt, Evangelium nach Mattäus 2,202f. Vgl. Crouzel, Conviction 93; Dassmann, Sündenvergebung 119-226.

[354] Vgl. 3,30.

[355] Vgl. 3,68,19-24 und den Zusammenhang 3,68-69.

[356] Vgl. 3,51. Zur Taufe und ihren Zulassungsbestimmungen und zur Bußpraxis in der alten Kirche vgl. Dassmann, Sündenvergebung 76-152.

[357] 4,27,5-9.

Aufeinanderfolge seiner Argumente etwas entnehmen kann, da diese allein durch den *Alethes Logos* vorgegeben ist. Er sagt selbst: "Die Wiederholungen [des Celsus] zwingen auch uns dazu, dasselbe zu tun, da wir vermeiden wollen, daß man meint, wir übergingen einen der von ihm gemachten Vorwürfe"[358]. Nicht durch Celsus bestimmt ist dagegen die Ausführlichkeit, mit der Origenes antwortet, und die Schwerpunkte, die er dabei setzt. Auf diese und auf die verstreuten Hinweise, die er zum Gewicht seiner Argumente gibt, wird im Folgenden zu achten sein.

Sehr ausführlich behandelt Origenes den richtigen Gottesbegriff und kommt auch mehrere Male auf das damit zusammenhängende Thema der Einheit der Welt zu sprechen. In beiden Fällen handelt es sich offensichtlich darum, einen Rahmen für das weitere argumentative Vorgehen zu konstituieren. Denn Origenes ist sich bewußt, daß er, um das Christentum verständlich machen zu können, ein Mindestmaß an philosophischen Voraussetzungen braucht. Zu diesen Mindestvoraussetzungen zählt eine Übereinstimmung im Verständnis des Begriffes "Gott" und in der Sicht des Verhältnisses Gott - Welt. Wo diese Übereinstimmung fehlt, können die christlichen Glaubenssätze nicht verständlich gemacht werden. Die Gottesvorstellung und ebenso die Einheit der Welt werden von Origenes vorausgesetzt und sind nicht eigentlich Inhalt der Begründung.

Dagegen nennt er bereits ganz am Anfang seines Werkes einen wichtigen Beweis für das Christentum: "Es ist hierzu noch zu sagen, daß das Wort (δ λόγος) seinen eigenen Beweis hat, der göttlicher ist als der von der griechischen Dialektik geführte. Diesen göttlicheren Beweis nennt der Apostel 'den Beweis von Geist und Kraft' (vgl. 1Kor 2,4): 'von Geist' wegen der Prophezeiungen, die geeignet sind, den Glauben zu bewirken, besonders da, wo sie von Christus handeln; 'von Kraft' (δύναμις) wegen der außerordentlichen Wunder (δυνάμεις), deren Tatsächlichkeit sich neben vielem anderen dadurch beweisen läßt, daß sich Spuren davon noch bei denen finden, die nach dem Willen des Wortes leben"[359].

In dem zitierten Abschnitt werden Wunder und Prophezeiungen als Phänomene genannt, in denen das Wirken des Logos greifbar wird. Allerdings muß gesehen

---

[358] 2,46,10-12. Daß Origenes auch auswählt, manches sehr breit und mit Exkursen beantwortet, anderes übergeht, wird von Pichler, Streit 220-237 gezeigt. Das ändert aber nichts an der grundsätzlichen Gebundenheit der Argumentation. Vgl. auch Trigg, Origen 222.

[359] 1,2,13-22.

werden, daß sie offensichtlich nur Beispiele für das Wirken göttlicher Kraft sind, nicht aber der einzige oder bevorzugte Ort, wo diese sich manifestiert. Das wird deutlich, wenn man die anderen Stellen heranzieht, an denen 1Kor 2,4f in *Cels.* zitiert wird. Dort zeigt sich die wirkende Kraft des Logos in der überzeugenden Predigt der Verkündiger und im Erfolg, den diese Predigt bei den Zuhörern hat[360].

Origenes sagt deutlich, daß er für die Wertung von Gründen keinen absoluten Maßstab hat, sondern es für erforderlich hält, die jeweiligen Adressaten eines Arguments zu berücksichtigen. Er ist sich bewußt, daß Gründe immer Gründe *für jemanden* sind, d.h. in einem ganz konkreten Fragehorizont stehen und auch nur in ihm überzeugen können. Interessant ist in diesem Zusammenhang eine Äußerung im Kommentar zum Johannesevangelium. Origenes führt dort den Pluralismus der möglichen Glaubensbegründungen ausdrücklich auf die Unterschiedlichkeit der Menschen zurück, die es bedingt, daß Argumente auf Menschen verschieden wirken. Es kann "viele Gründe (αἰτίαι) geben ... , die uns zum Glauben aufrufen. Da für die einen ein bestimmtes Argument wirkungslos, ein anderes dagegen schlagend ist, so bietet Gott den Menschen mehrere Beweggründe, damit sie zur Annahme gelangen, daß der über alle Geschöpfe erhabene Gott Mensch wurde"[361].

Daher wertet Origenes in *Cels.* seine Argumente, indem er ihre Überzeugungskraft für einzelne Adressaten bedenkt. Ein Wunder ist für den wahrscheinlich, ja evident, der es unmittelbar miterlebt, da es die göttliche Kraft in einer Weise offenbar macht, die keinen Zweifel zuläßt. Es richtet sich mehr an das Gefühl des Menschen als an seine Vernunft und ist vor allem für die Menschen ein Argument, die nicht oder noch nicht in der Lage sind, einen geistigen Sachverhalt zu verstehen[362]. Mit zunehmendem geschichtlichen Abstand von dem Wunder, und wenn ein Mensch versucht, seine Überzeugungen auch rational zu durchdringen, erlischt die unmittelbare Überzeugungskraft von Wundern. Der Eindruck, den ein Wunder gemacht hat, verblaßt, und dieses Verblassen führt dazu, daß im Laufe der Zeit jedes Wunder, da es ein vergangenes Ereignis ist, für einen Mythos

---

[360] Vgl. 1,62,38-63; 3,68,17-24; 6,2,21-31. Diese sprachimmanente Deutung trifft nach Biser, Zeuge 157f das von Paulus Gemeinte wohl am ehesten; er will mit 1Kor 2,3ff nicht auf von ihm gewirkte Wunder hinweisen, sondern auf die Macht seines Wortes.
[361] Comm. in Ioh. 2,34 (SC 120,346 Blanc). Übersetzung nach Gögler, Evangelium nach Johannes 164. Vgl. dazu Brummel 59-61.
[362] Vgl. 2,39,9f.

gehalten werden kann. Aus diesem Grund ist es für den Glauben an die Wunder Jesu wichtig, daß man zeigen kann, daß sich dieselben Wunder immer noch in der Kirche finden[363].

Für alle Wunder gilt, daß sie nur dann anzunehmen sind, wenn sie sich in den Gesamtzusammenhang des Wirkens Gottes einordnen lassen, d.h. wenn sie einen Sinn haben und sich auf etwas moralisch Gutes richten. Das Wunder ist also mit dem Maßstab der Rationalität und der Moral zu messen und kann nur in diesem Kontext akzeptiert werden. Dies ist wichtig, weil das Christentum damit zugleich ein Kriterium hat, pagane Wunder abzulehnen: sie sind entweder sinnlos oder, wenn sie in sich sinnvoll sind (wie z.B. Heilungen), dann in vielen Fällen moralisch zweifelhaft, weil entweder der Heilende oder der Geheilte ethisch fragwürdige Motive haben.

Weiter nennt Origenes als offenbar allgemein bekanntes Faktum, daß der Beweis aus der Prophetie bei den Christen als starkes Argument gilt[364]. Auch an der schon zitierten Stelle aus dem Kommentar zum Johannesevangelium finden wir im Rahmen eines Vergleiches zwischen dem Argument aus dem Wunder und dem aus der Prophetie ein Plädoyer für die größere Überzeugungskraft der Prophetie. Die Prophetie ist anders als das Wunder zwar nicht unmittelbar evident, da sie ein tieferes Eindringen in die biblische Überlieferung erfordert, sie hat aber den Vorteil, daß sie eine Überzeugung verschafft, die nicht erlebnismäßig, sondern intellektuell begründet und geeignet ist, ein festeres Fundament für den christlichen Glauben zu bilden[365]. Die Erfüllung einer Prophetie kann anders als ein Wunder jedermann nachprüfen, vorausgesetzt, er ist bereit, sich mit der Schrift zu befassen (um die Erfüllung der alttestamentlichen Prophetien nachzuprüfen), und die eigene Gegenwart wirklich wahrzunehmen (um die Erfüllung der Prophetien Jesu zu erkennen). Celsus muß der Vorwurf gemacht werden, bei der Darstellung Jesu Christi absichtlich die wichtige Tatsache zu übergehen, daß er von den Propheten vorherverkündigt worden ist[366]. Das Argument aus der Prophetie kann in einem fortschreitenden Erkenntnisprozeß vertieft und ausgeweitet werden. Origenes ist der Meinung, daß es für die Christen, die sich der Rationalität ihres eigenen Glaubens vergewissern wollen, am beweiskräftigsten ist. Allerdings ist auch bei Prophetien neben ihrem Eintreffen die intellektuelle und moralische Integrität ihrer Verkünder

---

[363] Vgl. 1,46,7-16; comm. in Ioh. 2,34 (SC 120,346 Blanc).
[364] Vgl. 2,28,11f; 6,76,12-14.
[365] Vgl. comm. in Ioh. 2,34 (SC 120,346 Blanc).
[366] Vgl. 1,49,1-6.

zu prüfen, es werden also dieselben zusätzlichen Kriterien genannt wie beim Wunder.

Das chronologische Argument kommt bei Origenes zwar vor, hat aber im Vergleich zu den Apologeten oder auch zu profaner Literatur nur wenig Gewicht. Es ist Origenes selbstverständlich, kann aber als Einzelargument den Glauben nicht hervorrufen. Darüber hinaus erfordert es Kenntnisse, die nur bei wenigen Menschen vorauszusetzen sind.

Von großer Überzeugungskraft auch Außenstehenden gegenüber ist es, auf das gegenwärtige Wunder der in der Kirche wirkenden Kraft Gottes hinzuweisen. Diese Kraft zeigt sich darin, daß es auch nach Jesu Weggang noch "Spuren von Wundern" gibt, d.h. auch in der Kirche wirkt der Geist durch Krankenheilungen, Exorzismen und Prophezeiungen[367]. Vor allem ist aber die ständig wachsende Zahl der Gläubigen und der hohe moralische Standard der christlichen Gemeinden ein Argument, das unmittelbar sichtbar ist und von jederman nachgeprüft werden kann[368]. Die große Zahl der Christen ist nicht zu erklären, wenn man nur die sicher auch vorhandenen menschlichen Faktoren für diese überraschende Überzeugungskraft betrachtet. Das heißt, daß das entscheidend Neue des Christentums nicht so sehr in der Lehre sichtbar wird, als vielmehr in den Konsequenzen dieser Lehre, die im Leben ihrer Anhänger sichtbar werden. Während es dem philosophischen Denken niemals gelingt, die Kluft zwischen Theorie und Praxis wirklich zu überwinden, ist das Christentum durch Einheit gekennzeichnet, es verkündet "Wahrheit des Lebens"[369], die der nur intellektuellen Wahrheit der Philosophen überlegen ist.

Wir haben damit drei Argumente (Wunder, Prophezeiungen, Erfolg), denen Origenes Überzeugungskraft in drei verschiedenen Kontexten zuspricht. Er ist damit der erste, der diese Gründe so klar nannte und auf ihre Wahrscheinlichkeit hin analysierte[370].

Die Tatsache, daß Origenes aber auch die Grenzen der apologetischen Argumentation erkannte (besondern in bezug auf Wunder und Prophetie) und die in ihr vorgebrachten Beweise relativierte, macht die Frage unumgänglich, welches Argu-

---

[367] Der Verweis auf diese "Spuren" (ἴχνη) findet sich viermal in Cels., vgl. 1,2,20-22; 1,46,13-16; 2,8,35-37; 7,8,18-24.
[368] Vgl. Fernandez, Origen's Presentation 279f; Harl, Fonction révélatrice 326-328.
[369] Kobusch, Wahre Philosophie 444.
[370] Zu beidem vgl. Chadwick, Evidences 337, der Origenes als "prime architect of the three "historical" arguments which remained the chief pillars of popular apologetic from his time until the eighteenth century", bezeichnet.

ment für ihn selbst entscheidend war, bzw. worauf sich sein eigener Glaube stützte. Hinweise dazu lassen sich in seiner Vorrede zu *Cels.* finden, gerade weil er dort die Problematik christlicher Apologetik aufzeigt, die darin besteht, daß etwas begründet wird, was evident ist und daher eigentlich keiner Begründung bedarf.

An mehreren Stellen in der relativ kurzen Vorrede spricht Origenes von der Beweiskraft, die "die Tatsachen" ($\pi\rho\acute{\alpha}\gamma\mu\alpha\tau\alpha$) haben. Gemeint sind, wie aus dem Zusammenhang hervorgeht, das Leben und die Taten Jesu Christi[371]. Sie sind ein "evidenter Beweis"[372], und Jesus hätte bei seiner Verteidigung leicht auf sein Leben und seine machtvollen durch Gott gewirkten Taten hinweisen können[373]. Es gibt eine Verteidigung, die keiner Worte bedarf, sondern in den Tatsachen selbst liegt[374], da diese für alle, die überhaupt in der Lage sind, etwas wahrzunehmen ($o\dot{\iota}$ $o\dot{\upsilon}\kappa$ $\dot{\alpha}\nu\alpha\iota\sigma\vartheta\eta\tau o\iota$), völlig offen zutageliegen[375].

Damit deutet Origenes an, daß die Überzeugungskraft, die von der Gestalt Jesu ausgeht, für ihn das Hauptargument ist, auf das sich alle anderen Argumente beziehen. Dies wird auch dadurch bestätigt, daß Origenes, während er alle anderen Argumente relativiert, die Gestalt Jesu deutlicher als seine Vorgänger in ihrer Einmaligkeit akzentuiert. In Jesus Christus ist das Licht, das die Philosophen, wie ihr Götzendienst beweist, bestenfalls schattenhaft wahrgenommen haben, in Klarheit aufgeleuchtet[376]. Er ist für alle Menschen prinzipiell sichtbar und bedarf keines Beweises, weil es kein hinweisendes Zeichen gibt, das offenbarer ist als er.

Nur von Jesus Christus her gewinnen andere Argumente, die man für die Wahrheit der christlichen Lehre anführen kann, ihre Kraft. Deutlich wird das in der Transformation, die Origenes an dem Argument aus der Weissagung vornimmt. Nicht deshalb ist Jesus Christus glaubwürdig, weil die Propheten des AT über den kommenden Retter geweissagt haben und man zeigen kann, daß in ihm diese Weissagungen erfüllt sind, sondern weil Jesus Christus gelebt hat und, so müßte man hinzufügen, in sich glaubwürdig war, sind die Propheten als wahre Propheten erwiesen[377].

---

[371] Vgl. praef. 1,3-6.
[372] Praef. 1,10.
[373] Vgl. praef. 2,3-5.
[374] Vgl. praef. 3,2.
[375] Vgl. praef. 3,3.
[376] Vgl. 6,5,1-25.
[377] Vgl. 1,45,25-27; Chadwick, Evidences 335. Vgl. auch oben 151 Anm.132.

Jesus Christus ist die Selbstoffenbarung Gottes und kann sich zu Recht als "der Weg und die Wahrheit und das Leben" (Joh 14,6) bezeichnen[378]. Origenes legt bei der Interpretation von Joh 14,6 deutlich den Akzent auf den übermenschlichen Anspruch, der in diesem Wort Jesu liegt und den nur Gott selbst erheben kann. Aus der Selbstbezeichnung Jesu als Weg, Wahrheit und Leben geht klar hervor, daß Jesus für sich in Anspruch nahm, Gott zu sein, und daß ihn nur wirklich wahrnimmt, wer ihn in dieser Göttlichkeit sieht. Der Mensch kann nichts und niemanden finden, der Jesus Christus übertrifft, mit ihm hat er den Höchsten gefunden ($\kappa\rho\epsilon\hat{\iota}\tau\tau o\nu$ $\epsilon\check{\upsilon}\rho o\mu\epsilon\nu$), dem jede Ehre gebührt und in dem allein die Wahrheit zu finden ist. Dies wird von Gott selbst bezeugt, indem er ihm Taten ermöglicht, die menschliches Maß weit übersteigen[379].

Angesichts dieses Befundes wird ein anderer schon erwähnter Gedanke verständlich, der sich in der Vorrede zu *Cels.* gehäuft findet, der Gedanke, daß jede Argumentation Gefahr läuft, die Evidenz der in Jesus Christus erfolgten Offenbarung zu verdunkeln. Schon die bloße Tatsache einer Antwort an Celsus vermittelt den Eindruck, daß das Christentum sich und den von ihm Verkündigten rechtfertigen muß, und verleugnet so in gewisser Weise den Glauben. Die Häufigkeit, mit der Origenes in der Vorrede diese Problematik äußert, ist auffallend:

praef. 1,1-3: Jesus Christus selbst antwortete nicht auf Anklagen, sondern schwieg.

praef. 1,10f: In den Sachen selbst liegt ein Argument, das stärker (überzeugungskräftiger) ist als alle Schriften.

praef. 3,1f: Die Verteidigung(sschrift), die Ambrosius wünscht, verdunkelt die in den Tatsachen liegende Verteidigung.

praef. 3,14: Der Logos (gemeint im Sinne von "Argument") gehört nicht zu den Dingen, die nach Paulus (vgl. Röm 8,35-39) von Christus trennen können.

praef. 4,15-18: Was ist von Christen zu halten, die gegenüber den Anklagen, die Celsus gegen das Christentum richtet, Gründe nötig haben, die in Büchern aufgeschrieben sind?

---

[378] Vgl. oben 166 Anm. 184.

[379] Vgl. 5,51,16-24. Was der Ausdruck $\kappa\rho\epsilon\hat{\iota}\tau\tau o\nu$ $\epsilon\check{\upsilon}\rho o\mu\epsilon\nu$ auf Jesus Christus bezogen bedeutet, ist schwierig zu sagen. Koetschau übersetzt: "nichts Besseres finden konnten"; Chadwick: "we have found something better", beides ist sicher zu schwach; Borret übersetzt: "nous avons trouvé un bien supérieur", was zu unpersönlich ist; Der Ausdruck kann "das Bessere", aber auch "die Gottheit" bedeuten.

praef. 6,25-29: Am besten ist es, wenn ein Christ keine Verteidigung(sschrift) gegen das Werk des Celsus braucht, sondern es mit Hilfe des in ihm wohnenden Geistes direkt als minderwertig erkennt.

Diese "Logosfeindlichkeit" verwundert bei Origenes, der, wie wir sahen, sehr ausgeprägt die Rationalität des christlichen Glaubens vertritt; sie muß aber gesehen werden, will man den ganzen Origenes in den Blick bekommen. Wichtig ist in diesem Zusammenhang die schon zitierte Stelle aus dem sechsten Buch[380]. In seiner Antwort auf die celsische Behauptung: "Gott ist nicht mit dem Wort zu erreichen" gesteht Origenes zu, daß Gott mit keiner Form des menschlichen Wortes zu erreichen ist. Nur das göttliche Wort kann Gott erkennen und offenbaren. Daher ist Jesus Christus als menschgewordenes göttliches Wort das überzeugendste Argument, und jede Argumentation kann letztlich nur versuchen, Hindernisse abzubauen, die einer angemessenen Wahrnehmung seiner Gestalt im Wege stehen.

---

[380] Vgl. 6,65,7-16.

5 ERTRAG

Mit der Schrift "Gegen Celsus" liegt ein Werk vor, dessen Autor im Vorwort deutlich zu verstehen gibt, daß er seine eigene Arbeit für überflüssig hält, sie nur aus Pflichtgefühl unternahm und froh wäre, wenn sie wenig Leser fände. Erst im Laufe der Zeit scheint Origenes die Brisanz der Thematik empfunden und sich der Arbeit mit mehr Engagement gewidmet zu haben. Doch auch dann bleibt bestehen, daß *Cels.* kein Werk ist, in dem ein Autor neue Gedanken zum erstenmal der Öffentlichkeit vorstellt, sondern eher eine Sammlung von vorgefundenem Material, das kritisch gesichtet und neu geordnet wird. Origenes greift Gedanken auf, die sich vor ihm schon in der Philosophie des Mittelplatonismus, bei Philo, den Apologeten oder Klemens finden, aber er versucht, sie genauer zu durchdenken und ihre theologische Relevanz zu bestimmen.

Das Verhältnis von Glaube und Vernunft wird von Origenes neu durchdacht, mit dem Ergebnis, daß der Erkenntnisvorgang deutlicher als bisher als Begegnung von Freiheiten gefaßt wird. Gotteserkenntnis vollzieht sich nur dort, wo Gott sich in Freiheit offenbart und der Mensch in Freiheit auf diese Offenbarung antwortet. Die menschliche Vernunft ist zwar in ihrer Eigenschaft als geistiges Prinzip dem göttlichen Logos verwandt und hat die Möglichkeit, eine Offenbarung Gottes aufzunehmen, sie ist aber nicht aus sich heraus in der Lage, Gott zu suchen und zu finden, sondern bleibt auf die vorhergehende Selbstmitteilung Gottes angewiesen. Gott ist derjenige, von dem alle Initiative ausgehen muß, die menschliche Vernunft ist ihrem Wesen nach antwortende Vernunft.

Diese Antwort, die der Mensch gibt, wird als Glaube bezeichnet. Der Glaube kann, da er die mit allen Kräften vollzogene Bejahung des göttlichen Anspruches ist, nicht mehr überboten werden, er ist in sich mehr, als alle Philosophie jemals erreicht hat, da er den ganzen Menschen eint und auf Gott hinordnet. Aus dieser Sichtweise ergibt sich für Origenes ein Maßstab, den er an jede menschliche Lehre anlegt, der Maßstab, inwieweit eine Lehre das ganze Leben zu formen vermag. Unter diesem Gesichtspunkt greift Origenes die Philosophie an, weil sie trotz richtiger Erkenntnis sowohl in theoretischer Hinsicht als auch im ethischen Bereich das Leben ihrer Anhänger nicht wirklich zu prägen vermag.

Auf der anderen Seite gehört zu einem vollen Glauben, der wirklich vom ganzen Menschen vollzogen wird, daß auch die Vernunft den göttlichen Anspruch mit den ihr eigenen Mitteln aufgreift und nachvollzieht. Wenn der Mensch sich um Einsicht in das Geglaubte bemüht, ist dieses Bemühen eine Form der Liebe zu Gott. Origenes vertritt in *Cels.* die Meinung, daß ein immer tieferes Eindringen in den Glauben zum christlichen Leben gehört. Allerdings zeigt er die Wege zu diesem Eindringen in *Cels.* nicht auf, sondern verweist auf den besonderen Charakter von *Cels.*, der es verbietet, in dieser Schrift über das eigentliche Mysterium des Christentums zu sprechen. Statt des Versuches, den Glauben selbst rational zu durchdringen, sieht sich Origenes in *Cels.* vor die Frage gestellt, ob der Glaube, der in sich immer tiefere Weisheit erkennen läßt, auch nach außen hin zu begründen ist.

Origenes verteidigt in *Cels.* sowohl die Rationalität des Christentums als auch die damit verbundene Möglichkeit, den christlichen Glauben zu begründen. Das Christentum ist nicht weniger rational als die Philosophie, sondern enthält im Gegenteil die Weisheit, die Platon und seine Schüler nur bruchstückhaft erkannten, in voller Klarheit. Christus ist der Logos, und als solcher durchbricht er die vernunftgemäße Ordnung der Welt nicht, sondern führt sie erst eigentlich zur Vollendung. Der Inhalt des Glaubens besteht dementsprechend nicht in Paradoxien, sondern ist einsehbar. Allerdings weiß Origenes, daß die tatsächliche Einsicht in die Offenbarung Gottes auf seiten des Menschen durch seine Freiheit, und das bedeutet auch seine Möglichkeit zur Sünde, bedingt ist. Es gibt für das Christentum Gründe, aber diese sind nicht zwingend, sondern belassen der menschlichen Vernunft die Freiheit, sich zu verweigern.

Origenes ist sich bewußt, daß es wirklichen Glauben ohne zureichende Begründung gibt, und ebenso menschliche Weisheit, die doch nicht zum Glauben kommt. Aus dieser Diskrepanz resultiert seine eigene ambivalente Haltung einer Glaubensbegründung gegenüber; auf der einen Seite verteidigt er Celsus gegenüber ihre Möglichkeit mit Emphase, auf der anderen Seite steht er dem Wert seines eigenen Buches, das diese Begründung leisten soll, skeptisch gegenüber. Grund für diese doppeldeutige Haltung ist die in *Cels.* deutlich thematisierte Unterscheidung von Wahrheit und Wahrscheinlichkeit. Origenes definiert Wahrheit als den der menschlichen Verfügung entzogenen Bereich, zu dem nur Gott selbst in Freiheit Zugang gewähren kann, und schränkt damit den Wirkungsbereich der Vernunft stärker ein als seine Vorgänger. Der Mensch ist aus sich heraus nur in der Lage, Wahrscheinlichkeiten zu erkennen, und das bedeutet, daß er der Möglichkeit des Irrtums unterliegt. Allerdings ist diese Sicht des Origenes nicht mit einem grundsätzlichen erkenntnistheoretischen Skeptizismus zu verwechseln; Origenes hält die Suche nach Wahrscheinlichkeit für die unserer Vernunft und der Struktur der Welt entsprechende Art der Wahrheitssuche.

Der Mensch befindet sich in der Situation, daß er Wahrheit sucht, aber nur Wahrscheinlichkeit findet, d.h. das für menschliche Vernunft wahr Erscheinende. Eine letzte Sicherheit, ob dieses wahr Erscheinende auch wahr ist, gibt es nicht. Die Suche nach Wahrscheinlichkeit ist somit die Form, wie sich der Logos im menschlichen Bereich zeigt. Daher muß auch von der Wahrheit Wahrscheinlichkeit verlangt werden, denn nur so kann sie vom Menschen als Wahrheit erkannt werden. Eine vollkommen unwahrscheinliche Wahrheit ist unerkennbar.

Zu einem Problem wird diese Sicht, wenn es um göttliche Offenbarung geht. Einerseits muß diese wahrscheinlich sein, weil sie sonst ihre Adressaten nicht errreicht. Gott muß sich nicht nur in unsere Welt hineinbegeben, sondern auch in ihre Denkkategorien und Plausibilitäten. Gleichzeitig muß göttliche Offenbarung aber auch von menschlicher Weisheit unterscheidbar sein, es muß z.B. ausgeschlossen sein, daß es sich um menschliche Erfindung handelt. Aus diesem Grund steht jeder Apologet vor dem Problem, gleichzeitig die Wahrscheinlichkeit (Rationalität) und die Unwahrscheinlichkeit (Unableitbarkeit und Einzigartigkeit) des göttlichen Wirkens zu betonen. Dies gilt, wie Origenes deutlich gesehen hat, vor allem für die Gestalt Jesu von Nazareth.

Für den, der den christlichen Glauben vermitteln will, entsteht aus diesem Grund immer die Schwierigkeit, daß die von Gott geoffenbarte Wahrheit, die als solche nicht unmittelbar an Nichtglaubende weitergegeben werden kann, ihnen als Wahrscheinlichkeit, d.h. eingeordnet in den Kontext der Welt, vermittelt werden muß, und damit etwas von ihrer radikalen Einzigartigkeit verliert.

In der Gotteslehre bringt Origenes Korrekturen und Präzisionen, die es nicht gerechtfertigt erscheinen lassen, bei ihm von einer Übernahme des mittelplatonischen Gottesbildes zu sprechen. Die Transzendenz Gottes wird auf der einen Seite gelehrt, tritt aber auf der anderen Seite zugunsten anderer Attribute Gottes in den Hintergrund. Dies hängt damit zusammen, daß Origenes vor dem Problem steht, die in der philosophischen Tradition begründete Transzendenz Gottes mit dem biblisch bezeugten Faktum eines in die Welt eingreifenden und in ihr frei handelnden Gottes vereinen zu müssen. Er erkennt deutlich, daß eine radikal apophatische Theologie sich nicht mit dem Anspruch des Christentums vereinbaren läßt. So akzeptiert er zwar einen großen Teil der philosophischen Gottesprädikate, setzt aber gleichzeitig einen neuen Akzent, indem er die Personalität, Lebendigkeit und Freiheit Gottes betont. Nicht der transzendente Gott, sondern der freie Gott ist das eigentliche Anliegen der origeneischen Gotteslehre. Unter diesem Aspekt könnte man sogar sagen, daß die Transzendenz Gottes zu einer Funktion seiner Freiheit wird: Er ist der Transzendente, und das heißt der dem Zugriff des Menschen

Entzogene, weil er frei ist. Die Transzendenz Gottes begrenzt die Freiheit Gottes nicht (so hatte Celsus argumentiert), sondern ist ein anderes Wort für eben diese Freiheit.

Die Unterscheidung von Wahrheit und Wahrscheinlichkeit, verbunden mit der biblischen Lehre vom freien Gott, ermöglicht es Origenes, aus einer Schwierigkeit herauszukommen, in der sich ein vom philosophischen Gottesbegriff und der mit ihm verbundenen Logosidee beeinflußtes Denken immer befindet. Wenn Gott in seinem Logos die ganze Welt und auch das gesamte menschliche Denken strukturiert, dann ist jede Erkenntnis im letzten zugleich auch Gotteserkenntnis, dann ist jeder Akt der menschlichen Vernunft logosgeprägt. Es kann zwar gradmäßige Unterschiede in der Erkenntnis geben, aber letztlich ist alles Denken, ob christlich, vorchristlich oder außerchristlich vom selben Logos geformt und richtet sich zumindest implizit auf denselben Gott. Etwas ganz Neues, "das noch in keines Menschen Herz gedrungen ist" (1Kor 2,9), kann es bei dieser Sicht eigentlich nicht geben. Dieser Gedanke, der auch das Denken des Origenes selbst weitgehend prägt und seine Vorstellung von einer im letzten harmonischen und einheitlichen Welt hervorgebracht hat, wird bei ihm stärker als bei seinen Vorgängern von dem Wissen um die Freiheit Gottes und seine damit verbundene Möglichkeit zu neuem und unvorhersehbarem Wirken in Frage gestellt.

Von der griechischen, speziell der platonischen Philosophie geprägt ist seine Sicht einer von Ordnung und Harmonie geprägten Welt, in der es das Böse zwar als Störung, nicht aber als wirklich herrschende Kraft gibt. So hält Origenes die Existenz Gottes für völlig evident, die furchtbare Realität und quasi Negativevidenz des Bösen sieht er kaum als Problem. Das Leiden der Unschuldigen, das in der Neuzeit zu dem stärksten Argument gegen Gott werden sollte, kommt bei ihm überhaupt nicht als bedrängendes Problem in den Blick. In diesem Punkt hat Origenes für moderne Fragen keine Antwort oder höchstens die, daß wir von ihm indirekt die Relativität und Zeitgebundenheit auch unseres Fragens lernen können.

In bezug auf die Lehre vom Logos versucht Origenes zu präzisieren, indem er den göttlichen Logos und den Logos im Menschen unterscheidet. Der göttliche Logos, der sich in Jesus Christus inkarniert hat, steht für Origenes deutlich auf der Seite Gottes. Er ist kein allgemeines Vernunftprinzip, sondern er trägt personale Züge. Er hat die Aufgabe, die göttliche und menschliche Natur zu vereinigen, in sich selbst und nachfolgend in allen Menschen. Allerdings steht gerade in *Cels.* die Logoslehre mehr im Hintergrund. Sie wird vorausgesetzt, aber nicht eigentlich thematisiert. Dagegen findet wohl eine ausführliche Beschäftigung mit der Person

Jesu Christi statt. Er ist der Offenbarer, die unter den Menschen erschienene Wahrheit Gottes und als solche der einzige Weg, Gott zu begegnen. Jesus Christus ist in seiner menschlichen Existenz die Art und Weise, in der Gott sich erkennbar gemacht hat.

Ein Eintreten Gottes in die Geschichte mit all ihren Bedingtheiten war für die griechische Philosophie ein unvollziehbarer Gedanke. Origenes steht deshalb vor dem Problem, den Sinn der Inkarnation so aufzuweisen, daß er sowohl den biblisch bezeugten Fakten als auch dem Anspruch des Denkens auf gültige Wahrheit gerecht zu werden vermag. Den Ausweg, den ihm die Geschichtsphilosophie des Celsus anbietet, nämlich alle geschichtlichen Phänomene als mögliche Ausdrucksformen des einen Logos zu interpretieren und damit zu relativieren, lehnt er ab. Der absolute Gott ist in Jesus Christus in einer Art und Weise in die Welt gekommen, die neu und zugleich unüberholbar ist. Die geschichtlichen Fakten des Lebens und Sterbens Jesu Christi sind von entscheidender Wichtigkeit und dürfen nicht relativiert werden. Alle Einzelargumente, die Origenes in *Cels.* nennt, werden auf Jesus Christus bezogen und gewinnen von ihm her ihre Bedeutung. Dabei verfällt Origenes allerdings auch keinem geschichtlichen Fundamentalismus, sondern ist sich der Intention der biblischen Schriften, dem Menschen das Heil zu vermitteln, bewußt. Es muß durchaus gefragt werden, ob tatsächlich alle Episoden des Lebens Jesu historisch zu verstehen sind oder ob ihr Sinn nicht vielmehr darin liegt, daß sie eine tiefere Wahrheit vermitteln wollen. Besonders für die Wunder Jesu geht Origenes von einem solchen Verständnis aus. Vor allem aber ist Origenes sich bewußt, daß die Inkarnation keineswegs bedeutet, daß Gott sich seiner Freiheit entäußert, noch daß der Mensch vor Fakten gestellt wird, die ihm jede Entscheidung abnehmen. Gott wird, auch wenn er in die Geschichte eingeht, nicht zu einem Beobachtungsgegenstand unter anderen, der als solcher dem Menschen zur Verfügung steht. Auch in der Geschichte bleibt die souveräne Freiheit Gottes, sich zu zeigen oder zu verbergen, gewahrt. Diesen Gedanken führt Origenes aus, indem er zeigt, daß die Inkarnation keineswegs bedeutet, daß die Menschen, die Jesus begegneten, ihn erkennen mußten, vielmehr blieb sowohl die Freiheit Jesu erhalten, sich zu offenbaren, wem er wollte, als auch die Freiheit der ihm Begegnenden, ihn anzuerkennen oder abzulehnen.

Die einzelnen apologetischen Argumente, die Origenes vorfand, nimmt er auf und versucht, sie in diesen Zusammenhang einzuordnen. Dabei werden die Grenzen der einzelnen Argumente deutlich genannt. Diese liegen vor allem in ihrer Zweideutigkeit, d.h. darin, daß dieselben Argumente auch für andere Überzeugungen in anderen Kontexten vorkommen und nicht ohne Zusatzkriterien als

Beweismittel dienen können. Dieses Zusatzkriterium findet Origenes in der Bezogenheit auf Vernunft und Ethik, da beides das Wirken des Logos anzeigt. Aus dem gleichen Grund betont er auch das Argument des Erfolges, weil sich hier die Kraft des in Jesus Christus wirkenden Logos zeigt.

Origenes hat mit *Cels.* ein Werk geschaffen, in dem er dem Anspruch der griechischen Philosophie die Rationalität des christlichen Glaubens entgegenhält. Der Glaube beruht nicht auf Mythen, sondern auf Tatsachen, die wahrscheinlich gemacht werden können, weil sich zeigen läßt, daß man sie in das Ganze der Welt einordnen kann, ja daß dieses Ganze erst von ihnen her Vernünftigkeit und Sinn gewinnt. Mit dieser umfassenden Sicht sprengt Origenes die Denkmuster der ihm vorliegenden Apologetik und bietet ein theologisches Werk, das in umfassender Weise über die Grundlagen des christlichen Glaubens nachdenkt.

REGISTER

1. Bibel

3. Antike Autoren

4. Moderne Autoren

5. Griechische Begriffe